AKAL BÁSICA DE BOLSILLO **389**

Serie Clásicos del pensamiento político

Diseño interior y cubierta: RAG

Primera edición en Akal 74, 1975
Primera edición en Básica de Bolsillo, 1985
Primera edición en 50 aniversario, 2022
Segunda edición en Básica de Bolsillo, 2026

© Ediciones Akal, S. A., 1975, 2026
Sector Foresta, 1
28760 Tres Cantos
Madrid - España
Tel.: 918 061 996
atencion.cliente@akal.com
www.akal.com

ISBN: 978-84-460-5797-0
Depósito legal: M-13-2026

Impreso en España

Georges Politzer

Principios elementales y fundamentales de filosofía

Prólogo de
Maurice Le Goas

Prefacio de
Guy Besse y Maurice Caveing

ARGENTINA / ESPAÑA / MÉXICO

Prólogo

El presente manual elemental de filosofía que publicamos son las notas tomadas por uno de los alumnos del profesor Georges Politzer, durante el curso escolar de 1935-1936 impartido por este en la Universidad Obrera. Para comprender su carácter y sus objetivos, necesitamos primero precisar el propósito y el método de nuestro camarada.

Como se sabe, la Universidad Obrera fue fundada en 1932 por un pequeño grupo de profesores para enseñar la ciencia marxista a los trabajadores manuales y darles un método de razonamiento que les permitiera comprender nuestro tiempo y guiar su acción, tanto en su técnica como en el campo político y social.

Georges Politzer se encargó de enseñar, desde un principio, en la Universidad Obrera, la filosofía marxista y el materialismo dialéctico; tarea tanto más necesaria cuanto que la enseñanza oficial continúa ignorando o desnaturalizando esta filosofía.

Nadie de los que tuvieron el privilegio de asistir a esos cursos –hablaba todos los años ante un numeroso auditorio en el que se mezclaban todas las edades y todas las profesiones, pero en el que dominaban los obreros jóvenes– olvidará la profunda impresión que todos experimentaron ante ese gran muchacho pelirrojo, tan entusiasta y tan sabio, tan concienzudo y tan fraternal, tan dedicado a poner al alcance de un público inexperto una materia árida e ingrata.

Su autoridad daba a su curso una disciplina agradable, que sabía ser severa pero sin dejar de ser justa; se desprendía de su persona tal fuerza vital, tal irradiación, que era admirado y querido por todos sus alumnos.

* * *

Politzer, para hacerse comprender mejor, comenzaba por suprimir de su vocabulario toda jerigonza filosófica, todos los términos técnicos que Solo los iniciados pueden comprender. No quería emplear más que palabras simples y conocidas por todos. Cuando se veía obligado a utilizar un término particular, nunca dejaba de explicarlo minuciosamente, con ejemplos familiares. Si durante las discusiones, alguno de sus alumnos empleaba palabras sabias, lo reprendía y se burlaba de él con esa ironía mordaz que tanto conocían todos los que se le acercaron.

Trataba de ser simple y claro y siempre recurría al buen sentido, sin sacrificar nunca, sin embargo, la precisión y la verdad de las ideas y de las teorías que exponía. Sabía animar extremadamente sus cursos, haciendo participar al auditorio en sus discusiones, antes y después de la lección. He aquí cómo procedía: al terminar cada lección, hacía lo que él llamaba una o dos preguntas de repaso, que tenían por objeto resumir la lección o aplicar su contenido a algún tema particular. Los alumnos no estaban obligados a tratar el tema, pero eran muchos los que se constreñían a hacerlo y llevaban un deber escrito al comienzo del curso siguiente. Él preguntaba, entonces, quién había hecho el deber; se levantaba la mano y él elegía a algunos de entre nosotros para leer nuestro texto y completarlo de acuerdo con las necesidades de las explicaciones orales. Politzer criticaba o felicitaba y provocaba entre los alumnos una breve discusión; después concluía sacando enseñanzas. Esto duraba alrededor de una media hora y permitía a los que habían faltado a la clase anterior llenar la laguna y unir lo nuevo con lo que habían aprendido antes; también permitía al profesor apreciar en qué medida lo habían comprendido; insistía, según las necesidades, en los puntos delicados y oscuros.

Comenzaba entonces la lección del día, que duraba alrededor de una hora; después los alumnos formulaban preguntas sobre lo que acababa de decirse. Estas preguntas generalmente eran interesantes y juiciosas; Politzer las aprovechaba para fijar con precisión lo explicado y proseguir con lo esencial del curso desde un ángulo diferente.

Georges Politzer, que tenía un conocimiento profundo de su materia y una inteligencia de una admirable flexibilidad, se preocupaba ante todo por las reacciones de su auditorio: en cada clase tomaba la «temperatura» general y verificaba constantemente el grado de asimilación de sus alumnos. Así también lo seguían ellos con un interés apasionado. Ha contribuido a formar a millares de militantes y muchos de ellos son los que hoy ocupan puestos «responsables».

* * *

Nosotros, que comprendíamos el valor de esa enseñanza y que pensábamos en todos los que no podían oírlo, particularmente en nuestros camaradas de provincia, deseábamos la publicación de sus cursos. Prometía pensarlo; pero en medio de su inmenso trabajo, nunca encontraba el momento de realizar ese proyecto.

Fue entonces cuando, en el transcurso de mi segundo año de filosofía de la Universidad Obrera, donde se había creado un curso superior, tuve ocasión de pedirle a Politzer que me corrigiera unos apuntes y le entregué, a pedimento suyo, mis cuadernos del curso. Los encontró bien hechos y le propuse redactar, según mis notas, las lecciones del curso elemental. Me alentó, prometiéndome revisarlas y corregirlas. Desdichadamente, no tuvo tiempo. Como sus ocupaciones eran cada vez más absorbentes, dejó el curso superior de filosofía a nuestro amigo René Maublanc. Puse a este en antecedentes de nuestros proyectos y le pedí que revisara las primeras lecciones que yo había redactado. Aceptó complacido y me alentó a terminar ese trabajo que debíamos presentar en segundas a Georges Politzer. Pero sobrevino la guerra: Politzer encontraría una muerte heroica en la lucha contra el usurpador hitlerista.

Aunque nuestro camarada ya no esté para supervisar un trabajo que había aprobado y alentado, hemos creído útil publicarlo. Nuestro amigo J. Kanapa, agregado de filosofía, se ha prestado con mucho gusto a leer y corregir minuciosamente el texto que yo había redactado antes de 1939, de acuerdo con mis notas del curso.

* * *

Georges Politzer, que comenzaba todos los años su curso de filosofía en la Universidad Obrera estableciendo el verdadero sentido de la palabra materialismo y protestando contra las deformaciones calumniosas a que algunos lo someten, no dejaba de señalar que la filosofía materialista no carece de ideal y que estaba dispuesto a combatir para hacer triunfar este ideal. Después supo probarlo con su sacrificio, y su muerte heroica ilustra ese curso inicial en el que afirmaba la unión, en el marxismo, de la teoría y de la práctica. No está de más recordar esa devoción a un ideal, esa abnegación y ese alto valor moral en una época en que de nuevo se pretende presentar al marxismo como «una doctrina que transforma al hombre en una máquina o en un animal apenas superior al gorila o al chimpancé» (sermón de cuaresma en Notre Dame de París, pronunciado el 18 de febrero de 1945 por el R. P. Panici).

Nunca protestaremos bastante contra tales ultrajes a la memoria de nuestros camaradas. Recordemos solamente, a los que tuvieron la audacia de pronunciarlos: el ejemplo de Georges Politzer, de Gabriel Péri, de Jacques Solomon, de Jacques Decour, que eran marxistas y que dictaban cursos en la Universidad Obrera de París: todos buenos camaradas, sencillos, generosos, fraternales, que no vacilaban en consagrar una buena parte de su tiempo a enseñar a los obreros en un barrio perdido filosofía, economía política, historia o ciencias.

La Universidad Obrera fue disuelta en 1939. Ha reaparecido, al día siguiente de la liberación, con el nombre de Universidad Nueva. Un nuevo equipo de abnegados profesores, que reemplaza a los fusilados, ha reanudado la obra interrumpida.

Nada puede alentarnos más, en esta tarea esencial, que rendir homenaje a uno de los fundadores y animadores de la Universidad Obrera, y ningún homenaje nos parece más justo y más útil que publicar hoy los *Principios elementales de filosofía* de Georges Politzer.

Maurice Le Goas

Prefacio

Principios elementales de filosofía, de Georges Politzer, fue acogido calurosamente. Bajo una forma accesible, este libro contiene lo esencial de los cursos dados en 1935-1936 en la Universidad Obrera de París por uno de aquellos que, sin separar jamás la acción del pensamiento, murieron como héroes para que Francia viva.

Maurice Le Goas, alumno de Politzer que recogió sus cursos e hizo posible así su publicación, escribió en el «Prólogo» de *Principios elementales de filosofía:*

> Georges Politzer, que comenzaba todos los años su curso de filosofía en la Universidad Obrera estableciendo el verdadero sentido de la palabra materialismo y protestando contra las deformaciones calumniosas a que algunos lo someten, no dejaba de señalar que la filosofía materialista no carece de ideal y que estaba dispuesto a combatir para hacer triunfar este ideal. Después supo probarlo con su sacrificio, y su muerte heroica ilustra ese curso inicial en el que afirmaba la unión, en el marxismo, de la teoría y de la práctica.

Pocos meses después de una decisión ministerial que pretendió rehusar a Georges Politzer el título póstumo de internado resistente[1] y la mención «Murió por Francia», el homenaje

---

[1] Patriota. *[N. del T.]*

debido a la memoria de Georges Politzer no podría, menos que nunca, separar al patriota francés del filósofo comunista.

Las balas nazis abatieron a Politzer en un claro del Mont Valérien en mayo de 1942; pero la Universidad Obrera, en gran parte obra suya, se continúa en la Universidad Nueva de París, que cada año gana amplitud. De hecho, los *Principios fundamentales de filosofía* se apoyan, como la obra original, en la experiencia de la enseñanza filosófica impartida a los trabajadores, obreros, empleados, amas de casa, investigadores científicos, maestros, estudiantes, etc., que frecuentan la Universidad Nueva. Es justo, pues, que el libro lleve antes que el nombre de los que lo han redactado, Guy Besse y Maurice Caveing, el nombre de Georges Politzer. Es cierto que estos *Principios fundamentales,* más extensos que los *Principios elementales,* disfrutan de las aportaciones con que se ha enriquecido la ciencia marxista durante los últimos años. Pero su inspiración no deja de ser la misma que animaba a Politzer.

* * *

La ambición de este libro es la de ayudar a cuantos quieran iniciarse en las ideas maestras de Marx y Engels y de su discípulo más eminente, Lenin. La obra tiene, pues, el carácter de un manual, dividido en lecciones que se siguen una a una. Los Cursos de Filosofía se dirigen a los trabajadores que utilizan la reflexión teórica para aclarar su acción militante, política o sindical, por lo tanto, no sorprenderá la abundancia de ejemplos tomados de la vida cotidiana de los que luchan por el pan y por la libertad, por la independencia nacional y por la paz.

Pero, al contrario de una opinión todavía muy extendida, cuando los marxistas hablan de práctica, no lo entienden en un sentido estrecho. La práctica humana es el conjunto de las actividades científicas, técnicas, artísticas, etc., de que el hombre es capaz y que la definen; es toda la experiencia acumulada durante milenios. Solo puede ser revolucionario aquel que ha sabido asimilar lo mejor de esta experiencia, en beneficio de su acción presente, en favor de la transformación de la sociedad y del mejoramiento de los individuos. Tal es precisamente la tarea de la filosofía marxista; ella expresa, como concepción del mundo, bajo su forma más general, las leyes fundamentales de la naturaleza y de la historia; como método de análisis, da a todo hombre los medios de comprender lo que él es, lo que hace y lo que puede hacer en un momento dado para transformar su propia existencia.

Enteramente consagrado a la filosofía marxista, nos parece que el libro que presentamos debe, por lo tanto, prestar servicios a todos los trabajadores, manuales o intelectuales. Y aunque no ha sido redactado para «especialistas», estos, economistas, ingenieros, historiadores, naturalistas, médicos, artistas, etc., encontrarán en él, sin duda, materia de reflexión.

* * *

Los redactores han hecho un esfuerzo para escribir esta obra con el máximo de sencillez y de claridad; han evitado multiplicar los términos técnicos. Pero, al hacerlo así, Solo han recorrido la mitad del camino. El lector deberá franquear pacientemente la otra mitad, sin olvidar ni por un instante –como lo recordaba Marx a propósito de la edición francesa de *El capital*–, que «no existe camino real para la ciencia». La lectura de las veinticuatro lecciones que constituyen este libro que editamos en cinco tomos exigirá, por consiguiente, cierto trabajo y alguna perseverancia.

Si no se comprende alguna página en la primera lectura, no hay que desanimarse. El trabajo será facilitado, sin embargo, si el lector confronta lo que ha leído con su experiencia personal. Así obtendrá el mayor provecho de un estudio seguido con paciencia.

Guy Besse y Maurice Caveing

Libro primero
Principios elementales

Primera parte
Los problemas filosóficos

Introducción

I. *¿Por qué debemos estudiar la filosofía?*

En el transcurso de esta obra nos proponemos presentar y explicar los principios elementales de la filosofía materialista.

¿Por qué? Porque el marxismo está íntimamente ligado a una filosofía y a un método: los del materialismo dialéctico. Por ello es indispensable estudiar esa filosofía y ese método para comprender bien el marxismo y para refutar los argumentos de las teorías burguesas tanto como para emprender una lucha política eficaz.

En efecto, Lenin dice: «Sin teoría revolucionaria no hay movimiento revolucionario». Esto quiere decir, en primer lugar: hay que vincular la teoría con la práctica.

¿Qué es la práctica? Es el *hecho de realizar.* Por ejemplo, la industria, la agricultura realizan (es decir, hacen entrar en la realidad) ciertas teorías (teorías químicas, físicas o biológicas).

¿Qué es la teoría? Es el *conocimiento* de las cosas que queremos realizar.

Se puede no ser más que práctico; pero entonces se realiza por rutina. Se puede no ser más que teórico; pero entonces lo que se concibe a menudo es irrealizable. Es necesaria, pues, que haya vinculación entre la teoría y la práctica. Todo el problema está en saber cuál debe ser esa teoría y cuál su vinculación con la práctica.

Creemos que el militante obrero necesita un periodo de análisis, de razonamiento exacto para poder realizar una acción revolucionaria precisa. Necesita un método que no sea un dogma que le dé soluciones hechas, sino un método que tenga en cuenta hechos y circunstancias que nunca son los mismos, un método que no separe jamás la teoría de la práctica, el razonamiento de la vida. Ahora bien, este método está contenido en la filosofía del materialismo dialéctico, base del marxismo, que nos proponemos explicar.

II. ¿Es difícil el estudio de la filosofía?

Se cree generalmente que el estudio de la filosofía es una cosa llena de dificultades para los obreros y que necesita conocimientos especiales. Es necesario convenir en que la manera como son redactados los manuales burgueses los confirma plenamente en sus ideas y no pueden menos que rechazarlos.

No pensamos negar las dificultades que comporta el estudio en general, y las de la filosofía en particular. Pero tales dificultades son perfectamente superables y se deben sobre todo al hecho de tratarse de cosas nuevas para muchos de nuestros lectores.

Desde el comienzo, aun determinando las cosas con precisión, los invitaremos a volver sobre ciertas definiciones de palabras que, en el lenguaje corriente, están adulteradas.

III. ¿Qué es la filosofía?

Vulgarmente se entiende por filósofo: o bien el que vive en las nubes, o bien el que toma las cosas por su lado bueno, el que «no se hace mala sangre por nada». Por el contrario, el filósofo es el que quiere, en ciertas cuestiones, dar respuestas precisas, y si se considera que la filosofía quiere dar una explicación a los problemas del universo (¿de dónde procede el mundo? ¿adónde vamos?, etc.), se ve, por consiguiente, que el filósofo se ocupa de muchas cosas y, a la inversa de lo que se dice, «se preocupa mucho de todo».

Por tanto, diremos, para definir la filosofía, que quiere explicar el universo, la naturaleza, *que es el estudio de los problemas más generales*. Los problemas menos generales son estudiados por las ciencias. En consecuencia, la filosofía es una prolongación de las ciencias.

Agreguemos enseguida que la filosofía marxista da una solución a todos los problemas, y que esta solución procede de lo que se llama el materialismo.

IV. ¿Qué es la filosofía materialista?

En cuanto a esto hay también una confusión que inmediatamente debemos señalar; vulgarmente se entiende por materialista el que no piensa más que en gozar de los placeres materiales. Jugando con la palabra materialismo –que contiene la palabra materia– se ha llegado así a darle un sentido completamente falso.

Al estudiar el materialismo, en el sentido científico de la palabra, vamos a darle de nuevo su verdadera significación, pues ser materialista no impide, según vamos a verlo, tener un ideal y combatir para hacerlo triunfar.

Hemos dicho que la filosofía quiere dar una explicación a los problemas más generales del mundo. Pero en el transcurso de la historia de la humanidad, estas explicaciones no siempre han sido las mismas.

Los primeros hombres trataban de explicar la naturaleza, el mundo, pero no podían. Lo que permite, en efecto, explicar el mundo y los fenómenos que nos rodean, son las ciencias;

ahora bien, son muy recientes los descubrimientos que han permitido el progreso de las ciencias.

La ignorancia de los primeros hombres era un obstáculo para sus investigaciones. Por eso, en el transcurso de la historia, a causa de esta ignorancia, vemos aparecer las religiones, que también quieren explicar el mundo. Lo explican mediante las fuerzas sobrenaturales. Pero esta es una explicación anticientífica. Poco a poco, en el transcurso de los siglos, se desarrollará la ciencia. Los hombres tratarán de explicar el mundo por los hechos materiales partiendo de experiencias científicas, y de esta voluntad de explicar las cosas por las ciencias, nace la filosofía materialista.

En las páginas siguientes vamos a estudiar qué es el materialismo; pero, desde luego, debemos tener presente que *el materialismo no es otra cosa que la explicación científica del universo.*

Estudiando la historia de la filosofía materialista, veremos cuán ardua y difícil ha sido la lucha contra la ignorancia. Debemos comprobar, por otra parte, que en nuestros días esta lucha no ha terminado aún, puesto que el materialismo y la ignorancia continúan subsistiendo juntos, uno al lado del otro.

En el transcurso de ese combate intervinieron Marx y Engels. Comprendiendo la importancia de los grandes descubrimientos del siglo XIX, permitieron a la filosofía del materialismo hacer enormes progresos en la explicación científica del universo. Así nació el materialismo dialéctico. Después, fueron los primeros en comprender que las leyes que rigen el mundo también permiten explicar la marcha de las sociedades, y formularon así la célebre teoría del materialismo histórico.

Nos proponemos estudiar en esta obra, en primer lugar, el materialismo; después el materialismo dialéctico y, por último, el materialismo histórico. Por el momento, queremos establecer las relaciones entre el materialismo y el marxismo.

V. ¿Cuáles son las relaciones entre el materialismo y el marxismo?

Podemos resumirlas de la manera siguiente:

1. La filosofía del materialismo es la base del marxismo.

2. Esta filosofía materialista, que quiere dar una explicación científica a los problemas del mundo, progresa en el transcurso de la historia al mismo tiempo que las ciencias. Por consiguiente, el marxismo ha surgido de las ciencias, se apoya en ellas y evoluciona con ellas.

3. Antes de Marx y Engels, en repetidas ocasiones y bajo diferentes formas, existieron y se desarrollaron diversas concepciones materialistas. Pero no es sino hasta el siglo XIX –época en que las ciencias dan un gran paso hacia delante– que Marx y Engels renuevan el viejo materialismo apoyándose en todas las grandes aportaciones de las ciencias modernas y elaboran el materialismo actual, es decir, el *materialismo dialéctico,* que es la base del marxismo.

Vemos, por estas breves explicaciones, que la filosofía del materialismo, contrariamente a lo que se ha dicho, tiene una historia. Esta historia está íntimamente ligada a la historia de las ciencias. El marxismo, basado en el materialismo, no ha surgido del cerebro de un solo hombre. Es el desenlace, la continuación del viejo materialismo que ya estaba muy avanzado con Diderot. El marxismo es la expansión del materialismo desarrollado por los Enciclopedistas del siglo XVIII, enriquecido por los grandes descubrimientos del XIX. El marxismo es una teoría viva y, para mostrar de qué manera encara los problemas, vamos a dar un ejemplo que todo el mundo conoce: el problema de la lucha de clases.

¿Qué piensa la gente sobre esta cuestión? Unos creen que la defensa del pan exime de la lucha política. Otros, que basta con andar a puñetazos en la calle, negando la necesidad de la organización. Otros, todavía, pretenden que Solo la lucha política dará una solución a este problema

Para el marxista, el problema de la lucha de clases comprende:

a) La lucha económica.
b) La lucha política.
c) La lucha ideológica.

El problema debe, pues, plantearse *simultáneamente,* en los tres terrenos.

a) No se puede luchar por el pan (lucha económica) sin luchar por la paz (lucha política) y sin defender la libertad (lucha ideológica).

b) Ocurre lo mismo en cuanto a la lucha política, que desde Marx se ha transformado en una verdadera ciencia: hay que tener en cuenta a la vez la situación económica y las corrientes ideológicas.

c) En cuanto a la lucha ideológica que se manifiesta por la propaganda, estamos en la obligación de tener en cuenta, para que sea eficaz, la situación económica y política.

Vemos, pues, que todos estos problemas están vinculados, y así no se puede tomar una decisión ante cualquier aspecto de este gran problema que es la lucha de clases (en una huelga, por ejemplo) sin tomar en consideración cada aspecto del problema y el conjunto del problema mismo.

Así, el que sea capaz de luchar en todos los terrenos dará al movimiento la mejor dirección.

Vemos cómo comprende un marxista ese problema de la lucha de clases. Además, en la lucha ideológica que debemos sostener todos los días, nos encontramos ante problemas difíciles de resolver: inmortalidad del alma, existencia de Dios, orígenes del mundo, etc. El materialismo dialéctico nos dará un método de razonamiento que nos permitirá resolver todos esos problemas, así como desenmascarar todas las campañas de falsificación del marxismo que pretenden completarlo y renovarlo.

VI. *Campañas de la burguesía contra el marxismo*

Esas tentativas de falsificación se apoyan sobre bases muy variadas. Se trata de levantar contra el marxismo a los autores socialistas del periodo premarxista (anteriores a Marx). Es así como se va a utilizar contra Marx, muy a menudo a los «utopistas». Otros utilizan a Proudhon; otros se inspiran en los revisionistas de antes de 1914 (refutados magistralmente por Lenin). Pero lo que hay que subrayar es la campaña de silencio que hace la burguesía contra el marxismo. Lo ha hecho todo en particular para impedir que sea conocida la filosofía materialista en su forma marxista. En este sentido, es particularmente sorprendente el conjunto de la enseñanza filosófica tal como se da en Francia.

En los establecimientos de enseñanza secundaria se enseña la filosofía. Pero se puede seguir toda esta enseñanza sin enterarse de que existe una filosofía materialista elaborada por Marx y Engels. Cuando en los manuales de filosofía se habla de materialismo (porque es necesario hablar de ello) siempre se trata del marxismo y del materialismo de una manera separada. Se presenta el marxismo, en general, únicamente como una doctrina política, y cuando se habla de materialismo histórico no se habla, a ese respecto, de la filosofía del materialismo; por último, se ignora todo cuanto atañe al materialismo dialéctico.

Esta situación no existe Solo en las escuelas y en los liceos; ocurre exactamente lo mismo en las universidades. Lo más característico es que se puede ser en Francia un «técnico» de la filosofía, provisto de los diplomas más importantes que entregan las universidades francesas, sin saber que el marxismo tiene una filosofía que es el materialismo y sin saber que el materialismo tradicional tiene una forma moderna, que es el marxismo, o materialismo dialéctico.

Queremos demostrar, por nuestra parte, que el marxismo constituye una concepción general, no Solo de la sociedad, sino también del universo mismo. Es inútil, contrariamente a lo que pretenden algunos, lamentar que el gran defecto del marxismo sea su falta de filosofía, y querer, como algunos teóricos del movimiento obrero, ir en busca de esa filosofía que falta en el marxismo.

No es menos cierto que, a pesar de esa campaña del silencio, a pesar de todas las falsificaciones y precauciones tomadas por las clases dirigentes, el marxismo y su filosofía comienzan a ser cada vez más conocidos.

1. El problema fundamental de la filosofía

I. ¿Cómo debemos comenzar el estudio de la filosofía?

En nuestra introducción hemos citado muchas veces la filosofía del materialismo dialéctico como base del marxismo.

Nuestro propósito es el estudio de esta filosofía; pero, para lograrlo, hay que avanzar por etapas.

Cuando hablamos de materialismo dialéctico, pensamos en dos palabras: *materialismo y dialéctica,* lo que quiere decir que el materialismo es dialéctico. Sabemos que ya existía el materialismo antes de Marx y Engels, pero fueron ellos, con ayuda de los descubrimientos científicos del siglo XIX, quienes transformaron ese materialismo y crearon el materialismo «dialéctico».

Examinaremos más adelante el sentido de la palabra «dialéctica» que designa la forma moderna del materialismo.

Pero, puesto que antes de Marx y Engels hubo filósofos materialistas –por ejemplo Diderot en el siglo XVIII– y puesto que hay puntos comunes entre todos los materialistas, tenemos que estudiar la *historia* del materialismo antes de abordar el materialismo dialéctico. Debemos conocer también cuáles son las concepciones que se oponen al materialismo.

II. Dos concepciones para explicar el mundo

Hemos visto que la filosofía es el «estudio de los problemas más generales» y que tiene por objeto explicar el mundo, la naturaleza, el hombre.

Si abrimos un manual de filosofía burguesa quedamos azorados ante la cantidad de filosofías diversas que se encuentran allí. Son designadas por múltiples palabras más o menos complicadas que terminan en «ismo»: el criticismo, el evolucionismo, el intelectualismo, etc., y esta cantidad crea la confusión. La burguesía, por otra parte, no ha hecho nada para aclararla, muy al contrario. Pero nosotros podemos separar estos razonamientos en dos grandes corrientes, en dos concepciones netamente opuestas:

a) La concepción científica.
b) La concepción no-científica del mundo.

III. La materia y el espíritu

Cuando los filósofos se han propuesto explicar las cosas del mundo, de la naturaleza, del hombre; en fin, de todo lo que nos rodea, se han visto en la necesidad de hacer distinciones. Nosotros mismos comprobamos que hay cosas, objetos que son materiales, que vemos y tocamos. Además, otras que no vemos y que no podemos tocar, ni medir, como nuestras ideas.

Por tanto, clasificamos las cosas de este modo: por una parte, las que son materiales; por otra, las que no son materiales y que pertenecen al dominio del espíritu, del pensamiento, de las ideas.

Es así como los filósofos se han encontrado en presencia de la *materia* y del *espíritu*.

IV. ¿Qué es la materia, qué es el espíritu?

Acabamos de ver, de una manera general, que las cosas han llegado a clasificarse como materia o espíritu.

Pero debemos indicar con precisión que ese distingo se hace en diferentes formas y con diferentes palabras.

Es así como, en lugar de hablar del espíritu, hablamos del pensamiento, de nuestras ideas, de nuestra conciencia, de nuestra alma, lo mismo que, hablando de la naturaleza, del mundo, de la tierra, del ser, nos referimos a la materia.

Engels, en su libro *Ludwig Feuerbach,* habla del ser y del pensamiento. El ser es la materia; el pensamiento es el espíritu.

Para definir lo que es el pensamiento o el espíritu y el ser o la materia, diremos:

El *pensamiento* es la idea que nos hacemos de las cosas; ciertas ideas surgen ordinariamente de nuestras sensaciones y corresponden a objetos materiales; otras ideas, como las de Dios, de la filosofía, del infinito, del pensamiento mismo, no corresponden a objetos materiales. Lo que debemos retener aquí como esencial es que tenemos ideas, pensamientos, sentimientos, *porque* vemos y sentimos.

La *materia* o el ser es lo que nuestras sensaciones y nuestras percepciones nos muestran y nos dan; es, de una manera general, todo lo que nos rodea, lo que se llama el «mundo exterior». Por ejemplo: mi hoja de papel es blanca. *Saber* que es blanca, es una idea, y son mis sentidos los que me dan esta idea. La materia es la hoja misma.

Por eso, cuando los filósofos hablan de las relaciones entre el ser y el pensamiento, o entre el espíritu y la materia, o entre la conciencia y el cerebro, etc., todo esto es lo mismo y quiere decir: ¿cuál es, entre la materia o el espíritu, entre el ser o el pensamiento, el más importante, el que domina, en fin, el que apareció primero? Es lo que se llama:

V. *La cuestión o el problema fundamental de la filosofía*

Cada uno de nosotros se ha preguntado: ¿En qué nos transformamos después de la muerte? ¿De dónde procede el mundo? ¿Cómo se ha formado la Tierra? Y nos es difícil admitir que siempre ha habido algo. Se tiene la tendencia a pensar que en cierto momento, no había nada. Por eso es más fácil creer lo que enseña la religión: «El espíritu planeaba por encima de las tinieblas..., después fue la materia». Del mismo modo uno se pregunta *dónde* están nuestros pensamientos, y he aquí planteado el problema de las relaciones que existen entre el espíritu y la materia, entre el cerebro y el pensamiento. Por otra parte, hay muchas otras maneras de plantear la cuestión. Por ejemplo: cuáles son las relaciones entre la voluntad y el poder? La voluntad aquí es el espíritu, el pensamiento, y el poder es lo posible, el ser, la materia. También tenemos la cuestión de las relaciones entre la «existencia social» y la «conciencia social».

Vemos, por tanto, que la cuestión fundamental de la filosofía se presenta con diferentes aspectos y se ve que es importante reconocer siempre la manera como se plantea ese problema de las relaciones entre la materia y el espíritu, porque sabemos que Solo puede haber allí dos respuestas para esta cuestión:

1. Una respuesta científica.
2. Una respuesta no-científica.

VI. Idealismo o materialismo

Es así como los filósofos se han visto en la necesidad de tomar una posición en esta importante cuestión.

Los primeros hombres, completamente ignorantes no teniendo ningún conocimiento del mundo y de ellos mismos, atribuían a seres sobrenaturales la responsabilidad de lo que les sorprendía. En su imaginación excitada por los sueños, donde veían vivir a sus amigos y a ellos mismos, llegaron a la concepción de que cada uno de nosotros tiene una doble existencia. Turbados por la idea de ese «doble», llegaron a figurarse que sus pensamientos y sus sensaciones «no eran funciones de su cuerpo, sino de un alma especial, que moraba en ese cuerpo y lo abandonaba al morir»[1].

Después surgió la idea de la inmortalidad del alma y de una vida posible del espíritu fuera de la materia.

Los hombres necesitaron muchos siglos para llegar a descifrar la cuestión de esa manera. En realidad, Solo desde la filosofía griega (y, en particular, desde Platón, hace alrededor de veinticinco siglos), han opuesto abiertamente la materia y el pensamiento.

Sin duda, hacía mucho tiempo que suponían que el hombre continuaba viviendo después de la muerte en forma de «alma», pero imaginaban esta alma como una especie de cuerpo transparente y ligero y no en forma de pensamiento puro.

De la misma manera, creían en dioses, seres más poderosos que los hombres, pero los imaginaban en forma de hombres o de animales, como cuerpos materiales. Solo más tarde, las almas y los dioses (después el Dios único que ha reemplazado a los dioses) se concibieron como puros espíritus.

Se llegó entonces a la idea de que hay en la realidad espíritus que tienen una vida completamente específica, completamente independiente de la de los cuerpos, y que no necesitan cuerpos para existir.

Más adelante, esta cuestión se planteó de una manera más precisa con respecto a la religión, en esta forma:

[…] ¿el mundo fue creado por Dios, o existe desde toda una eternidad?

Los filósofos se dividían en dos grandes campos, según la contestación que diesen a esta pregunta[2].

---

[1] F. Engels: *Ludwig Feuerbach y el fin de la filosofía clásica alemana,* en K. Marx y F. Engels: *Obras escogidas* en dos tomos, Madrid, Akal, 2016, t. II, p. 389. (Hemos actualizado todas las referencias a esta obra siguiendo la edición de 2016 de Akal.) *[N. de los E.]*

[2] F. Engels: *op. cit.,* p. 390.

Los que, adoptando la explicación no-científica, admitían la creación del mundo por Dios, es decir, afirmaban que el espíritu había creado la materia, formaban en el campo del idealismo.

Los otros, los que trataban de dar una explicación científica del mundo y pensaban que la naturaleza, la materia, era el elemento principal, pertenecían a las diferentes escuelas del materialismo.

Originalmente esas dos expresiones, idealismo y materialismo, no significaban más que eso.

El idealismo y el materialismo son, pues, dos respuestas opuestas y contradictorias al problema fundamental de la filosofía.

El idealismo es la concepción no-científica. El materialismo es la concepción científica del mundo.

Se verán más adelante las pruebas de esta afirmación, pero podemos decir, desde ahora, que se comprueba bien en la experiencia que hay cuerpos sin pensamiento, como las piedras o los metales, la tierra, pero que no se comprueba nunca la existencia del espíritu sin cuerpo.

Para terminar este capítulo con una conclusión sin equivoco, vemos que las respuestas a esta cuestión: ¿por qué piensa el hombre? no pueden ser más que dos, del todo diferentes y totalmente opuestas:

1. *El hombre piensa porque tiene alma.*
2. *El hombre piensa porque tiene cerebro.*

Según nos inclinemos por una u otra respuesta daremos soluciones diferentes a los problemas que derivan de estas cuestiones.

La cuestión consiste en saber si el cerebro ha sido creado por el pensamiento o si el pensamiento es un producto del cerebro.

Según sea nuestra respuesta, seremos idealistas o materialistas.

2. El idealismo

I. *El idealismo moral y el idealismo filosófico*

Hemos visto la confusión creada por el lenguaje corriente en lo que concierne al materialismo. En la misma confusión se incurre a propósito del idealismo.

No hay que confundir, en efecto, el idealismo *moral* con el idealismo *filosófico*.

Idealismo moral

El idealismo moral consiste en consagrarse a una causa, a un ideal. Sabemos por la historia del movimiento obrero internacional, cuántos revolucionarios marxistas se han consagrado hasta el sacrificio de su vida por un ideal moral y, sin embargo, eran adversarios de ese otro idealismo que se llama idealismo filosófico.

Idealismo filosófico

El idealismo filosófico es una doctrina que tiene como base la explicación de la materia por el espíritu.

El razonamiento es el que responde a la cuestión fundamental de la filosofía diciendo: «El pensamiento es el elemento principal, el más importante, el primero». Y el idealismo, afirmando la importancia primera del pensamiento, sostiene que es él el que produce el ser, o dicho de otro modo: «el espíritu es el que produce la materia».

He aquí la primera forma del idealismo, que se ha desarrollado en las religiones asegurando que Dios, «espíritu puro», fue el creador de la materia.

La religión, que ha pretendido y pretende aún permanecer fuera de las discusiones filosóficas es, por el contrario, la representación directa y lógica de la filosofía idealista.

Ahora bien, como la ciencia intervino en el transcurso de los siglos, llegó a ser necesario explicar la materia, el mundo, las cosas, de otro modo que por Dios solamente. Porque desde el siglo xvi, la ciencia comienza a explicar los fenómenos de la naturaleza sin tener en cuenta a Dios y prescindiendo de la hipótesis de la creación.

Para combatir mejor estas explicaciones científicas, materialistas y ateas había que llevar más lejos el idealismo *y hasta negar la existencia de la materia.*

A eso se dedicó, a principios del siglo xviii, un obispo inglés, Berkeley, a quien se ha llamado el padre del idealismo.

II. ¿Por qué debemos estudiar el idealismo de Berkeley?

La finalidad de su sistema filosófico era destruir el materialismo, tratar de demostrarnos que la sustancia material no existe. En el prefacio de su libro *Diálogos entre Hilas y Filonús,* escribe:

> Si los principios que aquí intento propagar se admiten como verdaderos, las consecuencias que según creo se derivarán inmediatamente de ellos son que el ateísmo y el escepticismo serán totalmente vencidos, que muchos puntos intrincados se harán claros, grandes dificultades se resolverán, partes inútiles de la ciencia serán eliminadas, la especulación se relacionará con la práctica y los hombres se apartarán de las paradojas en favor del sentido común[3].

Así, pues, para Berkeley, lo verdadero es que la materia no existe y que es paradójico pretender lo contrario.

Vamos a ver cómo se las arregla para demostrarlo. Pero creo que no es inútil insistir en que aquellos que quieran estudiar la filosofía tomen la teoría de Berkeley en gran consideración.

---

[3] J. Berkeley: *Tres diálogos entre Hilas y Filonús,* Buenos Aires, Espasa-Calpe, 1952, p. 9.

Sé que pretender tales cosas hará sonreír a algunos, pero no hay que olvidar que vivimos en el siglo xx y nos beneficiamos con todos los estudios del pasado. Se verá, por otra parte, cuando estudiemos el materialismo y su historia, que los filósofos materialistas de tiempo atrás también harán sonreír.

Pero hay que saber que Diderot, que fue antes que Marx y Engels el más grande entre los pensadores materialistas, atribuía al sistema de Berkeley cierta importancia, puesto que lo describe como un

> sistema, para vergüenza del espíritu humano, para vergüenza de la filosofía, es el más difícil de combatir, aunque es el más absurdo de todos[4].
>
> (Cita de Lenin en *Materialismo y empiriocriticismo,* p. 23).

El propio Lenin, en su libro, consagró numerosas páginas a la filosofía de Berkeley:

> Los «novísimos» machistas no han aducido contra los materialistas ni un solo argumento, literalmente ni uno solo, que no se pueda encontrar en el obispo Berkeley[5],

y he aquí la apreciación del inmaterialismo de Berkeley en un manual de historia de la filosofía difundido aún hoy en los liceos:

Teoría aún imperfecta, sin duda, pero admirable, y que debe destruir para siempre, en los espíritus filosóficos, la creencia en la existencia de una sustancia material[6].

Es decir, la importancia de ese razonamiento filosófico.

---

[4] «Lettre sur les aveugles à l'usage de ceux qui voient», *Œuvres complètes* de Diderot, París, Garnier, ed. de J. Assézat y M. Tourneux, 1875, vol. I, p. 304.
[5] V. I. Lenin: *Materialismo y empiriocriticismo,* Moscú, Ed. en Lenguas Extranjeras, 1948, p. 26.
[6] A. Penjou: *Précis d'histoire de la philosophie,* Lib. Paul Delaplace, pp. 320-321.

III. El idealismo de Berkeley

La finalidad de ese sistema consiste en demostrar que la materia no existe.

Berkeley decía:

> La materia no es lo que creemos, pensando que existe fuera de nuestro espíritu. Pensamos que las cosas existen porque las vemos, porque las tocamos; y como ellas nos brindan esas sensaciones, creemos en su existencia.
>
> Pero nuestras sensaciones no son más que ideas que tenemos en nuestro espíritu. Así, pues, los objetos que percibimos por nuestros sentidos no son otra cosa más que ideas, y las ideas no pueden existir fuera de nuestro espíritu.

Para Berkeley, las cosas existen, no niega su naturaleza y su existencia, pero Solo existen en forma de sensaciones que nos las hacen conocer, y –dice– nuestras sensaciones y los objetos no son más que una sola y misma cosa.

Las cosas existen, es verdad; pero *en nosotros,* en nuestro espíritu, y no tienen ninguna sustancia fuera del espíritu.

Concebimos las cosas con ayuda de la vista; las percibimos con ayuda del tacto; el olfato nos informa sobre el olor; el sabor, sobre el gusto; el oído, sobre los sonidos. Estas diferentes sensaciones nos dan idea que, coordinadas unas con otras, hacen que nosotros les demos un nombre común y las consideremos como objetos.

> Se observa, por ejemplo, un color, un gusto, un olor, una forma, una consistencia determinados, se reconoce este conjunto como un objeto que se designa con la palabra *manzana.* Otras combinaciones de sensaciones (nos dan) otras colecciones de ideas (que) constituyen lo que se llama la piedra, el árbol, el libro y los otros objetos sensibles[7].

---

[7] V. I. Lenin: *op. cit.,* p. 9.

Por tanto, somos víctimas de ilusiones, cuando creemos conocer como exteriores el mundo y las cosas, puesto que todo eso no existe más que en nuestro espíritu.

En su libro *Diálogos entre Hilas y Filonús,* Berkeley nos demuestra esta tesis de la manera siguiente:

> Filonús— ¿Puede ser verdadera una doctrina cuando nos hace caer en el absurdo?
>
> Hilas— Sin duda alguna puede serlo.
>
> Fil.— ¿Y no es absurdo pensar que la misma cosa sea a la vez caliente y fría?
>
> Hil.— Sí lo es.
>
> Fil.— Suponte que una de tus manos está caliente y la otra fría y que las dos se sumergen a la vez en la misma vasija de agua en un estado intermedio de temperatura; ¿no parecerá el agua caliente para una mano y fría para la otra?[8].

Como es absurdo creer que una misma cosa en el mismo momento pueda ser en sí misma diferente, debemos sacar la conclusión de que esta cosa no existe más que en nuestro espíritu.

¿Qué hace Berkeley en su método de razonamientos y de discusión? Despoja los objetos, las cosas, de todas sus propiedades:

«¿Decís que los objetos existen porque tienen un color, un sabor, un olor, porque son grandes o pequeños, livianos o pesados? Voy a demostrar que eso no existe en los objetos sino en nuestro espíritu.

He aquí un retal de tejido: me decís que es rojo; ¿será así con seguridad? Pensáis que el rojo está en el tejido mismo. ¿Es cierto?

Sabéis que hay animales que tienen ojos diferentes de los nuestros y que no verán rojo este tejido; del mismo modo, un hombre que tenga ictericia, ¡lo verá amarillo! Entonces, ¿de qué

---

[8] J. Berkeley: *op. cit.,* p. 24.

color es? ¿Decís que eso depende? El rojo no está, pues, en el tejido, sino en el ojo, en nosotros.

¿Decís que ese tejido es liviano? Dejadlo caer sobre una hormiga y lo encontrará pesado. ¿Quién tiene razón, pues? ¿Pensáis que es caliente? Si tuvierais fiebre, ¡lo encontraríais frío! Entonces, ¿es caliente o frío?

En una palabra, si las mismas cosas pueden ser en el mismo instante para unos rojas, pesadas, calientes y para otros exactamente lo contrario, es que somos víctimas de ilusiones y que las cosas Solo existen en nuestro espíritu.»

Despojando los objetos de todas sus propiedades, llegamos a decir que no existen más que en nuestro pensamiento, es decir, *que la materia es la idea.*

Ya antes que Berkeley, los filósofos griegos decían, y era exacto, que algunas cualidades, como el sabor, el sonido, no estaban en las cosas mismas, sino en nosotros.

Lo que hay de nuevo en la teoría de Berkeley es justamente que extiende esta observación a todas las cualidades de los objetos.

Los filósofos griegos habían establecido, entre las cualidades de las cosas, la distinción siguiente:

Por una parte, las *cualidades primarias,* es decir, las que están en los objetos, como el tamaño, el peso, la resistencia, etcétera.

Por otra parte, las *cualidades secundarias,* es decir, las que están en nosotros, como el olor, el sabor, el calor, etcétera.

Berkeley aplica a las cualidades primarias la misma tesis que a las secundarias, a saber, *que las cualidades, las propiedades, no están en los objetos; sino en nosotros.*

Si miramos el sol, lo vemos redondo, plano, rojo. La ciencia nos enseña que nos engañamos, que el sol no es plano, no es rojo. Haremos abstracción, pues, por la ciencia, de algunas falsas propiedades que atribuimos al sol pero sin sacar, por ello, ¡la conclusión de que no existe! Sin embargo, Berkeley llega a esa conclusión.

Berkeley no se ha equivocado demostrando que la distinción de los antiguos no resistía el análisis científico, pero incurre en una falta de razonamiento, en un sofisma, sacando de esas observaciones consecuencias que no admiten. Demuestra, en efecto, que las cualidades de las cosas no son tales como las revelan nuestros sentidos, es decir, que nuestros sentidos nos engañan y deforman la realidad material, y en seguida saca la conclusión de que ¡la realidad material no existe!

IV. Consecuencias de los razonamientos «idealistas»

Como la tesis era: «Todo no existe más que en nuestros espíritus», esos razonamientos llegan a hacernos creer que el mundo exterior no existe.

Siguiendo este razonamiento hasta el extremo, llegamos a decir: «Soy el único que existe, puesto que Solo conozco a los otros hombres por mis ideas, puesto que los otros hombres Solo son para mí, como los objetos materiales, colecciones de ideas». Es lo que en filosofía se llama el *solipsismo* (que quiere decir *solo-yo-mismo*).

Berkeley –nos dice Lenin en su libro ya citado– se defiende por instinto contra la acusación de sostener tal teoría. Hasta se comprueba que el solipsismo, forma extrema del idealismo, no ha sido sostenido por ningún filósofo.

Por eso debemos dedicarnos, discutiendo con los idealistas, a subrayar que los razonamientos que niegan efectivamente la materia, para ser lógicos y consecuentes, deben llegar a este extremo absurdo que es el solipsismo.

V. Los argumentos idealistas

Nos hemos limitado a resumir en la forma más simple la teoría de Berkeley, porque es él quien ha expuesto más francamente lo que es el idealismo filosófico.

Es cierto que para comprender bien esos razonamientos, que son nuevos para nosotros, es indispensable tomarlos muy en serio y hacer un esfuerzo intelectual.

Veremos más adelante que, aunque el idealismo se presenta de una manera más oculta, cubierto con palabras y expresiones nuevas, todas las filosofías idealistas no hacen más que repetir los argumentos del «viejo Berkeley» (Lenin).

Veremos también hasta qué punto ha podido penetrar en nosotros, a pesar de una educación enteramente laica, la filosofía idealista, que ha dominado y que domina aún la historia *oficial* de la filosofía, trayendo consigo un método de pensamiento del que estamos impregnados.

Como la base de los argumentos de todas las filosofías idealistas se encuentran en los razonamientos del obispo Berkeley, para resumir este capítulo, vamos a tratar de descifrar cuáles son esos principales argumentos y qué tratan de demostrarnos.

1. El espíritu crea la materia

Sabemos que esta es la respuesta idealista a la cuestión fundamental de la filosofía; es la primera forma del idealismo que se refleja en las diferentes religiones en las que se afirma que el espíritu ha creado el mundo.

Esta afirmación puede tener dos sentidos:

O *bien,* Dios ha creado el mundo y este existe realmente fuera de nosotros. Es el idealismo ordinario de las teologías[9].

O *bien,* Dios ha creado la *ilusión* del mundo, dándonos ideas que no corresponden a nada. Es el idealismo «inmaterialista» del obispo Berkeley, que quiere probarnos que el espíritu es la única realidad, pues la materia es un producto fabricado por nuestro espíritu.

Por eso los idealistas afirman que:

---

[9] La teología es la «ciencia» (!!!) que trata de Dios y de las cosas divinas.

2. El mundo no existe fuera de nuestro pensamiento

Es lo que Berkeley quiere demostrarnos, afirmando que cometemos un error si atribuimos a las cosas, como propias de ellas, cualidades y propiedades que no existen más que en nuestro espíritu.

Para los idealistas, los bancos y las mesas existen, sin duda, pero Solo en nuestro pensamiento, y no fuera de nosotros, porque

3. Son nuestras ideas las que crean las cosas

Dicho de otro modo, las cosas son el reflejo de nuestro pensamiento. En efecto, puesto que el espíritu es el que crea la ilusión de la materia, puesto que el espíritu es el que da a nuestro pensamiento la idea de la materia, puesto que las sensaciones que experimentamos ante las cosas no provienen de las cosas mismas, sino Solo de nuestro pensamiento, la causa de la realidad del mundo y de las cosas es nuestro pensamiento y, por consiguiente, todo lo que nos rodea no existe fuera de nuestro espíritu y Solo puede ser el reflejo de nuestro pensamiento. Pero como para Berkeley, *nuestro espíritu* sería incapaz de crear *por sí solo* sus ideas, y que, por otra parte, no hace lo que quiere, como ocurriría si las creara por sí mismo, hay que admitir que otro espíritu más poderoso es el que las crea. Así, Dios es el que crea nuestro espíritu y nos impone todas las ideas del mundo que encontramos en él.

He aquí las principales tesis sobre las cuales se apoyan las doctrinas idealistas y las respuestas que dan a la cuestión fundamental de la filosofía. Veremos en el capítulo siguiente la réplica de la filosofía materialista a esta cuestión y a los problemas planteados por estas tesis.

3. El materialismo

I. ¿Por qué debemos estudiar el materialismo?

Hemos visto que, para responder a este problema: «¿Cuáles son las relaciones entre el ser y el pensamiento?», no puede haber más que dos respuestas opuestas y contradictorias.

Hemos estudiado en el capítulo precedente la respuesta idealista y hemos visto los argumentos presentados para defender esta filosofía.

Nos falta examinar la segunda respuesta a este problema fundamental (problema –repetimos– que se encuentra en la base de toda filosofía) y ver cuáles son los argumentos que el materialismo aporta en su defensa. Tanto más cuanto que sabemos que el materialismo es, para nosotros, una filosofía muy importante, porque es la del marxismo.

Así, consideramos indispensable conocer muy bien el materialismo. Debemos hacerlo, sobre todo porque las concepciones de esta filosofía son muy mal conocidas y han sido falsificadas. Debemos hacerlo, también, porque, por nuestra educación, por la instrucción que hemos recibido –sea primaria o desarrollada–, por nuestros hábitos de vivir y de razonar, todos, más o menos, sin darnos cuenta, estamos impregnados de concepciones idealistas. (Veremos, por otra parte, en otros capítulos, muchos ejemplos que explican esta afirmación.)

Por lo que es una necesidad absoluta, para aquellos que quieren estudiar el marxismo, conocer su base: el materialismo.

II. ¿De dónde procede el materialismo?

Hemos definido la filosofía, de manera general, como un esfuerzo para explicar el mundo, el universo. Pero sabemos que, según el estado de los conocimientos humanos, sus explicaciones han cambiado y que, en el transcurso de la historia de la humanidad, dos actitudes han tratado de explicar el mundo:

una, anticientífica, que recurre a uno o a varios espíritus superiores, a fuerzas sobrenaturales; otra, científica que se funda en hechos y en experiencias.

Una de esas concepciones es defendida por los filósofos idealistas; la otra, por los materialistas.

Por eso, desde el comienzo de este libro hemos dicho que la primera idea que debía tenerse del materialismo es que esta filosofía representa la «concepción científica del universo».

Si el idealismo ha nacido de la ignorancia de los hombres –y veremos cómo se mantuvo la ignorancia, sostenida en la historia de las sociedades por fuerzas que compartían las concepciones idealistas–, el materialismo ha nacido de la lucha de las ciencias contra la ignorancia o el oscurantismo.

Por eso esta filosofía fue tan combatida y, aún en nuestros días, en su forma moderna (el materialismo dialéctico), es poco conocida si no ignorada o negada, por el mundo universitario oficial.

III. *¿Cómo y por qué ha evolucionado el materialismo?*

Contrariamente a lo que pretenden los que combaten esta filosofía, y que dicen que esta doctrina no ha evolucionado desde hace veinte siglos, la historia del materialismo nos muestra esta filosofía como algo vivo y siempre en movimiento.

En el transcurso de los siglos, los conocimientos científicos de los hombres han progresado. En los comienzos de la historia del pensamiento, en la Antigüedad griega, los conocimientos científicos eran casi nulos y los primeros sabios eran al mismo tiempo filósofos porque, en esa época, la filosofía y las ciencias nacientes formaban un todo, ya que una era la prolongación de las otras.

En adelante, como las ciencias establecían precisiones en la explicación de los fenómenos del mundo, explicaciones que trataban y hasta estaban en contradicción con las de los filósofos idealistas, surgió un antagonismo entre la filosofía y las ciencias.

Como las ciencias estaban en contradicción con la filosofía oficial de esa época, fue necesario que se separaran. Por tal motivo,

> nada es más apremiante para ellas que desembarazarse del fárrago filosófico y dejar a los filósofos las vastas hipótesis para tomar contacto con problemas restringidos, aquellos que están *maduros* para una cercana solución. Entonces se produce esa distinción entre las ciencias... y la filosofía[10].

Pero el materialismo nacido con las ciencias, ligado a ellas y dependiente de ellas ha progresado, evolucionando con ellas, para llegar, con el materialismo moderno –el de Marx y Engels–, a reunir de nuevo la ciencia y la filosofía en el materialismo dialéctico.

Estudiaremos esta historia y esta evolución que están vinculadas a los progresos de la civilización, pero desde ahora comprobamos, y es lo más importante de recordar, que el materialismo y las ciencias están ligados uno a las otras y que el materialismo depende en absoluto de la ciencia.

Nos queda por establecer y por definir las bases del materialismo que son comunes a todas las filosofías que, con diferentes aspectos, derivan del materialismo.

IV. ¿Cuáles son los principios y los argumentos de los materialistas?

Para responder a esta pregunta hay que volver a la cuestión fundamental de la filosofía, la de las relaciones entre el ser y el pensamiento: ¿cuál de los dos es el principal?

Los materialistas afirman primero que hay una relación determinada entre el ser y el pensamiento, entre la materia y el

---

[10] René Maublanc: *La vie ouvrière* (revista sindical), 25 de nov. de 1935.

espíritu. Para ellos, el ser, la materia, es el elemento primordial, la cosa primera, y el espíritu es la cosa secundaria posterior, dependiente de la materia.

Porque para los materialistas, no es el espíritu o Dios quienes han creado el mundo y la materia; sino el mundo, la materia, la naturaleza son los que han creado el espíritu:

> y el espíritu mismo no es más que el producto supremo de la materia[11].

Por eso, si volvemos sobre la cuestión que hemos planteado en el segundo capítulo: «¿Por qué piensa el hombre?», los materialistas responden que el hombre piensa porque tiene cerebro y que el pensamiento es el producto del cerebro. Para ellos, no puede haber pensamiento sin materia, sin cuerpo.

> Nuestra conciencia y nuestro pensamiento, por muy trascendentes que parezcan, son el producto de un órgano material físico: el cerebro[12].

Por consiguiente, para los materialistas, la materia, el ser, son algo real, existente fuera de nuestro pensamiento y no necesitan del pensamiento, del espíritu, para existir. Del mismo modo, como el espíritu no puede existir sin materia, no hay alma inmortal e independiente del cuerpo.

Contrariamente a lo que dicen los idealistas, las cosas que nos rodean existen independientemente de nosotros, son ellas las que nos dan nuestros pensamientos; y nuestras ideas no son más que el reflejo de las cosas en nuestro cerebro.

Por eso, ante el segundo aspecto de la cuestión de las relaciones del ser y del pensamiento:

---

[11] F. Engels: *Ludwig Feuerbach...*, ed. cast. cit., p. 393.
[12] *Ibid.*

¿Qué relación guardan nuestros pensamientos acerca del mundo que nos rodea con este mismo mundo? ¿Es nuestro pensamiento capaz de conocer el mundo real; podemos nosotros, en nuestras ideas y conceptos acerca del mundo real, formarnos una imagen refleja exacta de la realidad? En el lenguaje filosófico, esta pregunta se conoce con el nombre de problema de la identidad entre el pensar y el ser, y es contestada afirmativamente por la gran mayoría de los filósofos[13].

Los materialistas afirman: ¡Sí!, podemos conocer el mundo, y las ideas que nos hacemos de este mundo son cada vez más exactas, puesto que podemos estudiarlo con ayuda de las ciencias, puesto que estas nos prueban continuamente, por la experiencia, que las cosas que nos rodean tienen sin duda una vida que les es propia, independientemente de nosotros, y que los hombres pueden reproducir estas cosas en parte.

Para resumir, diremos, que los materialistas ante el problema fundamental de la filosofía afirman:

1. *Que la materia es la que produce el espíritu* y que, científicamente, no existe espíritu sin materia.

2. *Que la materia existe fuera de todo espíritu* y que no necesita espíritu para existir, pues tiene una existencia que le es particular y que, por consiguiente, contrariamente a lo que dicen los idealistas, no son nuestras ideas las que crean las cosas, sino, por el contrario, son las cosas las que nos dan las ideas.

3. *Que somos capaces de conocer el mundo,* que las ideas que nos hacemos de la materia y del mundo son cada vez más exactas, puesto que, con ayuda de las ciencias podemos determinar lo que ya conocemos y descubrir lo que ignoramos.

---

[13] *Ibid.,* p. 390.

4. Quién tiene razón, ¿el idealista o el materialista?

I. ¿Cómo debemos plantear el problema?

Ahora que hemos examinado la tesis de los idealistas y de los materialistas, trataremos de saber cuál de ellas tiene razón.

Recordemos que es necesario comprobar, ante todo, por una parte, que dichas tesis son totalmente opuestas y contradictorias; por la otra, que según se defienda alguna de esas teorías, ella nos lleva a conclusiones muy importantes.

Para saber quién tiene razón debemos remitirnos a los tres puntos en los cuales hemos resumido cada argumentación.

Los idealistas afirman:

1. Que el espíritu es el que crea la materia.
2. Que la materia no existe fuera de nuestro pensamiento, que para nosotros, Solo es una ilusión.
3. Que nuestras ideas son las que crean las cosas.

Los materialistas afirman exactamente lo contrario. Creemos que para estudiar este problema y facilitar nuestro trabajo hay que estudiar primero lo que entra en el dominio del sentido común y que más nos llama la atención.

1. ¿Es verdad que el mundo no existe más que en nuestro pensamiento?
2. ¿Es verdad que son nuestras ideas las que crean las cosas?

He aquí dos argumentos sostenidos por el idealismo «inmaterialista» de Berkeley, cuyas conclusiones llevan, como en todas las teologías, a nuestra tercera cuestión:

3. ¿Es verdad que el espíritu crea la materia?

Estas son cuestiones muy importantes porque se relacionan con el problema fundamental de la filosofía. Por consiguiente, discutiéndolas vamos a saber quién tiene razón y nos daremos cuenta que son particularmente interesantes para los materialistas, en el sentido de que las soluciones que dan son comunes a *todas* las filosofías materialistas.

II. *¿Es verdad que el mundo no existe más que en nuestro pensamiento?*

Antes de estudiar esta cuestión, debemos fijar dos términos filosóficos que utilizaremos y que encontraremos a menudo en nuestras lecturas.

Realidad subjetiva que quiere decir: realidad que Solo existe en nuestro pensamiento.

Realidad objetiva: realidad que existe fuera de nuestro pensamiento.

Los idealistas dicen que el mundo no es una realidad objetiva, sino subjetiva.

Los materialistas dicen que el mundo es una realidad objetiva.

Para demostrarnos que el mundo y las cosas no existen más que en nuestro pensamiento, el obispo Berkeley las compone con sus propiedades (color, tamaño, densidad, etc.). Nos demuestra que esas propiedades, que varían según los individuos, no están en las cosas mismas, sino en el espíritu de cada uno de nosotros. Deduce de ello que la materia es un conjunto de propiedades no objetivas, sino subjetivas, y que, por consiguiente, no existe.

Si volvemos al ejemplo del sol, Berkeley nos pregunta si creemos en la realidad objetiva del disco rojo, y nos demuestra, con su método de discusión de las propiedades, que el sol no es rojo y no es un disco. Así, pues, el sol no es una realidad objetiva, porque no existe por sí mismo, sino que es una simple realidad subjetiva, puesto que existe en nuestro pensamiento.

Los materialistas afirman por lo menos que el sol existe, no porque lo vemos como un disco plano y rojo –porque esto es el realismo ingenuo de los niños y de los primeros hombres, que solo tenían sus sentidos para controlar la realidad–, sino que afirman que el sol existe invocando la ciencia. Esta nos permite rectificar los errores que nuestros sentidos nos hacen cometer.

Pero debemos, en este ejemplo del sol, plantear claramente el problema.

Con Berkeley, diremos que el sol no es un disco y que no es rojo, pero no aceptamos sus conclusiones: la negación del sol como realidad objetiva.

No discutimos las propiedades de las cosas, sino su existencia.

No discutimos para saber si nuestros sentidos nos engañan y deforman la realidad material, sino si esta realidad existe fuera de nuestros sentidos.

Y bien, los materialistas afirman la existencia de esta realidad fuera de nosotros y proporcionan argumentos que son la ciencia misma.

¿Qué hacen los idealistas para demostrarnos que tienen razón? Discuten acerca de las palabras, hacen grandes discursos, escriben muchas páginas.

Supongamos por un instante que tuvieran razón. Si el mundo no existe más que en nuestro pensamiento, ¿no ha existido el mundo, antes de los hombres? Sabemos que esto es falso, porque la ciencia nos demuestra que el hombre apareció más tarde sobre la Tierra. Algunos idealistas nos dirán, entonces, que antes del hombre había animales y que podía habitarlos el pensamiento. Pero sabemos que antes de los animales existía la Tierra inhabitable y que ninguna vida orgánica era posible. Otros agregarán que aun cuando Solo existiera el sistema solar y el hombre no existiera, el pensamiento, el espíritu, existirían en Dios. Así llegamos a la forma suprema del idealismo. Tenemos que elegir entre Dios y la ciencia. El idealismo no puede sostenerse sin Dios y Dios no puede existir sin el idealismo.

He aquí, exactamente, cómo se plantea el problema del idealismo y del materialismo: ¿Quién tiene razón? ¿Dios o la ciencia?

Dios es un puro espíritu creador de la materia, una afirmación sin pruebas.

La ciencia va a demostrarnos, por la práctica y la experiencia, que el mundo es una realidad objetiva y va a permitirnos responder a la cuestión.

III. ¿Es verdad que son nuestras ideas las que crean las cosas?

Tomemos por ejemplo, un autobús que pasa en el instante en que atravesamos la calle, en compañía de un idealista con quien discutimos si las cosas son una realidad objetiva o subjetiva y si es cierto que son nuestras ideas las que crean las cosas. No cabe duda de que, si no queremos ser aplastados, debemos prestar mucha atención. Porque en la práctica el idealista se ve obligado a reconocer la existencia del autobús. Para él, prácticamente, no hay diferencia entre un autobús objetivo y un autobús subjetivo, y esto es tan exacto que la práctica prueba que los idealistas en la vida son materialistas.

A propósito de este tema, podríamos citar numerosos ejemplos en donde los filósofos idealistas y los que sostienen esta filosofía, ¡no desdeñan algunas bases «objetivas» para obtener lo que para ellos no es más que una realidad subjetiva!

Por eso no se ve ya a nadie que afirme, como Berkeley, que el mundo no existe. Los argumentos son mucho más sutiles y más ocultos. Consultad, como ejemplo de la manera de argumentar de los idealistas, el capítulo titulado «El descubrimiento de los elementos del mundo» en el libro de Lenin, *Materialismo y empiriocriticismo*[14].

Así, según la palabra de Lenin «criterio de la práctica», nos permitirá confundir a los idealistas.

Estos, por otra parte, no dejarán de decir que la teoría y la práctica no son parejas y que son dos cosas completamente

---

[14] V. I. Lenin: *op. cit.,* p. 44.

diferentes. No es cierto. Si una concepción es exacta o falsa, Solo lo demostrará la práctica, la experiencia.

El ejemplo del autobús muestra que el mundo tiene una realidad objetiva y no es una ilusión creada por nuestro espíritu.

Nos queda por ver ahora, dado que la teoría del inmaterialismo de Berkeley no puede sostenerse ante la ciencia y el criterio de la práctica, si –como lo afirman todas las conclusiones de las filosofías idealistas, de las religiones y de las teologías– *el espíritu crea la materia.*

IV. ¿Es verdad que el espíritu crea la materia?

Para los idealistas, como lo hemos comprobado más arriba, la manifestación suprema del espíritu es Dios. Es la respuesta final, la conclusión de su teoría, y por eso el problema espíritu-materia se plantea en último análisis para saber quién tiene razón, en la siguiente disyuntiva: «Dios o la ciencia».

Los idealistas afirman que Dios ha existido por toda la eternidad y, no habiendo sufrido ningún cambio, siempre es el mismo. Es el espíritu puro para quien no existen el tiempo y el espacio. Es el creador de la materia.

Para sostener su afirmación de Dios, tampoco presentan los idealistas ningún argumento.

Para defender al creador de la materia, han recurrido a una serie de misterios que un espíritu científico no puede aceptar.

Cuando nos remontamos al origen de la ciencia y vemos que en medio de su gran ignorancia los hombres primitivos han hecho surgir en su espíritu la idea de Dios, se comprueba que los idealistas del siglo xx continúan, como los primeros hombres, ignorando todo cuanto un trabajo paciente y perseverante ha permitido conocer. Porque, a fin de cuentas, para los idealistas, Dios no puede explicarse y continúa siendo para ellos una *creencia* sin ninguna prueba. Cuando los idealistas quieren «probarnos» la necesidad de una creación del mundo diciendo que la materia no ha existido siempre, que, sin duda, ha debido nacer, nos explican que Dios jamás tuvo comienzo. ¿Qué aclara esta explicación?

Para sostener sus argumentos, los materialistas, por el contrario, se servirán de la ciencia, que los hombres han desarrollado a medida que hacían retroceder los «límites de su ignorancia».

¿Y entonces nos permite la ciencia pensar que el espíritu ha creado la materia? No.

La idea de una creación por un espíritu puro es incomprensible, porque nosotros no conocemos nada acerca de tal experiencia. Para que esto fuera posible, habría sido necesario, como dicen los idealistas, que el espíritu existiera antes que la materia, mientras que la ciencia nos demuestra que esto no es verosímil, y que nunca hay espíritu sin materia. Por el contrario, siempre el espíritu está ligado a la materia, y comprobamos particularmente que el espíritu del hombre está vinculado al cerebro, que es la fuente de nuestras ideas y de nuestro pensamiento. La ciencia no nos permite concebir que las ideas existan en el vacío.

Sería necesario, por tanto, que el espíritu-Dios, para que pudiera existir, tuviera un cerebro. Por eso podemos decir que no es Dios el que ha creado la materia, y por lo tanto al hombre, sino la materia, en la forma del cerebro humano, la que ha creado el espíritu-Dios.

Veremos más adelante si la ciencia nos da la posibilidad de creer en un dios, o en algo sobre lo cual el tiempo no haría efecto y para lo cual espacio, el movimiento y el cambio no existirían.

Desde ahora podemos sacar conclusiones. En su respuesta al problema fundamental de la filosofía:

V. Los materialistas tienen razón y la ciencia prueba sus afirmaciones

Los materialistas tienen razón al afirmar:

1. Contra el idealismo de Berkeley y contra los filósofos que se ocultan detrás de su inmaterialismo; que el mundo y las cosas,

por una parte, existen sin duda fuera de nuestro pensamiento, y que no necesitan de nuestro pensamiento para existir; por otra parte, que no son nuestras ideas las que crean las cosas, sino que, por el contrario, son las cosas las que nos dan nuestras ideas.

2. Contra todas las filosofías idealistas –porque sus conclusiones llegan a afirmar la creación de la materia por el espíritu, o sea, en última instancia, a afirmar la existencia de Dios y sostener las religiones teológicas–, los materialistas, apoyándose en las ciencias, afirman y prueban que la materia es la que crea el espíritu y que no necesitan la «hipótesis de Dios» para explicar la creación de la materia.

Observación. Debemos prestar atención a la cuestión de cómo los idealistas plantean los problemas. Afirman que Dios ha creado al hombre, aun cuando hemos visto que el hombre es el que ha creado a Dios. Por otra parte, afirman también que el espíritu es el que ha creado la materia, cuando vemos exactamente lo contrario. Hay ahí una manera de invertir las perspectivas, que debe señalarse.

Bibliografía

V. I. Lenin: *Materialismo y empiriocriticismo,* Moscú, Ed. en Lenguas Extranjeras, 1948, pp. 44, 71 y 85.

F. Engels: *Ludwig Feuerbach y el fin de la filosofía clásica alemana* en K. Marx, F. Engels, *Obras escogidas* en dos tomos, Madrid, Akal, 2016, t. II, pp. 388-389.

5. ¿Hay una tercera filosofía? El agnosticismo

I. ¿Por qué una tercera filosofía?

Después de estos primeros capítulos, puede parecernos que en suma debe ser bastante fácil reconocernos en medio de todos estos razonamientos filosóficos, puesto que Solo dos grandes corrientes se dividen todas las teorías: el idealismo y el materialismo. Y que, además, los argumentos que concurren en favor del materialismo atraen la convicción de manera definitiva.

Parecería que después de cierto examen hubiéramos encontrado el camino que conduce a la filosofía de la razón, el materialismo.

Pero las cosas no son tan simples. Tal como ya lo hemos señalado, los idealistas modernos no tienen la franqueza del obispo Berkeley. Presentan sus ideas

> bajo una forma mucho más artificiosa y embrollada por el empleo de una terminología «nueva», destinada a hacerlas aparecer ante las gentes ingenuas ¡como una filosofía «novísima»![15].

Hemos visto que, para responder a la cuestión fundamental de la filosofía, hay dos respuestas totalmente opuestas, contradictorias e irreconciliables. Estas dos respuestas son muy claras y no permiten ninguna confusión.

Ya hacia 1710, el problema se planteaba de este modo: por una parte, los que afirmaban la existencia de la materia fuera de nuestro pensamiento, eran los materialistas; por otra, con Berkeley, los que negaban la existencia de la materia y pretendían que esta Solo existía en nosotros, en nuestros espíritus, eran los idealistas.

Un poco más tarde, con el progreso de las ciencias, otros filósofos intervienen tratando de mediar entre idealistas y materialistas, creando una corriente filosófica que provoca una confusión entre esas dos teorías y esta confusión tiene su fuente en la búsqueda de una *tercera* filosofía.

---

[15] V. I. Lenin: *op. cit.,* p. 15.

II. Razonamiento de esta tercera filosofía

La base de esta filosofía que fue elaborada después de Berkeley, consiste en sostener que es inútil tratar de conocer la naturaleza real de las cosas, pues nunca conoceremos más que las *apariencias*.

Por eso se llama a esta filosofía *agnosticismo* (del griego *a*, negación, y *gnósticos*, capaz de conocer; por tanto, «incapaz de conocer», incognoscible).

Según los agnósticos, no se puede saber si el mundo es, en el fondo, espíritu o naturaleza. Es posible conocer la apariencia de las cosas, pero no podemos conocer su realidad.

Volvamos al ejemplo del sol. Hemos visto que no es como lo creían los primeros hombres, un disco plano y rojo. Ese disco no era, pues, más que una ilusión, una apariencia (la apariencia es la idea *superficial* que nos hacemos de las cosas, pero no es la realidad).

Por eso, considerando que los idealistas y los materialistas discuten para saber si las cosas son materia o espíritu, si esas cosas existen o no fuera de nuestro pensamiento, si nos es posible o no conocerlas, los agnósticos afirman que nosotros no podemos saber nada con certeza; solamente la apariencia de las cosas, jamás la realidad.

Nuestros sentidos –dicen– nos permiten ver y sentir las cosas, conocer sus aspectos exteriores, sus apariencias; esas apariencias existen, pues, para nosotros; es lo que se llama, en lenguaje filosófico, «la cosa para nosotros». Pero no podemos conocer la cosa independiente de nosotros, con su realidad que le es propia, lo que se llama «la cosa en sí».

Los idealistas y los materialistas que discuten continuamente estos temas pueden compararse con dos hombres, uno con anteojos azules, el otro con rosados, que pasearan por la nieve discutiendo acerca de su color. Supongamos que nunca pudieran quitarse sus anteojos. ¿Podrían conocer algún día el verdadero color de la nieve...? No. Y bien, los idealistas y los materialistas que disputan para saber cuál de los dos tiene razón, llevan anteojos azules y rosados. jamás conocerán la realidad. Tendrán conocimiento «para ellos» de la nieve, cada uno la verá a su manera, pero nunca conocerán la nieve «en sí misma». Tal es el razonamiento de los agnósticos.

III. ¿De dónde procede esta filosofía?

Los fundadores de esta filosofía fueron Hume (1711-1776), que era escocés, y Kant (1724-1804), un alemán. Los dos han tratado de conciliar el idealismo con el materialismo.

He aquí un pasaje de los razonamientos de Hume citados por Lenin en su libro *Materialismo y empiriocriticismo:*

> Se puede considerar evidente que los hombres son propensos, por instinto o predisposición natural, a fiarse de sus sentidos y que, sin el menor razonamiento, o incluso antes de recurrir al razonamiento, siempre suponemos la existencia de un mundo exterior («external universe»), que no depende de nuestra percepción y que existiría aún cuando desapareciésemos o fuésemos destruidos nosotros y todos los otros seres dotados de sensibilidad. Incluso los animales están guiados por una opinión de este género y conservan esta fe en los objetos exteriores en todos sus pensamientos, designios y acciones...
>
> Pero esta opinión universal y primaria de todos los hombres es prontamente rebatida por la más superficial («slightest») filosofía, que nos enseña que a nuestra mente no puede ser nunca accesible nada más que la imagen o la percepción y que los sentidos son tan Solo canales («inlets») por lo que estas imágenes son transportadas, no siendo capaces de establecer ninguna relación directa («intercourse») entre la mente y el objeto. La mesa que vemos parece más pequeña si nos alejamos de ella, pero la mesa real, que existe independientemente de nosotros, no cambia; por consiguiente, nuestra mente no

ha percibido otra cosa que la imagen de la mesa. Tales son los dictados evidentes de la razón. (D. Hume, *Investigaciones sobre el entendimiento humano,* cap. XII)[16].

Vemos que Hume admite, en primer lugar, lo que está en el plano del sentido común: la «existencia de un universo exterior» que no depende de nosotros. Pero enseguida se niega a admitir esta existencia como realidad objetiva. Para él, esta existencia no es más que una imagen, y nuestros sentidos que comprueban esta existencia, esta imagen, son incapaces de establecer una relación, sea cual fuere, entre el espíritu y el objeto.

En una palabra, vivimos en medio de cosas como en el cine, en cuya pantalla comprobamos la imagen de los objetos, su existencia, pero donde detrás de los objetos mismos, o sea detrás de la pantalla, no hay nada.

Ahora, si se quiere saber cómo nuestro espíritu tiene conocimiento de los objetos, tal vez se deba

> bien a la energía de nuestra propia mente, bien a la sugestión de algún espíritu invisible y desconocido, o bien a cualquier otra cosa aún más desconocida[17].

IV. *Consecuencias de esta teoría*

He aquí una teoría seductora que, por otra parte, está muy difundida. Volvemos a encontrarla con diferentes aspectos, en el transcurso de la historia, entre las teorías filosóficas y, en nuestros días, entre todos los que pretenden «permanecer neutrales y mantenerse en una reserva científica».

Debemos examinar si esos razonamientos son justos y cuáles son las consecuencias que derivan de ellos.

Si nos es verdaderamente imposible, como afirman los agnósticos, conocer la verdadera naturaleza de las cosas y si nues-

---

[16] V. I. Lenin: *op. cit.,* p. 21.
[17] *Ibid.,* p. 22.

tro conocimiento se limita a sus apariencias, no podemos afirmar, pues, la existencia de la realidad objetiva y no podemos saber si las cosas existen por sí mismas. Si para nosotros, por ejemplo, el autobús es una realidad objetiva, el agnóstico nos dice que de ello no está seguro. No se puede saber si ese autobús es un pensamiento o una realidad. Él no puede sostener, pues, que nuestro pensamiento es el reflejo de las cosas. Vemos que estamos en pleno razonamiento idealista porque, entre afirmar que las cosas no existen o bien simplemente que no se puede saber si existen, la diferencia no es grande.

Hemos visto que el agnóstico distingue las «cosas para nosotros» y las «cosas en sí». El estudio de las cosas para nosotros es posible, pues es la ciencia; pero el estudio de las cosas en sí es imposible porque no podemos conocer lo que existe fuera de nosotros.

El resultado de ese razonamiento es el siguiente: el agnóstico acepta la ciencia; cree en ella y quiere constituirla y –como no se puede hacer ciencia más que con la condición de expulsar de la naturaleza toda fuerza sobrenatural–, ante la ciencia, es materialista.

Pero se apresura a agregar que, como la ciencia no nos da más que apariencias, esto no quiere decir que no haya en la realidad nada más que la materia, o aun hasta que exista la materia, o que Dios no exista. La razón humana no puede saberlo y no hay, pues, que inmiscuirse en eso. Si hay otros medios para conocer «las cosas en sí», como la fe religiosa, el agnóstico no quiere saberlo tampoco y no se reconoce el derecho de discutirlo.

Para la conducta de la vida y para la construcción de la ciencia, el agnóstico es, por tanto, un materialista, pero es un materialista que no se atreve a afirmar su filosofía y que trata ante todo de no atraerse dificultades con los idealistas, de no entrar en lucha con las religiones. Es un «materialismo vergonzante»[18].

---

[18] F. Engels: *Del socialismo utópico al socialismo científico,* en K. Marx y F. Engels, *Obras escogidas* en dos tomos, Madrid, Akal, 2016, t. II, p. 99.

La consecuencia de esto es que, dudando del valor profundo de la ciencia, no viendo en ella más que ilusiones, esta tercera filosofía nos propone, por tanto, no conceder ninguna veracidad a la ciencia y que es inútil tratar de saber algo, tratar de hacer avanzar el progreso.

Los agnósticos dicen: antiguamente los hombres veían el sol como un disco plano y creían que era la realidad: se engañaban. Hoy la ciencia nos dice que el sol no es tal como lo vemos y pretende explicarlo todo. Sabemos, sin embargo, que ella se engaña a menudo, destruyendo un día lo que había construido la víspera. Error ayer, verdad hoy, pero error mañana. Así, sostienen los agnósticos, no podemos saber, no estamos seguros de nada por la razón. Y si otros medios además de la razón, como la fe religiosa, pretenden darnos certidumbres absolutas, ni siquiera la ciencia puede impedirnos creer en ellas. Disminuyendo la confianza en las ciencias, el agnosticismo prepara el retorno de las religiones.

V. *Cómo debemos refutar este razonamiento*

Hemos visto que para probar sus afirmaciones los materialistas se sirven no Solo de la ciencia, sino también de la *experiencia* que permite comprobar las ciencias. «Con el criterio de la práctica» se puede *saber,* se puede conocer las cosas.

Los agnósticos nos dicen que es imposible afirmar que el mundo exterior existe o no existe.

Ahora bien, por la práctica sabemos que el mundo *y* las cosas existen. Sabemos que las ideas que nos hacemos de las cosas son exactas, que las relaciones que hemos establecido entre las cosas y nosotros son reales.

Desde el momento en que sometemos estos objetos a nuestro uso, de acuerdo con las cualidades que advertimos en ellos, sometemos a una prueba infalible la corrección o la falsedad de nuestras percepciones sensibles. Si estas percep-

ciones fueran falsas, nuestra apreciación del uso que se puede hacer de un objeto debería igualmente serlo, y nuestro
ensayo debería fracasar. Pero si logramos alcanzar nuestro
objetivo, si advertimos que el objeto concuerda con la idea
que teníamos de él y responde al destino que queríamos darle, esta es una prueba positiva de que nuestras percepciones
del objeto y de sus cualidades están de acuerdo con una realidad exterior a nosotros mismos; cada vez que experimentamos un fracaso, dedicamos generalmente poco tiempo para
descubrir la razón que nos ha hecho fracasar, advertimos
que la percepción sobre la cual nos habíamos fundado para
obrar era o incompleta y superficial, o combinada con los
resultados de otras percepciones, de tal manera que no ga-
rantizaban lo que llamamos razonamiento verdadero. Mientras nos preocupamos por guiar y utilizar convenientemente
nuestros sentidos y de mantener nuestra acción en los límites prescritos por las percepciones convenientemente obte-
nidas y convenientemente utilizadas, advertimos que el resultado de nuestra acción prueba la conformidad de nuestras
percepciones con la naturaleza objetiva de las cosas percibi-
das. En ningún caso hemos llegado aún a la conclusión de
que nuestras percepciones sensibles científicamente com-
probadas produzcan en nuestros espíritus ideas sobre el
mundo exterior que estén, por su misma naturaleza, en desacuerdo con la realidad o que haya una incompatibilidad
inherente entre el mundo y las percepciones sensibles que
nosotros tenemos de él[19].

Volviendo al ejemplo de Engels diremos: «el pudín se prueba comiéndolo» (refrán inglés). Si no existiera, o si no fuera
más que una idea, después de haberlo comido nuestra hambre
no se habría saciado en absoluto. Así, pues, nos es perfectamente posible conocer las cosas, ver si nuestras ideas corres-

---

[19] *Ibid.,* pp. 100-101.

ponden a la realidad. Nos es posible comprobar los datos de la ciencia por la experiencia y la industria, que traducen en aplicaciones prácticas los resultados teóricos de las ciencias. Si podemos *hacer* caucho sintético es porque la ciencia conoce «la cosa en sí», que es el caucho.

Vemos, luego, que no es inútil tratar de saber quién tiene razón, puesto que, a pesar de los errores teóricos que la ciencia pueda cometer, la experiencia nos da cada vez la prueba de que, sin duda, es la ciencia la que tiene razón.

VI. *Conclusión*

Desde el siglo xviii, y según los diferentes pensadores cuyas ideas han tomado en mayor o menor medida el agnosticismo, vemos que esta filosofía es atraída tanto por el idealismo como por el materialismo. Cubierta con palabras nuevas, como dice Lenin, sirviéndose de las ciencias para apuntalar sus razonamientos, no hace más que crear la confusión entre las dos teorías, permitiendo así que algunos tengan una filosofía cómoda que les da posibilidad de declarar que no son idealistas, porque se sirven de la ciencia, pero que no son materialistas, porque no se atreven a llevar sus argumentos hasta el fin, porque no son consecuentes.

> ¿Qué es, pues, el agnosticismo –dice Engels–, sino... un materialismo vergonzante? La concepción agnóstica de la naturaleza es completamente materialista. El mundo natural está enteramente regido por leyes y excluye en absoluto toda intervención exterior. Pero –agrega– no tenemos ningún medio para afirmar o negar la existencia de cierto ser supremo que esté más allá del mundo conocido[20].

---

[20] *Ibid.,* pp. 99-100.

Esta filosofía hace el juego al idealismo porque, inconsecuente con sus razonamientos, los agnósticos llegan al idealismo. «Rascad el agnóstico –dice Lenin– y tendréis al idealista.»

Hemos comprobado que se puede saber quién tiene razón: si el materialismo o el idealismo.

Ahora sabemos que las teorías que pretenden conciliar estas dos filosofías Solo pueden, de hecho, sostener el idealismo; no aportan una tercera respuesta a la cuestión fundamental de la filosofía y, por consiguiente, *no hay tercera filosofía*.

Segunda parte
El materialismo filosófico

1. La materia y los materialistas

Después de haber definido: primero, las ideas comunes a todos los materialistas; luego, los argumentos de todos los materialistas contra las filosofías idealistas y, por último, el error del agnosticismo, vamos a sacar las conclusiones de esta enseñanza y a reforzar nuestros argumentos materialistas aportando nuestras respuestas a las dos preguntas siguientes:

1. ¿Qué es la materia?
2. ¿Qué significa ser materialista?

I. ¿Qué es la materia?

Importancia de la cuestión. Cada vez que tenemos un problema que resolver debemos plantear las cuestiones muy claramente. En efecto, aquí no es tan simple dar una respuesta satisfactoria. Para lograrlo debemos establecer una teoría de la materia.

En general, la gente cree que la materia es lo que se puede tocar, lo que es resistente y duro. En la Antigüedad griega, la materia se definía de ese modo.

Hoy sabemos, gracias a las ciencias, que eso no es exacto.

II. Teorías sucesivas de la materia

(Nuestro propósito consiste en dar a conocer en la forma más sencilla las diversas teorías relativas a la materia sin entrar en explicaciones científicas.)

En Grecia se creía que la materia era algo duro, que no podía dividirse hasta el infinito. Llega un momento –se decía– en que los trozos ya no son divisibles, y a esas partículas se les ha llamado átomos (lo que quiere decir *indivisibles*). Una mesa es, entonces, un conglomerado de átomos. Se creía también que esos átomos eran diferentes unos de otros; había átomos lisos y redondos como los del aceite; otros rugosos y torcidos, como los contenidos en el vinagre.

Demócrito, filósofo materialista de esa época, que sustentó esa teoría, es el primero que trata de dar una explicación materialista del mundo; creía, por ejemplo, que el cuerpo humano estaba compuesto por átomos gruesos, que el alma era un conglomerado de átomos más finos y, como admitía la existencia de los dioses y, sin embargo, quería explicarlo todo con su actitud materialista, afirmaba que los dioses mismos estaban compuestos por átomos extrafinos.

Así, pues, los hombres han tratado de explicar, desde la Antigüedad, qué es la materia.

La Edad Media no aporta nada nuevo a la teoría de los átomos dada por los griegos. Solo en el siglo xix esta teoría se modifica profundamente.

Se creía que la materia se dividía en átomos, que estos últimos eran partículas muy duras que se atraían unas a otras. Se había abandonado la teoría de los griegos, y esos átomos ya no eran torcidos o lisos, pero se continuaba sosteniendo que eran duros, indivisibles, y que experimentaban un movimiento de atracción los unos sobre los otros.

El progreso ha permitido a las ciencias dar precisiones e ir más adelante en la explicación de la materia. Hoy se demuestra que el átomo es un centro alrededor del cual gravita un pequeño sistema de planetas que emite pequeñas descargas eléctricas. El centro o núcleo del átomo es, en sí mismo, complejo y de estructura muy variada. La materia es un conglomerado de esos átomos, y si nuestra mano apoyada sobre la mesa siente una resistencia es que la mano recibe un número incalculable de pequeñas descargas eléctricas, de choques que proceden de esos pequeños sistemas que son los átomos.

A esta nueva teoría moderna sobre la materia, teoría confirmada por las experiencias científicas, los idealistas le han reprochado: «¡Ya no se trata de materia dura!: por consiguiente, ¡ya no queda materia! Los materialistas que apoyan su filosofía en la existencia de la materia ya no tienen pruebas. ¡La materia se ha desvanecido!».

Hay que decir que esta manera de argumentar tuvo cierto éxito, puesto que hasta algunos marxistas, y por lo tanto materialistas, han sentido vacilar sus convicciones. Pero es oscurecer el problema hablar de supresión de la materia cuando se aportan precisiones en lo tocante a su composición.

Lo que importa, lo necesario, es saber:

III. Qué es la materia para los materialistas

A este respecto es indispensable hacer una distinción. Se trata de conocer:

1. *¿Qué* es la materia?, y después
2. *¿Cómo* es la materia?

Los materialistas responden a la primera pregunta que la materia es una realidad exterior independiente del espíritu y que no necesita del espíritu para existir. Lenin dice a este respecto:

> La noción de materia no expresa otra cosa que la realidad objetiva que nos es dada en la sensación[1].

---

[1] V. I. Lenin: *Materialismo y empiriocriticismo,* Moscú, Ed. en Lenguas Extranjeras, 1948, p. 306.

Ahora, con respecto a la segunda pregunta: «*¿Cómo* es la materia?», los materialistas contestan: «No nos toca responder a nosotros, sino a la ciencia».

La primera respuesta es invariable desde la Antigüedad hasta nuestros días.

La segunda respuesta ha *variado y debe* variar porque depende de las ciencias, del estado de los conocimientos humanos. No es una respuesta definitiva.

Vemos que es absolutamente indispensable plantear bien el problema y no dejar que los idealistas mezclen las dos cuestiones. Hay que separarlas bien, mostrar que la primera es la principal y que nuestra respuesta a este respecto siempre es invariable.

> Porque la *única* «propiedad» de la materia con cuya admisión está ligado el materialismo filosófico es la de *ser una realidad objetiva,* de existir fuera de nuestra conciencia[2].

IV. El espacio, el tiempo, el movimiento y la materia

Si afirmamos, porque lo comprobamos, que la materia existe *fuera de nosotros,* precisamos también:

1. Que la materia existe *en el tiempo y en el espacio.*
2. Que la materia está *en movimiento.*

A este respecto, los idealistas creen que el espacio y el tiempo son ideas que están en nuestro espíritu (Kant fue el primero en sostenerlo). Para ellos, el espacio es una forma *que damos* a las cosas, el espacio nace del espíritu del hombre. Y lo mismo piensan respecto al tiempo.

Los materialistas afirman, por el contrario, que el espacio no está en nosotros, sino que nosotros estamos en el espacio. Afir-

---

[2] V. I. Lenin: *op. cit.,* pp. 297-298.

man también que el tiempo es una condición indispensable para el desarrollo de nuestra vida y que, por consiguiente, la materia es lo que existe fuera del pensamiento en el tiempo y en el espacio.

> [...] las formas fundamentales de todo ser son el espacio y el tiempo, y un ser concebido fuera del tiempo es tan absurdo como lo sería un ser concebido fuera del espacio[3].

Creemos que hay una realidad independiente de la conciencia. Todos creemos que el mundo ha existido antes que nosotros y que continuará existiendo después que nosotros. Creemos que, para existir, el mundo no necesita de nosotros. Estamos convencidos de que París ha existido antes de nuestro nacimiento y que, a menos de que sea definitivamente barrido del suelo, existirá después de nuestra muerte. Estamos seguros de que París existe, aun cuando no pensemos en ello, así como de que hay decenas de miles de ciudades que jamás hemos visitado, cuyos nombres ni siquiera conocemos y que, sin embargo, existen. Tal es la convicción general de la humanidad. Las ciencias han permitido dar a este argumento una precisión y una solidez tal que reducen a la nada todas las triquiñuelas idealistas.

> Las Ciencias Naturales afirman positivamente que la Tierra existió en un estado tal que ni el hombre ni ningún otro ser viviente la habitaban ni podían habitarla. La materia orgánica es un fenómeno posterior, fruto de un desarrollo muy prolongado[4].

Las ciencias nos comprueban que la materia existe en el tiempo y en el espacio y, al mismo tiempo, que la materia está en movimiento. Esta última precisión que nos proporcionan las

---

[3] F. Engels: *Anti-Dühring*, Montevideo, EPU, 1960, p. 67.
[4] V. I. Lenin: *op. cit.*, p. 71.

ciencias modernas es muy importante, porque destruye la vieja teoría según la cual la materia sería incapaz de movimiento.

> *El movimiento es el modo de existencia de la materia.* Jamás, ni en parte alguna, ha existido ni puede existir materia sin movimiento[5].

Sabemos que el mundo en su estado actual es el resultado de una larga evolución en todos los dominios y, por consiguiente, el resultado de un movimiento lento, pero continuo. Determinamos, pues, tras de haber demostrado la existencia de la materia, que

> en el universo no hay más que materia en movimiento, y la materia en movimiento no puede moverse de otro modo que en el espacio y en el tiempo[6].

V. *Conclusión*

De estas comprobaciones resulta que la idea de Dios, la idea del «puro espíritu» creador del universo es imposible, porque un Dios fuera del espacio y del tiempo es algo que no puede *existir.*

Hay que compartir la mística idealista; por consiguiente, no admitir ninguna comprobación científica, para creer en un Dios que existe fuera del tiempo, es decir, que no existe en ningún momento y que existe fuera del espacio, es decir, que no existe en ninguna parte.

Los materialistas, firmes en las conclusiones de las ciencias, aseguran que la materia existe en el espacio y en cierto momento (en el tiempo). Por consiguiente, el universo no ha podido crearse porque Dios habría necesitado para poder crear el mundo, un momento que no ha sido en ningún momento

---

[5] F. Engels: *op. cit.,* p. 76.
[6] V. I. Lenin: *op. cit.,* pp. 194-195.

(puesto que para Dios el tiempo no existe) y también habría sido necesario que el mundo surgiera de la nada.

Para aceptar la creación hay que admitir en primer lugar que hubo un momento en que el universo no existía y después que de la nada ha surgido algo. Esto la ciencia no puede admitirlo.

Vemos que los argumentos idealistas confrontados con las ciencias no pueden sostenerse; mientras que los defendidos por los filósofos materialistas no pueden separarse de las ciencias.

Subrayamos así una vez más las íntimas relaciones que hay entre el materialismo y las ciencias.

2. ¿Qué significa ser materialista?

I. Unión de la teoría y de la práctica

El estudio que realizamos tiene como propósito saber qué es el marxismo, de comprender cómo la filosofía del materialismo al hacerse dialéctica se identifica con el marxismo. Ya sabemos que uno de los fundamentos de esta filosofía es la vinculación estrecha entre la teoría y la práctica. Por eso creemos que es útil señalar que, prosiguiendo estos estudios en forma sucesiva, aplicamos el método de investigación que es la dialéctica.

Después de haber verificado *qué* es la materia para los materialistas, luego *cómo* es la materia, es indispensable a continuación de esas dos cuestiones teóricas investigar qué significa *ser materialista*, es decir, cuál es la razón del materialismo. Es el lado práctico de estos problemas.

La base del materialismo es el reconocimiento del ser como creador del pensamiento. Pero no basta con repetirlo continuamente para ser un verdadero partidario del materialismo consecuente; hay que serlo: 1) en el dominio del pensamiento; 2) en el dominio de la acción.

II. ¿Qué significa ser partidario del materialismo en el dominio del pensamiento?

Ser partidario del materialismo en el terreno del pensamiento es, conociendo la fórmula fundamental del materialismo –el ser produce el pensamiento–, saber cómo se puede aplicar esta fórmula.

Cuando se dice: el ser produce el pensamiento tenemos una fórmula *abstracta,* porque las palabras *ser y pensamiento* son palabras abstractas. Cuando se dice el «ser», se trata del ser en general; cuando se dice el «pensamiento» se quiere hablar del pensamiento en general. El ser así como el pensamiento *en general,* es una realidad subjetiva (véase primera parte, capítulo IV la explicación de realidad subjetiva y de realidad objetiva); *esto no existe,* es lo que se llama una *abstracción.* Decir: el «ser produce el pensamiento» es una fórmula abstracta, porque está compuesta por abstracciones.

Así, por ejemplo: conocemos muy bien los caballos, pero si hablamos del caballo queremos hablar del caballo *en general,* y bien, el caballo en general es una abstracción.

Si en lugar del caballo ponemos al hombre o al ser *en general,* también se trata de abstracciones.

Pero si el caballo en general no existe, ¿qué existe? Los caballos *en particular.* El veterinario que dijera «cuido al caballo en general, pero no al caballo en particular», sería motivo de risa; lo mismo que el médico que se expresara de ese modo con respecto a los hombres.

Por consiguiente, el ser en general no existe, sino que existen seres particulares que tienen cualidades particulares. Ocurre lo mismo en lo que toca al pensamiento.

Diremos, por lo tanto, que el ser en general es algo *abstracto* y que el ser en particular es algo *concreto;* así como respecto al pensamiento en general y al pensamiento en particular.

El materialista es el que sabe reconocer en todas las situaciones, el que sabe concretar dónde está el ser y dónde está el pensamiento.

Ejemplo: el cerebro y nuestras ideas.

Hay que saber aplicar la fórmula general abstracta en una fórmula concreta. El materialista identificará, pues, el cerebro, como ser, y nuestras ideas como el pensamiento. Razonará diciendo: el cerebro (el ser) es el que produce nuestras ideas (el pensamiento). Este es un ejemplo simple, pero tomemos la sociedad humana y veamos cómo razonará un materialista.

La vida de la sociedad está compuesta (a grandes rasgos) de una vida económica y de una vida política. ¿Cuáles son las relaciones entre la vida económica y la vida política...? ¿Cuál es el factor primero de esta fórmula abstracta con la que queremos hacer una fórmula concreta?

Para el materialista, el factor primero, es decir, el ser, el que da vida a la sociedad es la vida económica. El factor segundo es el pensamiento, que es creado por el ser, que Solo por él puede vivir, es la vida política.

El materialista dirá, por tanto, que la vida económica *explica* la vida política y que, por consiguiente, la vida política es un producto de la vida económica.

Esta comprobación hecha aquí someramente es lo que se llama el *materialismo histórico* y fue elaborada por primera vez por Marx y Engels.

He aquí un ejemplo más complicado: el poeta. Es cierto que numerosos elementos hay que tomar en cuenta para «explicar» al poeta, pero queremos mostrar aquí un aspecto de esta cuestión.

Se dice generalmente que el poeta escribe porque es impulsado por la inspiración. ¿Basta para explicar que el poeta prefiere escribir esto y no aquello? No. Es verdad que el poeta tiene pensamientos en su cabeza, pero también es un ser que vive en la sociedad. Veremos que el factor primero, el que da su vida propia al poeta, es la sociedad, puesto que el factor segundo son las ideas que el poeta tiene en su cerebro. Por consiguiente, *uno* de los elementos, el elemento fundamental, que «explica» al poeta, será la sociedad, es decir, el medio donde él vive en esa sociedad. (Volveremos al «poeta» cuando estudiemos la dialéctica, porque entonces tendremos todos los elementos para estudiar bien este problema.)

Vemos, por esos ejemplos, que el materialista es el que sabe aplicar en todas partes y siempre en cada instante y en todos los casos la fórmula del materialismo. Obrar así es la única manera de ser consecuente.

III. ¿Cómo ser materialista en la práctica?

1. Primer aspecto de la cuestión

Hemos visto que no hay tercera filosofía y que no ser consecuente en la aplicación del materialismo o bien se es idealista, o bien se obtiene una mezcla de idealismo y de materialismo.

El sabio burgués en sus estudios y en sus experiencias es siempre materialista. Para hacer avanzar las ciencias hay que trabajar con la materia, y si se piensa verdaderamente que la materia no existe más que en nuestro espíritu, se consideraría inútil hacer experiencias.

Por tanto hay muchas variedades de sabios:

1. Los sabios que son materialistas conscientes y consecuentes, como los que existen en la URSS y otros países socialistas o capitalistas.

2. Los sabios que son materialistas sin saberlo: es decir, casi todos, porque es imposible hacer ciencia sin plantear la existencia de la materia; pero entre estos últimos hay que distinguir:

a) A los que comienzan por seguir el materialismo, pero se detienen, porque no se atreven a llamarse como tales: son los agnósticos, los que Engels llama «materialistas vergonzantes».

b) Después, los sabios materialistas sin saberlo e inconsecuentes. Son materialistas en el laboratorio, pero fuera de su trabajo son idealistas, creyentes, religiosos.

De hecho, estos últimos son los que no han sabido o no han querido poner orden en sus ideas. Están en perpetua contradicción con ellos mismos. Separan sus trabajos materialistas de sus concepciones filosóficas. Son «sabios» y, sin embargo, si no niegan expresamente la existencia de la materia, creen, lo que es poco científico, que es inútil conocer la naturaleza real de las cosas. Son «sabios» y, sin embargo, sin ninguna prueba, creen en cosas imposibles. (Véase el caso de Pasteur, de Branly y de otros que eran creyentes, mientras que el sabio, si es consecuente, debe abandonar su creencia religiosa.) Ciencia y religión se oponen absolutamente.

2. Segundo aspecto de la cuestión

El materialismo y la acción: si es cierto que el verdadero materialista es el que aplica la fórmula en la que se basa esa filosofía en todas partes y en todos los casos debe prestar atención para aplicarla bien.

Como acabamos de verlo hay que ser consecuente, y para ser materialista consecuente hay que llevar el materialismo a la acción.

Ser materialista en la práctica es obrar conforme a esa filosofía tomando como factor primero y más importante la *realidad,* y como factor secundario, el *pensamiento.*

Vamos a ver qué actitudes toman los que, sin saberlo, toman como factor primero el pensamiento y son, en ese momento, idealistas sin saberlo.

1. ¿Cómo se llama al que vive como si estuviera solo en el mundo? *Individualista.* Vive replegado en sí mismo, el mundo exterior no existe más que para él solo. Para él, lo importante es él, es su pensamiento, es un puro idealista o lo que se llama un solipsista. (Véase explicación de esta palabra, primera parte, capítulo II.)

El individualista es *egoísta* y ser egoísta no es una actitud materialista. El egoísta toma el mundo para él y limita el mundo a sí mismo.

2. El que aprende por el *placer de aprender,* como aficionado, para él mismo; asimila bien, no tiene dificultades, pero lo guarda por él solo. Concede una importancia primordial a sí mismo, a su pensamiento.

El idealista se cierra ante el mundo exterior, ante la realidad. El materialista está siempre *abierto* a la realidad; por eso los que aprenden fácilmente y siguen cursos de marxismo deben tratar de *transmitir* lo que han aprendido.

3. El que razona sobre todas las cosas *con relación a él* sufre una deformación idealista.

Dirá, por ejemplo, de una reunión en la que se han dicho cosas desagradables para él: «es una mala reunión». No es así como se deben analizar las cosas, hay que juzgar la reunión con relación a la organización, a su finalidad, y no con relación a uno mismo.

4. El *sectarismo* tampoco es una actitud materialista. Como el sectario ha comprendido los problemas, y además está de acuerdo consigo mismo, pretende que los otros sean como él. Es dar de nuevo una importancia primordial a sí mismo o a una secta.

5. El *doctrinario* que ha estudiado los textos y ha extraído sus definiciones también es un idealista cuando se contenta con citar los textos materialistas, que vive Solo con sus textos, sin tomar en cuenta el mundo real. Repite fórmulas sin aplicarlas a la realidad. Da primordial importancia a los textos, a las ideas. La vida se desarrolla en su conciencia en forma de textos y, en general, se comprueba que el doctrinario también es un sectario.

Creer que la revolución es una cuestión de pensamiento, decir que explicando «de una vez por todas» a los obreros la necesidad de la revolución, deben comprender y que si no quieren comprender no vale la pena tratar de hacer la revolución, es un sectarismo y no una actitud materialista.

Debemos *comprobar* los casos en que la gente no comprenda; *averiguar* por qué es así, comprobar la represión, la propaganda de los diarios burgueses, de la radio, del cine, etc., y tratar por todos los medios posibles de hacer comprender lo que queremos, por medio de folletos, diarios, escuelas, etcétera.

No tener el sentido de las realidades, vivir en la luna y, prácticamente, hacer proyectos sin tener en cuenta las situaciones, las realidades, es una actitud idealista que da una importancia primordial a los bellos proyectos sin ver si son realizables o no. Los que critican continuamente pero que no hacen nada mejor, no proponen ningún remedio, los que carecen de sentido crítico hacia ellos mismos, todos estos son materialistas inconsecuentes.

IV. Conclusión

Mediante estos ejemplos vemos que los defectos que se pueden comprobar más o menos en cada uno de nosotros son defectos idealistas. Los tenemos porque separamos la práctica de la teoría y la burguesía prefiere que no demos importancia a la realidad. Para ella, que sostiene el idealismo, la teoría y la práctica son dos cosas completamente diferentes y sin ninguna relación. Estos defectos son perjudiciales y debemos combatirlos, porque benefician, al fin de cuentas, a la burguesía. Ahora bien, debemos comprobar que esos defectos, engendrados en nosotros por la sociedad, por las bases teóricas de nuestra educación, de nuestra cultura, arraigados en nuestra infancia, son obra de la burguesía, y debemos desembarazarnos de ellos.

3. Historia del materialismo

Hasta aquí hemos estudiado lo que es el materialismo en general y cuáles son las ideas comunes de *todos* los materialistas. Vamos a ver cómo ha evolucionado desde la Antigüedad para llegar al materialismo moderno. En resumen: vamos a seguir rápidamente la *historia del materialismo*.

No tenemos la pretensión de explicar en pocas páginas los 2.000 años de la historia del materialismo. Simplemente queremos dar indicaciones generales que guíen las lecturas.

Para estudiar bien, aunque someramente, esta historia, es indispensable ver en cada instante *por qué* se han desarrollado así las cosas. Sería mejor no citar algunos nombres históricos antes que no aplicar este método. Pero, aun sin querer atiborrar el cerebro de nuestros lectores, creemos que es necesario nombrar en orden histórico los principales filósofos materialistas conocidos por ellos.

Por eso, para simplificar el trabajo, vamos a consagrar estas primeras páginas al aspecto puramente histórico, y en la segunda parte de este capítulo veremos por qué la evolución del materialismo ha tenido que experimentar esta forma de desarrollo.

I. *Necesidad de estudiar esta historia*

A la burguesía no le place la historia del materialismo. Y por eso esta historia enseñada en los libros burgueses es incompleta y siempre falsa. Se emplean diversos procedimientos de falsificación.

1. No pudiendo ignorar a los grandes pensadores materialistas, se los nombra hablando de todo lo que han escrito, *salvo* de sus estudios materialistas, y se olvida decir que son filósofos materialistas.

Hay muchos casos de *olvido* en el transcurso de la historia, y citaremos como ejemplo a Diderot, que fue el pensador materialista más grande antes de Marx y Engels.

2. Veremos en el transcurso de la historia a numerosos pensadores materialistas sin saberlo o inconsecuentes. Es decir, aquellos que en algunos de sus escritos eran materialistas, pero, en otros, idealistas: Descartes, por ejemplo.

La historia escrita por la burguesía deja en la sombra todo cuanto esos pensadores han escrito, que no Solo ha influido en el materialismo, sino que ha dado nacimiento a toda una corriente de esta filosofía.

3. Además, si estos dos procedimientos de falsificación no lograran disfrazar a ciertos autores, se les escamotea pura y simplemente.

Así se enseña la historia de la literatura y de la filosofía del siglo XVIII «ignorando» a D'Holbach y a Helvetius, que fueron grandes pensadores de esta época.

¿Por qué? Porque la historia del materialismo es particularmente instructiva para conocer y comprender los problemas del mundo, y también porque el desarrollo del materialismo es funesto para las ideologías que sostienen los privilegios de las clases dirigentes.

Estas son las razones por las cuales la burguesía presenta el materialismo como una doctrina que no ha cambiado, estancada desde hace siglos, cuando, por el contrario, el materialismo fue algo vivo y siempre en movimiento.

> Pero, al igual que el idealismo, el materialismo recorre una serie de fases en su desarrollo. Cada descubrimiento trascendental, operado incluso en el campo de las Ciencias Naturales, le obliga a cambiar de forma; y desde que el método materialista se aplica también a la historia se abre ante él un camino nuevo de desarrollo[7].

Así comprendemos mejor la necesidad de estudiar, aunque someramente, esta historia del materialismo. Para hacerlo debemos distinguir dos periodos: I. Del origen (Antigüedad griega) hasta Marx y Engels. 2. Del materialismo de Marx y Engels a nuestros días. (Estudiaremos esta segunda parte con el materialismo dialéctico.)

---

[7] F. Engels: *Ludwig Feuerbach y el fin de la filosofía clásica alemana,* en K. Marx y F. Engels, *Obras escogidas* en dos tomos, Madrid, Akal, 2016, t. II, p. 393.

Llamaremos al primer periodo «materialismo premarxista» y al segundo, «materialismo marxista» o «materialismo dialéctico».

II. El materialismo premarxista

1. La Antigüedad griega

Recordemos que el materialismo es una doctrina que estuvo siempre vinculada a las ciencias, que ha evolucionado y progresado con las ciencias. Cuando en la Antigüedad griega, en los siglos VI y V antes de nuestra era, las ciencias comienzan a manifestarse con los físicos, se forma en ese momento una corriente materialista que atrae a los mejores pensadores y filósofos de esa época (Tales, Anaxímenes, Heráclito). Estos primeros filósofos serán, como dijo Engels, «naturalmente dialécticos». Los impresiona el hecho de que en todas partes se encuentra el movimiento, el cambio, y que las cosas no están aisladas, sino íntimamente vinculadas unas a otras.

Heráclito, a quien se llama «el padre de la dialéctica» decía:

> Nada está inmóvil, todo fluye; jamás nos bañamos dos veces en el mismo río, porque este nunca es en dos instantes sucesivos el mismo; de un instante al otro ha cambiado, se ha transformado en otro.

Es el primero en tratar de explicar el movimiento, el cambio y ve en la contradicción las razones de la evolución de las cosas.

Las concepciones de estos primeros filósofos eran exactas y, sin embargo, se abandonaron porque cometían el error de formularse *a priori,* es decir, que el estado de las ciencias en esa época no permitía probar lo que aquellas anticipaban.

Solo mucho más tarde, en el siglo XIX, se alcanzarán las condiciones que permitirán a las ciencias probar la exactitud de la dialéctica.

Otros pensadores griegos han tenido concepciones materialistas: Leucipo (siglo v antes de nuestra era), que fue el maestro de Demócrito, ya había discutido ese problema de los átomos, cuya teoría hemos visto que fue establecida por este último.

Epicuro (341-270 a.C.), discípulo de Demócrito, fue completamente tergiversado por la historia burguesa, que lo presenta como un vulgar «cerdo filósofo», porque ser epicúreo, para la historia, es ser un sensual, mientras que, por el contrario, en la vida era un asceta. Esta mala reputación se debe al hecho de que era materialista.

Lucrecio (siglo i a.C.), discípulo de Epicuro, ha compuesto un largo poema sobre la *naturaleza*. Ha escrito que la humanidad es desdichada porque la religión ha enseñado a los hombres que después de la muerte el alma vivía y que podía sufrir eternamente. Luego es este miedo lo que impide a los hombres ser felices sobre la Tierra. Hay que quitarles este terror, y la única teoría capaz de lograrlo es el materialismo epicúreo.

Estos filósofos tenían conciencia de que esa teoría estaba vinculada a la suerte de la humanidad, y ya vemos, por parte de ellos, una oposición a la teoría oficial: oposición entre el idealismo y el materialismo.

Pero un gran pensador domina la Grecia antigua, es Aristóteles, un filósofo idealista. Su influencia fue considerable. Por eso debemos citarlo muy particularmente. Ha hecho el inventario de los conocimientos humanos de esa época y ha llenado las lagunas creadas por las ciencias nuevas. Era un espíritu universal y ha escrito numerosos libros sobre todos los temas. A causa de la universalidad de su saber, de su dogmatismo, ha tenido una influencia considerable sobre las concepciones filosóficas hasta fines de la Edad Media, es decir, en el transcurso de veinte siglos.

Durante todo este periodo se ha seguido la tradición antigua y no se pensaba más que por Aristóteles.

Se desencadenaba una represión salvaje contra los que pensaban de otro modo. A pesar de todo, a fines de la Edad Media se entabló una lucha entre los idealistas que negaban la materia y los que pensaban que, a pesar de todo, existía una realidad material.

En los siglos XI y XII se puede seguir esta disputa a la vez en Francia y, sobre todo, en Inglaterra.

Después, el materialismo se desarrolla principalmente en este último país. Marx dice: «El materialismo es un hijo *innato* de Gran Bretaña»[8].

Un poco más tarde será en Francia donde se desarrollará el materialismo. En todo caso vemos que en los siglos XV y XVI se manifiestan dos corrientes: una, el materialismo inglés; otra, el materialismo francés, cuya reunión contribuirá a hacer avanzar la historia del materialismo en el siglo XVIII.

2. El materialismo inglés

> El verdadero patriarca del *materialismo inglés* y de toda la ciencia experimental moderna es Bacon. La ciencia de la naturaleza es, para él, la verdadera ciencia, y la *física* sensorial, la parte más importante de la ciencia de la naturaleza[9].

Bacon es célebre como fundador del método experimental en el estudio de las ciencias. Lo importante para él es estudiar la ciencia en el «gran libro de la naturaleza», y esto es particularmente interesante en una época en que se estudia la ciencia en los *libros* que Aristóteles había dejado unos cuantos siglos antes.

Para estudiar la física, por ejemplo, he aquí cómo se procedía: se tomaban los pasajes escritos por Aristóteles sobre cierto tema, después se tomaban los libros de santo Tomás de Aqui-

---

[8] K. Marx y F. Engels: *La Sagrada Familia,* México, Grijalbo, 1958, p. 194.
[9] *Ibid.*

no, que era un gran teólogo, y se leía lo que este último había escrito sobre el pasaje de Aristóteles. El profesor no hacía ningún comentario personal, decía aún menos de lo que pensaba, pero se remitía a una tercera obra que repetía a Aristóteles y a santo Tomás. Tal era la ciencia de la Edad Media, que se llamaba la escolástica: era una ciencia *libresca,* porque Solo se estudiaba en los libros.

Bacon reacciona contra esta escolástica cuando quiere estudiar en el «gran libro de la naturaleza».

En esa época se planteaba una cuestión:

¿De dónde proceden las ideas? ¿De dónde nuestros conocimientos? Cada uno de nosotros tiene ideas, la idea de las casas, por ejemplo. Esta idea la tenemos porque hay casas, dicen los materialistas. Los idealistas creen que Dios es el que nos da la idea de las casas. Bacon decía que la idea existía porque se veían o tocaban las cosas, pero aún no podía demostrarlo.

Fue Locke (1632-1704) el que se empeñó en señalar que las ideas provienen de la experiencia. Demostró que todas las ideas proceden precisamente de la experiencia y que Solo la experiencia nos da las ideas. El hombre ha tenido la idea de la primera mesa antes que esta existiera, porque, por la experiencia, se servía de un tronco de árbol o de una piedra como mesa.

Con las ideas de Locke, el materialismo inglés llega a Francia en la primera mitad del siglo XVIII, porque mientras esta filosofía se desarrollaba de una manera particular en Inglaterra, se había formado en aquel país una corriente materialista.

3. El materialismo en Francia

Se puede situar a partir de Descartes (1596-1650) el nacimiento en Francia de una corriente netamente materialista. Descartes ha tenido una gran influencia en esta filosofía, pero, en general, no se habla de ello.

En esa época, en que estaba muy viva, hasta en las ciencias, la ideología feudal, en que se estudiaba de la manera que ya hemos visto; Descartes entra en lucha contra ese estado de hecho.

La ideología feudal es ese razonamiento que pretende que haya dos clases de gente: los nobles y los que no lo son. Los nobles tienen todos los derechos, los otros ninguno. Se aplicaba este mismo razonamiento a las ciencias, es decir, que Solo los que, por su nacimiento, gozaban de una posición privilegiada tenían el derecho de ocuparse de las ciencias. ¡Ellos eran los únicos capaces de comprender esos problemas!

Descartes luchó contra tal razonamiento y dijo al respecto: «el buen sentido es la cosa más compartida en el mundo», y, por consiguiente, todo el mundo, ante las ciencias, tiene los mismos derechos. También hizo una buena crítica de la medicina de su tiempo. (*El enfermo imaginario,* de Molière, es un eco de las críticas de Descartes.)

Quiere hacer una ciencia que sea una ciencia verdadera, basada en el estudio de la naturaleza y rechazando la enseñanza hasta entonces, en la que Aristóteles y santo Tomás eran los únicos «argumentos».

Descartes vivió a comienzos del siglo XVII; en el siglo siguiente estallaría la revolución y, por eso, se puede decir que él surge de un mundo que va a desaparecer para entrar en un mundo nuevo que va a nacer. Esta posición hace que Descartes sea un conciliador; quiere crear una ciencia materialista y, al mismo tiempo, es idealista porque quiere salvar la religión.

Cuando en su época se preguntaba: ¿por qué hay animales que viven?, se daban las respuestas de la teología: porque hay un principio que los hace vivir. Descartes, por el contrario, sostenía que si los animales viven es porque *son* materia. Creía, por otra parte, y lo afirmaba, que los animales no son más que máquinas de carne y músculos como las otras máquinas son de hierro y de madera. Hasta suponía que unos y otros no tenían sensaciones, y cuando en la abadía de Port Royal, durante las semanas de estudios, los hombres que seguían su filosofía pinchaban a unos perros, decían: ¡«Qué armoniosa es la naturaleza! Se *diría* que sufren...».

Para el Descartes materialista, los animales eran máquinas. Pero el hombre es diferente porque tiene alma, dice el Descartes idealista.

De las ideas desarrolladas y sostenidas por Descartes nacerán, por una parte, una corriente filosófica netamente materialista y, por otra parte, una corriente idealista.

Entre los que continúan la rama cartesiana materialista retendremos el nombre de La Mettrie (1709-1751). La tesis del animal-máquina puede extenderse para él al hombre. ¿Por qué no sería este una máquina?... Y para explicar el alma humana la ve también como una mecánica donde las ideas serían movimientos mecánicos.

En esta época penetra en Francia el materialismo inglés con las ideas de Locke. De la unión de estas dos corrientes surgirá un materialismo más evolucionado. Será:

4. El materialismo del siglo XVIII

Es el materialismo sostenido por los filósofos que también fueron luchadores y escritores admirables criticando continuamente las instituciones sociales y la religión, aplicando la teoría a la práctica y siempre en lucha contra el poder, a veces encerrados en la Bastilla.

Son ellos los que reunieron sus trabajos en la gran *Enciclopedia* donde se fija la nueva orientación del materialismo. Por otra parte tuvieron una gran influencia, puesto que esta filosofía era, como lo dijo Engels, «la convicción de toda la juventud culta».

En la historia de la filosofía en Francia, esta fue la única época en que una filosofía con un carácter francés se hizo verdaderamente popular.

Diderot, nacido en Langres en 1713, muerto en París en 1784, domina todo ese movimiento. Lo que la historia burguesa no dice es que fue antes de Marx y de Engels, el pensador materialista más grande. Diderot –dice Lenin– llega casi hasta los puntos de vista del materialismo contemporáneo (dialéctico).

Fue un verdadero militante siempre en lucha contra la Iglesia, contra el estado social, y conoció los calabozos. La historia escrita por la burguesía le ha escamoteado mucho.

Hay que leer *Las pláticas de Diderot y de D'Alembert, El sobrino de Rameau, Jacques el fatalista,* para comprender la influencia enorme de Diderot sobre el materialismo.

En el transcurso del siglo xix, durante su primera mitad, comprobamos un retroceso del materialismo a causa de los acontecimientos históricos. La burguesía de todos los países hizo una gran propaganda en favor del idealismo y de la religión.

Entonces vemos a Feuerbach, en Alemania, afirmando sus convicciones materialistas entre todos los filósofos idealistas y «pulverizó de golpe la contradicción, restaurando de nuevo en el trono, sin más ambages, al materialismo»[10].

No es que aporte algo nuevo al materialismo, pero vuelve de una manera sana y actual a las bases del materialismo que se habían olvidado y ejerce así su influencia sobre los filósofos de su época.

Llegamos a ese periodo del siglo xix en que se comprueba un progreso enorme en las ciencias, en particular con los tres grandes descubrimientos: la célula, la transformación de la energía, la evolución (de Darwin), que permitirán a Marx y a Engels, influidos por Feuerbach, hacer revolucionar el materialismo para darnos el materialismo moderno o dialéctico.

Hemos visto, en una forma completamente somera, la historia del materialismo anterior a Marx y Engels. Y que si en numerosos puntos comunes estaban de acuerdo con los mate-

---

[10] F. Engels: *Ludwig Feuerbach…*, en *op. cit.,* t. II, p. 387.

rialistas que les precedieron, también señalaron que la obra de estos presentaba numerosas deficiencias y omisiones.

Para comprender las modificaciones hechas por ellos al materialismo premarxista, es necesario investigar cuáles fueron esos defectos y lagunas y *por qué* se produjeron.

Dicho de otro modo, el estudio de la historia del materialismo sería incompleto si después de haber enumerado los diferentes pensadores que han contribuido a su progreso no tratáramos de saber cómo y en qué sentido se ha efectuado ese progreso y por qué ha experimentado tal o cual forma de evolución.

Nos interesaremos particularmente por el materialismo del siglo XVIII, porque en él concurrieron las diferentes corrientes de esa filosofía.

Por consiguiente, vamos a estudiar cuáles eran los errores de ese materialismo y cuáles sus lagunas; pero como no debemos considerar las cosas de una manera unilateral, sino por el contrario en su conjunto, indicaremos también cuáles han sido sus méritos.

El materialismo –dialéctico en sus comienzos– no podía desarrollarse sobre esas bases. El razonamiento dialéctico, debido a la insuficiencia de los conocimientos científicos, ha tenido que ser abandonado. Había que crear y desarrollar las ciencias. «Había que investigar las cosas antes de poder investigar los procesos»[11].

La unión íntima del materialismo y la ciencia es lo que permitirá a esta filosofía volver a ser sobre bases más sólidas, rigurosamente científicas, el materialismo dialéctico, el de Marx y Engels.

Encontramos nuevamente el materialismo al lado de la ciencia. Pero si bien es cierto que siempre sabemos descubrir de dónde procede el materialismo, así también debemos saber encontrar de dónde procede el idealismo.

---

[11] *Ibid.,* p. 410.

III. ¿De dónde procede el idealismo?

Si en el transcurso de su historia el idealismo ha podido existir al lado de la religión, es porque ha nacido y procede de ella.

Lenin dice a este respecto que debemos estudiar: «El idealismo no es nada más que una forma armada y refinada de la religión». ¿Qué quiere decir esto? Que el idealismo sabe presentar sus concepciones con mucha más flexibilidad que la religión. Pretender que el universo ha sido creado por un espíritu que flotaba por encima de las tinieblas, que Dios es inmaterial, y después de hacerlo hablar, hablarnos de su cuerpo, es presentar torpemente una serie de ideas. Afirmando que el mundo no existe más que en nuestro pensamiento, en nuestro espíritu, el idealismo se presenta de un modo más oculto. En el fondo –lo sabemos–, es lo mismo, pero de manera menos brutal, más sutil. Por eso el idealismo es una forma refinada de la religión.

También es refinada porque los filósofos idealistas saben, en sus discusiones, prever las cuestiones, saben tender sus trampas, como Filonús o el pobre Hilas en los diálogos de Berkeley.

Pero decir que el idealismo procede de la religión es simplemente esquivar el problema, y nosotros debemos preguntarnos:

IV. ¿De dónde procede la religión?

Engels nos ha dado a este respecto una respuesta muy clara: *«La religión nace de las concepciones limitadas del hombre».*

En los primeros hombres esta ignorancia era doble. Ignorancia de la naturaleza, ignorancia de ellos mismos. Hay que pensar constantemente en esta doble ignorancia cuando se estudia la historia de los hombres primitivos.

Esta ignorancia nos parece infantil cuando consideramos la Antigüedad griega como una civilización avanzada: Aristóteles creía que la Tierra estaba inmóvil, que era el centro del mundo y que alrededor de la Tierra giraban los planetas. Estos últimos, que calculaba en número de 64, estaban fijos como clavos en un techo, y el conjunto era lo que giraba alrededor de la Tierra.

Los griegos también creían en la existencia de cuatro elementos: el agua, la tierra, el aire y el fuego, y que no era posible descomponerlos. Sabemos que todo eso es falso, puesto que ahora descomponemos el agua, la tierra y el aire, y que no consideramos al fuego como un cuerpo de la misma clase.

También eran ignorantes respecto al hombre mismo, puesto que no conocían la función de nuestros órganos y atribuían al cerebro, por ejemplo, una función en la digestión.

Si era tan grande la ignorancia de los sabios griegos, a quienes consideramos ya como muy avanzados, ¿cuál no debía ser entonces la de los hombres que vivieron millones de años antes que ellos? Las concepciones que los hombres primitivos tenían de la naturaleza y de ellos mismos está limitada por la ignorancia. Pero a pesar de todo tratan de explicar las cosas. Todos los documentos que poseemos sobre los hombres primitivos nos dicen que estos hombres estaban muy preocupados por los sueños. En el primer capítulo hemos visto cómo resolvieron esta cuestión mediante la convicción de la existencia de un «doble» del hombre. Al principio atribuían a ese «doble» una especie de cuerpo transparente, ligero y, sin embargo, con una consistencia material. Solo mucho más tarde nacerá en su espíritu la concepción de que el hombre tiene en sí un principio *inmaterial* que le sobrevive después de la muerte, un principio *espiritual* (la palabra viene de *espíritu,* que en latín quiere decir *soplo,* el soplo que se va con el último suspiro en el momento en que se entrega el alma y en el que Solo subsiste el «doble»). Entonces, el alma explica el pensamiento, el sueño.

En la Edad Media se tenían concepciones por demás raras acerca del alma. Se creía que en un cuerpo grueso había un alma delgada, y en un cuerpo delgado, un alma grande; por eso, en esa época, los ascetas hacían largos y numerosos ayunos para tener un alma grande, para dar al alma un alojamiento más amplio.

Después de haber admitido bajo la forma del «doble» transparente, luego bajo la forma del alma, principio espiritual, la supervivencia del hombre después de la muerte, los hombres primitivos crearon los dioses.

Creyendo al principio en seres más poderosos que los hombres y que existían en una forma material, fueron llegando insensiblemente a creer en dioses que existían, en forma de un alma superior a la nuestra. Y es así como, después de haber creado una multitud de dioses, cada uno de los cuales tenía una función definida, como en la Antigüedad griega alcanzaron la concepción de un solo Dios. Entonces se creó la religión monoteísta. Así vemos muy bien que en el origen de la religión, aun en su forma actual, estuvo presente la ignorancia.

Así es como el idealismo nació de las concepciones limitadas del hombre, de su ignorancia; mientras que el materialismo, por el contrario, nació de la desaparición de esos límites.

Veremos, en el transcurso de la historia de la filosofía, esta lucha continua entre el idealismo y el materialismo. Este quiere retroceder, replegar los límites de la ignorancia, lo cual será una de sus glorias y uno de sus méritos.

V. *Méritos del materialismo*

Hemos visto nacer el materialismo en la Antigüedad griega porque existe en *esa* época un embrión de la ciencia. Siguiendo el principio de que, ahí donde está la ciencia, el materialismo se desarrolla, comprobamos en el transcurso de la historia:

1. En la Edad Media, como consecuencia del débil desarrollo de las ciencias, estancamiento del materialismo.

2. En los siglos XVII y XVIII, a un gran desarrollo de las ciencias corresponde un gran desarrollo del materialismo. El materialismo francés del siglo XVIII es la consecuencia directa del desarrollo de las ciencias.

3. En el siglo xix comprobamos numerosos y grandes descubrimientos, y el materialismo experimenta una gran transformación con Marx y Engels.

4. Hoy las ciencias progresan enormemente y, al mismo tiempo, lo hace el materialismo. Se ve a los mejores sabios aplicar en sus obras el materialismo dialéctico.

Por consiguiente, el idealismo y el materialismo tienen orígenes completamente opuestos, y comprobamos, en el transcurso de los siglos, una lucha entre estas dos filosofías, lucha que dura todavía en nuestros días, y que no es solamente académica.

Esta lucha que atraviesa la historia de la humanidad es la lucha entre la ciencia y la ignorancia, es la lucha entre dos corrientes. Una lleva a la humanidad hacia la ignorancia y la mantiene en esa ignorancia; la otra, por el contrario, tiende a la liberación de los hombres, reemplazando la ignorancia por la ciencia.

Esta lucha ha tomado a veces formas graves como en tiempos de la Inquisición, en los que podemos tomar, entre otros, el ejemplo de Galileo, quien afirma que la Tierra gira. Este es un conocimiento nuevo que está en contradicción con la Biblia y también con Aristóteles: si la Tierra gira, no es el centro del universo, sino simplemente un punto en el universo, y entonces hay que extender los límites de nuestros pensamientos. ¿Qué se hace entonces ante este descubrimiento de Galileo?

Para mantener a la humanidad en la ignorancia se instruye un tribunal religioso y se condena a Galileo a la tortura y a retractarse. He aquí un ejemplo de la lucha entre la ignorancia y la ciencia.

Debemos juzgar a los filósofos y a los sabios de esta época colocándolos en esa lucha de la ignorancia contra la ciencia, y comprobaremos que, defendiendo la ciencia, defienden el materialismo aun sin saberlo. Así, Descartes, con sus razonamientos, ha proporcionado ideas que han hecho progresar el materialismo.

Hay que ver también que esta lucha en el transcurso de la historia no es simplemente una lucha teórica, sino una lucha social y política. Las clases dominantes están siempre en esta batalla del lado de la ignorancia. La ciencia es revolucionaria y contribuye a la liberación de la humanidad.

El caso de la burguesía es típico. En el siglo XVIII, la burguesía está dominada por la clase feudal; en ese momento está a favor de las ciencias; *conduce* la lucha contra la ignorancia y nos da la *Enciclopedia*. En el siglo XX, la burguesía es la clase dominante, y en esta lucha entre la ignorancia y la ciencia *apoya la ignorancia* con un apasionamiento mucho más salvaje que antes (véase el hitlerismo).

Así es cómo el materialismo premarxista ha desempeñado un papel considerable y ha tenido una importancia histórica muy grande. En el transcurso de esta lucha entre la ignorancia y la ciencia ha sabido desarrollar una concepción general del mundo que ha podido oponerse a la religión, vale decir, a la ignorancia. Gracias también a la evolución del materialismo, a esta sucesión de trabajos que han realizado las condiciones indispensables para el nacimiento del materialismo dialéctico.

VI. *Los defectos del materialismo premarxista*

Para comprender la evolución del materialismo, para ver bien estos defectos y estas lagunas, no hay que olvidar nunca la vinculación entre ciencia y materialismo.

Al principio, el materialismo superaba el desarrollo de las ciencias; por eso esta filosofía no pudo afirmarse de golpe. Había que crear y desarrollar las ciencias para probar que el materialismo dialéctico tenía razón, pero esto ha exigido más de veinte siglos. Durante tan largo periodo, el materialismo ha experimentado la influencia de las ciencias y particularmente la influencia del espíritu de las ciencias; así como la de las ciencias particulares más desarrolladas. Por eso:

El materialismo del siglo pasado era predominantemente mecánico porque por aquel entonces la mecánica, y además Solo la de los cuerpos sólidos –celestes y terrestres–, en una palabra, la mecánica de la gravedad, era, de todas las ciencias naturales, la única que había llegado en cierto modo a un punto de remate. La química Solo existía bajo una forma incipiente, flogística. La biología estaba todavía en mantillas; los organismos vegetales y animales Solo se habían investigado muy a bulto y se explicaban por medio de causas puramente mecánicas; para los materialistas del siglo XVIII, el hombre era lo que para Descartes el animal: una máquina[12].

He aquí qué era el materialismo surgido de una larga y lenta evolución de las ciencias después del periodo «invernal de la Edad Media cristiana».

El gran error ha sido en este periodo considerar el mundo como una gran mecánica, juzgando todo según las leyes de esta ciencia. Considerando la evolución como un simple movimiento mecánico, se estimaba que los mismos acontecimientos debían producirse continuamente. Se veía el aspecto maquinal de las cosas, pero se veía el lado *vivo*. Por eso se llama *mecánico* a este materialismo.

Un ejemplo: ¿cómo explican el pensamiento? De este modo: «el cerebro segrega el pensamiento como el hígado segrega la bilis». El materialismo de Marx, por el contrario, da una serie de precisiones. Nuestros pensamientos no provienen Solo del cerebro. Hay que ver por qué tenemos ciertos pensamientos, ciertas ideas, más bien que otras, y advertimos entonces que la sociedad, el ambiente, etc., seleccionan nuestras ideas. El materialismo mecanicista considera el cerebro como un simple fenómeno mecánico. Pero:

---

[12] F. Engels: *op. cit.,* p. 394.

Esta aplicación exclusiva del rasero de la mecánica a fenómenos de naturaleza química y orgánica en los que, aunque rigen las leyes mecánicas estas pasan a segundo plano ante otras superiores a ellas, constituía una de las limitaciones específicas, pero inevitables en su época, del materialismo clásico francés[13].

He ahí el primer gran error del materialismo francés del siglo XVIII.

El motivo de este error era que ignoraba la historia en general, es decir, el punto de vista del desarrollo histórico, el proceso; este materialismo consideraba que el mundo no evoluciona y que vuelve a estados semejantes, y no concebía tampoco una evolución del hombre y de los animales.

> La segunda limitación específica de este materialismo consistía en su incapacidad para concebir el mundo como un proceso, como una materia sujeta a desarrollo histórico. Esto correspondía al estado de las ciencias naturales por aquel entonces y al modo metafísico, es decir, antidialéctico, de filosofar que con él se relacionaba. Sabíase que la naturaleza se hallaba sujeta a perenne movimiento. Pero, según las ideas dominantes en aquella época, este movimiento giraba no menos perennemente en un sentido circular, razón por la cual no se movía nunca de sitio, engendraba siempre los mismos resultados[14].

He aquí el segundo defecto de este materialismo.

Su tercer error es que era demasiado contemplativo, no veía suficientemente el papel de la *acción* humana en el mundo y en la sociedad. El materialismo de Marx enseña que no debemos

---

[13] *Ibid.*
[14] *Ibid.*

Solo *explicar* el mundo, sino *transformarlo*. El hombre es en la historia un elemento activo que puede provocar cambios en el mundo.

La acción de los comunistas rusos es un ejemplo vivo de una acción capaz no Solo de preparar, hacer y lograr el triunfo de una revolución, sino de establecer desde 1918 el socialismo en medio de dificultades enormes.

El materialismo premarxista no tenía conciencia de esta concepción de la acción del hombre. Se creía en esa época que el hombre era un producto del medio, mientras que Marx nos enseña que el medio es un producto del hombre y que el hombre es, por consiguiente, un producto de sí mismo. Si el hombre experimenta la influencia del medio puede transformar el medio, la sociedad; puede, por lo tanto, transformarse a sí mismo.

El materialismo del siglo XVIII era demasiado contemplativo porque ignoraba el desarrollo histórico de todo, y esto era inevitable, puesto que los conocimientos científicos no estaban suficientemente avanzados como para concebir el mundo y las cosas de otro modo que a través del viejo método de pensar, la «metafísica».

Bibliografía

V. I. Lenin: *Materialismo y empiriocriticismo,* Moscú, Ed. en Lenguas Extranjeras, 1948.

K. Marx y F. Engels: *La Sagrada Familia,* México, Grijalbo, 1958 [reed. en Akal, 2016].

F. Engels: *Ludwig Feuerbach y el fin de la filosofía clásica alemana,* en *Obras escogidas* en dos tomos, Madrid, Akal, 2016, t. II, pp. 377-425.

Tercera parte
Estudio de la metafísica

1. En qué consiste el método «metafísico»

Sabemos que los defectos de los materialistas del siglo XVIII provienen de su forma de razonamiento, de su método particular de investigación que hemos llamado «método metafísico». El método metafísico traduce, por tanto, una concepción particular del mundo y debemos observar que si al materialismo premarxista le oponemos el materialismo marxista, al materialismo metafísico oponemos el materialismo dialéctico.

Por eso, ignorando aún lo que entendemos por «metafísica», lo aprenderemos estudiando su método mismo, para examinar enseguida lo que es, por el contrario, el método dialéctico.

I. Los caracteres de este método

Vamos a estudiar aquí: «El viejo método de investigación y de pensamiento que Hegel llama "metafísico"»[1].

Hagamos enseguida una observación. ¿Qué parece más natural a la mayoría de la gente, el movimiento o la inmovilidad? ¿Cuál es, para ella, el estado normal de las cosas, el reposo o la movilidad?

---

[1] F. Engels: *op. cit.,* p. 410.

En general se cree que el *reposo* existía antes que el movimiento, y para que una cosa pudiera ponerse en movimiento estaba primero en estado de reposo.

La Biblia también nos dice que antes que el universo, que fue creado por Dios, existía la eternidad inmóvil, es decir, el reposo.

He aquí palabras que emplearemos a menudo: reposo, inmovilidad, y también movimiento y cambio. Estas dos últimas palabras no son sinónimos.

El movimiento, en el sentido literal de la palabra, es el desplazamiento. Ejemplo: una piedra que cae, un tren en marcha, están en movimiento.

El cambio, en el exacto sentido de la palabra, es el paso de una *forma* a otra. Ejemplo: el árbol que pierde sus hojas ha *cambiado* de forma. Pero es también el paso de un *estado* a otro. Ejemplo: el aire se ha hecho irrespirable. Es un cambio.

Por consecuencia, movimiento quiere decir cambio de lugar, y cambio quiere decir variación, mutación de forma o de estado. Trataremos de respetar esta distinción, para evitar confusiones; pero cuando estudiemos la dialéctica volveremos a examinar el sentido de estas palabras.

Acabamos de ver que, de una manera general, se cree que movimiento y cambio son menos normales que el reposo, y es verdad que tenemos cierta preferencia por considerar las cosas en reposo y sin cambio.

Ejemplo: hemos comprado un par de zapatos amarillos y al cabo de un tiempo, después de múltiples reparaciones, en las que hemos hecho cambiar suela y tacones, y hasta hecho remendar numerosas partes, seguimos diciendo: «voy a ponerme los zapatos amarillos», sin darnos cuenta de que ya no son los mismos. Para nosotros son siempre los zapatos amarillos que hemos comprado en tal ocasión y por los que hemos pagado determinado precio. No consideramos el cambio que han experimentado nuestros zapatos: estos siempre son los mismos, *son idénticos*. Desdeñamos el cambio para no ver más que la identidad, como si nada importante hubiera ocurrido. Este es el:

Primer carácter: El principio de identidad

Consiste en preferir la inmovilidad al movimiento y la identidad al cambio frente a los acontecimientos.

De esta preferencia, que constituye el primer carácter de este método, deriva toda una concepción del mundo. Se considera el universo como si estuviera fijo, dirá Engels. Ocurrirá lo mismo con respecto a la naturaleza, la sociedad y el hombre. Por eso se oye decir a menudo: «No hay nada nuevo bajo el sol», lo que quiere decir que nunca ha habido ningún cambio, pues el universo permanece inmóvil. A menudo se oye hablar por ahí de un retorno periódico a los mismos acontecimientos. Dios ha creado el mundo produciendo los peces, los pájaros, los mamíferos, etc., y después nada ha cambiado, el mundo no se ha movido. Se dice también «los hombres siempre son los mismos», como si los hombres nunca hubieran cambiado.

Estas expresiones corrientes son el reflejo de esa concepción que está profundamente arraigada en nosotros, en nuestro espíritu, y la burguesía explota a fondo ese error.

Cuando se critica al socialismo, uno de los argumentos más utilizados es que el hombre es egoísta y que necesita la intervención de una fuerza para contenerlo, porque si no reinaría el desorden. El resultado de esta concepción metafísica es que quiere que el hombre tenga una naturaleza fija que no puede cambiar.

Es muy cierto que si bruscamente tuviéramos la posibilidad de vivir en un régimen comunista, es decir, si se pudieran repartir los productos inmediatamente a cada cual según sus necesidades y no según su trabajo, se desbordaría la satisfacción de los caprichos y tal sociedad no podría mantenerse. Sin embargo, eso es la sociedad comunista y eso es lo racional.

Pero, como tenemos una concepción metafísica arraigada, nos representamos al hombre futuro, que vivirá en un porvenir lejano, semejante al hombre de hoy.

Por consiguiente, cuando se afirma que una sociedad socialista o comunista no es posible, porque el hombre es egoísta, se olvida que si la sociedad cambia el hombre también cambiará.

Todos los días se oyen críticas sobre la Unión Soviética que nos prueban las dificultades de comprensión de parte de aquellos que las formulan. Es porque tiene una concepción metafísica del mundo y de las cosas.

Entre los numerosos ejemplos que podríamos citar tomemos Solo este. Se dice: «Un trabajador en la Unión Soviética recibe un salario que no corresponde al valor total de lo que produce; hay, por tanto, una plusvalía, es decir, una resta efectuada en su salario. Se le roba. En Francia ocurre lo mismo: los obreros son explotados; entonces no hay diferencia entre un trabajador soviético y un trabajador francés».

¿Dónde está en este ejemplo la concepción metafísica? Consiste en no considerar que aquí se trata de dos tipos de sociedades y en no tener en cuenta las diferencias entre estas dos sociedades. Consiste en creer que, desde el momento en que hay plusvalía, todo es lo mismo tanto aquí como allí, sin considerar los cambios que se han producido en la URSS, donde el hombre y la máquina ya no tienen el mismo sentido económico y social que en Francia. Ahora bien, en nuestro país, la máquina existe para producir y el hombre para ser explotado. En la URSS, los dos existen Solo para producir. La plusvalía en Francia va al patrón; en la URSS, al Estado, es decir, a la colectividad sin clases.

Vemos en este ejemplo que los defectos del juicio provienen, en los que son sinceros, del método metafísico y, particularmente, de la aplicación del primer carácter de este método; carácter fundamental que consiste en subestimar el cambio y en considerar preferentemente la inmovilidad o, en una palabra, que tiende a perpetuar la identidad bajo el cambio.

Pero ¿qué es esta identidad? Hemos visto construir una casa que se terminó el 1.º de enero de 1935, por ejemplo. ¿Cuándo diremos que es idéntica? El 1.º de enero de 1936, así como todos los años siguientes, porque siempre tiene dos pisos, veinte ventanas, dos puertas de calle, etc., porque sigue siendo siempre la misma, no cambia, no es diferente. Así, pues, ser idéntica es continuar siendo la misma, no transformarse en otra.

Pero ¿cuáles son las consecuencias prácticas del primer carácter del método metafísico?

Como preferimos ver la identidad en las cosas, es decir, verlas subsistir sin ningún cambio, decimos, por ejemplo: «La vida es la vida y la muerte es la muerte». Afirmamos que la vida sigue siendo la vida, que la muerte continúa siendo la muerte, y es todo.

Habituándonos a considerar las cosas en su identidad, las separamos unas de otras. Decir «una silla es una silla» es una comprobación natural, pero es poner el acento en la identidad, y esto quiere decir al mismo tiempo: lo que no es una silla es otra cosa.

Es tan natural decirlo que subrayarlo parece infantil. En el mismo orden de ideas diremos: «El caballo es el caballo y lo que no es el caballo es otra cosa». Así, pues, separamos de un lado la silla; del otro, el caballo, y hacemos lo mismo con cada cosa. Hacernos, por tanto, distinciones, separando rigurosamente las cosas unas de otras, y así llegamos a transformar el mundo en una colección de cosas separadas, lo que constituye el

Segundo carácter: Aislamiento de las cosas

Lo que acabamos de decir parece tan natural que es como para preguntarse ¿para qué decirlo? Vamos a ver que, a pesar de todo, era necesario hacerlo, porque este sistema de razonamientos nos lleva a ver las cosas desde un cierto ángulo.

Una vez más vamos a juzgar el segundo carácter de este método en las consecuencias prácticas.

En la vida corriente, si observamos los animales y si razonamos a propósito de ellos, separando los seres, no vemos lo que hay de común entre los géneros y las especies diferentes. Un caballo es un caballo y una vaca es una vaca. Entre ellos no hay ninguna relación.

Es el punto de vista de la antigua zoología, que clasifica los animales separándolos claramente unos de otros y que no ve ninguna relación entre ellos. Lo cual es uno de los resultados de la aplicación del método metafísico.

Como otro ejemplo podemos citar el hecho de que la burguesía quiere que la ciencia sea la ciencia, que la filosofía permanezca igual a sí misma; lo mismo con respecto a la política y –se entiende– no hay nada común, absolutamente ninguna relación entre ellas.

Las conclusiones prácticas de tal razonamiento son que un sabio debe continuar siéndolo sin mezclar su ciencia en la filosofía y en la política. Lo mismo con respecto al filósofo y al hombre de un partido político.

Cuando un hombre de buena fe razona así se puede decir que razona como metafísico. El escritor inglés Wells fue a la Unión Soviética hace unos años e hizo una visita al gran escritor, hoy desaparecido, Maksim Gorki. Le propuso crear un club literario en el que no se haría política, porque para él la literatura es la literatura y la política es la política. Parece que Gorki y sus amigos se echaron a reír y Wells se sintió molesto. Es que Wells veía y concebía al escritor como si viviera fuera de la sociedad, mientras que Gorki y sus amigos sabían que no ocurre así en la vida, en la que todas las cosas están vinculadas.

En la práctica corriente nos esforzamos por clasificar, por aislar las cosas, por verlas, por estudiarlas Solo por ellas mismas. Los que no son marxistas ven el Estado en general aislándolo de la sociedad, como independiente de la forma de la sociedad.

Razonar así es aislar el Estado de la realidad, es aislarlo de sus relaciones con la sociedad.

En idéntico error se incurre en cuanto se habla del hombre aislándolo de los otros hombres, de su medio, de la sociedad. Si se considera también la máquina por sí misma, aislándola de la sociedad donde produce, se comete el error de pensar «máquinas en París, máquinas en Moscú; plusvalía aquí y allá, no hay diferencia, es absolutamente la misma cosa».

Continuamente se puede leer esto, y los que lo leen lo aceptan porque el punto de vista general es aislar, dividir las cosas. Es un hábito característico del método metafísico.

Tercer carácter: Divisiones eternas e infranqueables

Después de haber preferido considerar las cosas como inmóviles y sin cambio, las hemos clasificado, catalogado, creando así entre ellas divisiones que nos hacen olvidar las relaciones que pueden tener unas con otras.

Esta manera de ver y de juzgar nos lleva a creer que esas divisiones se hacen una vez por todas (un caballo es un caballo) y que son *absolutas,* infranqueables y eternas. He aquí el tercer carácter del método metafísico.

Pero debemos prestar atención cuando hablamos de este método: porque cuando nosotros, los marxistas, decimos que en la sociedad capitalista hay dos clases, la burguesía y el proletariado, también hacemos divisiones que pueden parecer emparentadas con el punto de vista metafísico. Pero no se es metafísico Solo por el simple hecho de que se introduzcan divisiones, sino por el modo, la manera como se establecen las diferencias, las relaciones que existen entre estas divisiones.

Por ejemplo, cuando decimos que hay en la sociedad dos clases, la burguesía piensa enseguida que hay ricos y pobres. Y, naturalmente, nos dirá: *siempre* ha habido ricos y pobres.

«Ha habido siempre» y «habrá siempre», es una manera metafísica de razonar. Se clasifican para siempre las cosas independientes unas de otras, y, entre ellas, se levantan tabiques, muros infranqueables.

Se divide a la sociedad en ricos y pobres, en lugar de comprobar la existencia de la burguesía y del proletariado, y aun cuando se admite esta última división, se las considera fuera de sus relaciones mutuas, es decir, de la lucha de clases. ¿Cuáles son las consecuencias prácticas de este tercer carácter que establece entre las cosas barreras definitivas? Es que entre un caballo y una vaca no puede haber ningún vínculo de parentesco. Ocurrirá lo mismo con respecto a todas las ciencias y a todo lo que nos rodea. Veremos si esto entra en el dominio de lo posible, pero nos queda por examinar cuáles son las consecuencias de esos tres diferentes caracteres que acabamos de describir, todo lo cual da lugar al

Cuarto carácter: Oposición de los contrarios

Se desprende de todo lo que acabamos de examinar que cuando decimos: «La vida es la vida y la muerte es la muerte» afirmamos que no hay nada de común entre la vida y la muerte. Las clasificamos perfectamente aparte una de otra, considerando la vida y la muerte cada una por sí misma, sin ver las relaciones que pueden existir entre ellas. En estas condiciones, un hombre que acaba de perder la vida debe ser considerado como una cosa muerta, porque es imposible que esté a la vez vivo y muerto, puesto que la vida y la muerte se excluyen mutuamente.

Considerando las cosas como aisladas, diferentes unas de otras, llegamos a separarlas, *oponiéndolas* unas a otras.

Ya estamos en el cuarto carácter del método metafísico que opone *los contrarios* unos a otros y que afirma que *dos cosas contrarias no pueden existir al mismo tiempo*.

En efecto, en este ejemplo de la vida y de la muerte no puede haber tercera posibilidad. Necesitamos elegir absolutamente una u otra de las clasificaciones que hemos hecho. Consideramos que una tercera posibilidad sería una *contradicción,* que esta contradicción es un absurdo y, por consiguiente, una imposibilidad.

El cuarto carácter del método metafísico es, por tanto, el *rechazo categórico de la contradicción.*

Las consecuencias prácticas de ese razonamiento son que cuando se habla de democracia y de dictadura, por ejemplo, el punto de vista metafísico exige que una sociedad *elija* entre las dos, porque la democracia es la democracia y la dictadura es la dictadura. La democracia no es la dictadura y la dictadura no es la democracia. Debemos elegir, sin lo cual estamos frente a una contradicción, a un absurdo, a una imposibilidad.

La actitud marxista es totalmente diferente

Creemos, por el contrario, que la dictadura del proletariado es a la vez la dictadura de la masa y democracia para la masa de los explotados.

Creemos que la vida, la de los seres vivos, Solo es posible porque hay una lucha perpetua entre las células y porque, continuamente unas mueren para ser reemplazadas por otras. Así, la vida contiene en ella, la muerte. Creemos que la muerte no es tan total y separada de la vida como lo cree la metafísica, porque en un cadáver toda la vida no ha desaparecido completamente, puesto que algunas células continúan viviendo cierto tiempo, y que de ese mismo cadáver nacerán otras vidas.

II. Recapitulación

Los diferentes caracteres del método metafísico nos obligan a considerar las cosas desde un cierto ángulo y nos llevan a razonar de cierta manera. Comprobamos que esta manera de analizar posee cierta «lógica» que estudiaremos más adelante y veremos que esto corresponde mucho a la manera de ver, de pensar, de estudiar, de analizar que se utiliza en general.

Comenzaremos por:

1. Distinguir las cosas en su inmovilidad, en su identidad.
2. Separar las cosas unas de otras, desligadas de sus relaciones mutuas.
3. Establecer entre las cosas divisiones eternas, muros infranqueables.
4. Oponer los contrarios, afirmando que dos cosas contrarias no pueden existir al mismo tiempo.

Cuando examinamos las consecuencias prácticas de cada una de las enumeraciones anteriores, verificamos que ninguna corresponde a la realidad.

¿Es que la realidad del mundo coincide con esa idea? ¿Es que las cosas están inmóviles y sin cambios en la naturaleza? No. Comprobaremos que todo está sujeto a cambio y movimiento. Por consiguiente, esa concepción no está de acuerdo con las cosas mismas. Evidentemente, la naturaleza tiene razón y esta concepción está equivocada.

Hemos definido, desde el comienzo, que la filosofía pretende explicar el universo, el hombre, la naturaleza, etc. Así como las ciencias estudian los problemas particulares, hemos dicho que la filosofía es el estudio de los problemas más generales sintetizando y prolongando las ciencias.

Por eso el viejo método «metafísico» de pensar que se aplica a todos los problemas es, también, una concepción filosófica que considera al universo, al hombre y la naturaleza de una manera completamente particular.

> Para el metafísico, los objetos y sus imágenes en el pensamiento, los conceptos, son objetos de investigación aislados, fijos, inmóviles, enfocados uno tras otro, como algo dado y perenne. Piensa solamente en antítesis inconexas; para él una de dos: sí, sí; no, no, y lo demás sobra. Para él una cosa existe o no existe: un objeto no puede ser al mismo tiempo lo que

es y otro distinto. Lo positivo y lo negativo se excluyen recíprocamente en absoluto. La causa y el efecto revisten asimismo, la forma de una rígida antítesis[2].

Por tanto, la concepción metafísica considera «el universo como un conjunto de cosas fijas», y para captar bien esta manera de pensar vamos a estudiar cómo concibe la naturaleza, la sociedad y el pensamiento.

III. *La concepción metafísica de la naturaleza*

La metafísica considera la naturaleza como un conjunto de cosas definitivamente fijas.

Pero hay dos modos de considerar las cosas. *La primera manera* considera que el mundo está absolutamente inmóvil, pues el movimiento no es más que una ilusión de nuestros sentidos. Si quitamos esta apariencia de movimiento la naturaleza no se mueve.

Esta teoría fue sostenida por una escuela de filósofos griegos a los que se llama eleáticos. Esta concepción simplista está en una contradicción tan violenta con la realidad que ya no es defendida en nuestros días.

La *segunda manera* de considerar la naturaleza como un conjunto de cosas fijas es mucho más sutil. No se dice que la naturaleza está inmóvil, sino que se mueve, animada por un movimiento mecánico. Aquí desaparece la primera manera. No se niega ya el movimiento, y esto parece no ser una concepción metafísica. Se llama a esta concepción «mecanicista» o el «mecanicismo».

Es un error que se comete a menudo y que volvemos a encontrar en los materialistas de los siglos XVII y XVIII. Hemos visto que no consideran la naturaleza como inmóvil, sino en movimiento; Solo que para ellos ese movimiento es simplemente un cambio mecánico, un desplazamiento.

---

[2] F. Engels: *Anti-Dühring*, Montevideo, EPU, 1960, p. 31.

Admiten el conjunto del sistema solar (la Tierra gira alrededor del sol), pero creen que ese movimiento es puramente mecánico, es decir, un simple cambio de lugar, y consideran ese movimiento desde este aspecto.

Pero las cosas no son tan simples. Si la Tierra no hace más que girar, sin duda se trata de un movimiento mecánico; pero, mientras gira, puede experimentar influencias, enfriarse por ejemplo. No hay, por tanto, Solo un desplazamiento: también se producen otros cambios.

Lo que caracteriza a esta concepción llamada «mecanicista» es que se considera *Solo* el movimiento mecánico.

Si la Tierra gira sin cesar, y si no le sucede nada más, la Tierra cambia *de lugar,* pero la Tierra *en sí misma* no varía; permanece *idéntica* a sí misma. No hace más que seguir, antes o después de nosotros, girando siempre y siempre. Así, todo acontece como si nada hubiera pasado. Admitir el movimiento, pero haciendo de él un movimiento mecánico, es una concepción metafísica, porque este movimiento *no tiene historia.*

Un reloj que tuviera órganos perfectos, construido con materiales que no se gastaran, que funcionara eternamente sin cambiar, ese reloj no tendría historia. Esta concepción del universo se encuentra constantemente en Descartes, que trata de reducir a la mecánica todas las leyes físicas y fisiológicas. No tiene ninguna idea de la química (véase su explicación de la circulación de la sangre), y esta concepción mecánica de las cosas será aún la de los materialistas del siglo XVIII.

(Haremos una excepción con Diderot, que es menos puramente mecanicista y que en ciertos escritos vislumbra la concepción dialéctica.)

Lo que caracteriza a los materialistas del siglo XVIII es que convierten la naturaleza en un mecanismo de relojería, y esta concepción se manifiesta constantemente en sus escritos.

Si fuera así, las cosas regresarían continuamente al mismo punto sin dejar huellas, y la naturaleza permanecería idéntica a sí misma, lo que es el primer carácter del método metafísico.

IV. La concepción metafísica de la sociedad

La concepción metafísica sostiene que nada cambia en la sociedad. Pero, en general, no pretende esto tan estrictamente. Reconoce que se producen cambios, como por ejemplo, en la producción cuando, partiendo de las materias primas, se producen objetos complicados; en la política, donde los Gobiernos se suceden unos a otros. La gente lo reconoce también pero considera al régimen capitalista como un estado definitivo, eterno y lo compara, a veces, con una máquina.

Así se habla de la *máquina* económica que se descompone, a veces, pero que se la quiere reparar para conservarla. Y se desea que esta máquina económica pueda continuar distribuyendo, como un aparato automático, a unos, dividendos; a otros, miseria.

Se habla también de la máquina política que es el régimen parlamentario, y Solo se le pide una cosa: que funcione, tanto hacia la derecha como hacia la izquierda, para conservar el régimen.

He aquí, en esta manera de considerar la sociedad, una concepción mecanicista, metafísica.

Si fuera posible que esta sociedad, en la cual funcionan todos estos rodajes, pudiera continuar marchando así continuamente, no dejaría huella y, por consiguiente, ninguna continuidad en la historia.

Hay también una concepción mecanicista muy importante, válida para todo el universo, pero sobre todo para la sociedad, y que consiste en difundir la idea de una marcha regular y de un retorno periódico de los mismos acontecimientos de acuerdo con la fórmula «la historia es un perpetuo recomenzar».

Hay que admitir que estas concepciones están muy difundidas. No niegan, es verdad, el movimiento y el cambio, que existen y se comprueban en la sociedad, pero falsifican el movimiento mismo introduciendo el mecanicismo.

V. La concepción metafísica del pensamiento

En general, ¿cuál es la concepción que se tiene acerca del pensamiento?

Creemos que el pensamiento humano es y fue eterno. Creemos que, si las cosas han cambiado, nuestra manera de razonar es la misma que la del hombre que vivía hace un siglo. Consideramos nuestros sentimientos como si fueran los mismos que los de los griegos, la bondad y el amor como si siempre hubieran existido; es así como se habla del «amor eterno». Es muy corriente creer que los sentimientos humanos no han cambiado.

Por esto se dice y escribe, por ejemplo, que una sociedad no puede existir sin tener otra base que el enriquecimiento. Por eso también, que los «deseos de los hombres siempre son los mismos».

Muchos pensamos así. En el movimiento del pensamiento como en los otros, dejamos penetrar la concepción metafísica, porque en la base de nuestra educación se encuentra ese método. «A primera vista, este método especulativo nos parece extraordinariamente plausible, porque es el llamado sano sentido común»[3].

Resulta de esta manera de ver, de esta manera de pensar metafísica, que no es Solo una concepción del mundo, sino también *un modo de proceder para pensar.*

Si es relativamente fácil rechazar los razonamientos metafísicos, por el contrario, es más difícil deshacerse del método de pensar metafísico. A este respecto debemos ser precisos. Llamaremos a la manera como vemos el universo, una *concepción,* y a la manera como buscamos las explicaciones, *un método.*

Ejemplos: a) Los cambios que vemos en la sociedad Solo son aparentes, renuevan lo que ya ha sido. He aquí una «concepción».

---

[3] *Ibid.*

b) Cuando se busca en la historia de la sociedad lo que ya ha tenido lugar se llega a la conclusión de que «no hay nada nuevo bajo el sol»; he aquí lo que es el «método».

Y comprobaremos que la *concepción dirige, guía al método.*

Hemos visto qué es la concepción metafísica. Ahora vamos a ver en qué consiste su método de investigación que se llama la lógica.

VI. *¿Qué es la lógica?*

Se dice que la «lógica» es el arte de pensar bien. Pensar conforme a la verdad es pensar según las reglas de la lógica.

¿Cuáles son estas reglas? Hay tres grandes reglas principales, que son:

1. *El principio de identidad.* Ya hemos visto que consiste en que una cosa es idéntica a sí misma, no cambia (el caballo es el caballo).

2. *El principio de no contradicción.* Una cosa no puede ser al mismo tiempo ella y su contrario. Hay que elegir (la vida no puede ser la vida y la muerte).

3. *Principio del tercero excluido.* O exclusión del tercer caso, lo que quiere decir: entre dos posibilidades contradictorias no hay lugar para una tercera. Hay que elegir entre la vida y la muerte, no hay tercera posibilidad.

Luego ser lógico es pensar bien. No es pensar bien olvidarse de aplicar estas tres reglas.

Volvemos a encontrar en esto, principios que hemos estudiado y que provienen de la concepción metafísica.

Lógica y metafísica están, por consiguiente, íntimamente vinculadas. La lógica es un instrumento, un método de razonamiento que procede clasificando cada cosa de una manera bien determinada; que obliga, por lo tanto, a ver las cosas como *idénticas* a ellas mismas, que enseguida nos pone en la obligación de elegir, de decir sí o no, y en conclusión que excluye, entre dos casos, la vida y la muerte, por ejemplo, una tercera posibilidad.

Cuando se dice: «Todos los hombres son mortales; este camarada es un hombre; por lo tanto es mortal», tenemos lo que se llama un *silogismo*. Razonando así hemos determinado el lugar del camarada, hemos hecho una clasificación.

La tendencia de nuestro espíritu, cuando encontramos a un hombre o una cosa, es pensar: ¿dónde hay que clasificarlo? Nuestro espíritu Solo se plantea ese problema. Vemos las cosas como círculos o cajas de diferentes dimensiones, y nuestra preocupación consiste en hacer entrar esos círculos y esas cajas unos en otros y en cierto orden.

En nuestro ejemplo, determinamos primero un gran círculo que contiene a TODOS los mortales; enseguida, un círculo más pequeño que contiene a TODOS los hombres; y enseguida Solo ESTE camarada.

Si queremos clasificarlos, haremos entrar los círculos unos en otros, siguiendo una cierta «lógica».

La concepción metafísica está construida, por tanto, con la lógica y el silogismo. Un silogismo es un grupo de tres frases; las dos primeras se llaman premisas, lo que quiere decir «colocadas antes», y la tercera frase es la conclusión. Otro ejemplo: «en la Unión Soviética, antes de la última Constitución, existía la dictadura del proletariado. La dictadura es la dictadura. En la URSS hay dictadura. Luego, no hay ninguna diferencia entre la URSS, Italia y Alemania, países de dictadura».

Aquí no se analiza *para qué es la dictadura,* lo mismo que cuando se elogia la democracia burguesa no se dice para qué está hecha esa democracia.

Así se llega a plantear los problemas, a ver las cosas y el mundo social a través de círculos separados y a hacer entrar los círculos unos en otros.

Estas son cuestiones teóricas, pero que producen una manera de obrar en la práctica. Así podemos citar ese desdichado ejemplo de la Alemania de 1919 en donde la socialdemocracia, para conservar la democracia, mató la dictadura del proletariado sin ver que procediendo así dejaba subsistir el capitalismo y abría el camino al nazismo.

Ver las cosas separadamente y estudiarlas así es lo que hicieron la zoología y la biología hasta el momento en que se descubrió y comprendió la evolución en los animales y en las plantas. Antes se clasificaba a todos los seres pensando en su identidad, en que todas las cosas siempre habían sido como eran.

> En efecto..., hasta fines del siglo pasado las Ciencias Naturales fueron predominantemente ciencias *colectoras,* ciencias de objetos hechos[4].

Para terminar, daremos la:

VII. *Explicación de la palabra «metafísica»*

En la filosofía hay una parte importante que se llama metafísica. Pero Solo es una parte importante en la filosofía burguesa, idealista, porque se ocupa de Dios y del alma. Todo ahí es eterno o Dios es eterno, no cambia, permanece idéntico a sí mismo. El alma también. Lo mismo con respecto al bien, al mal, etc., pues todo está claramente definido, definitivo y eterno. Por consiguiente, en esta parte de la filosofía que se llama metafísica, se ven las cosas como un conjunto estático y se procede, en el razonamiento, por oposición: se opone el espíritu a la materia, el bien al mal, etc.; es decir, se razona por oposición de los contrarios entre ellos.

Se llama concepción «metafísica» a esta manera de razonar, de pensar, porque trata las cosas y los razonamientos que se

---

[4] F. Engels: *Ludwig Feuerbach y el fin de la filosofía clásica alemana,* en K. Marx y F. Engels, *Obras escogidas* en dos tomos, Madrid, Akal, 2016, t. II, p. 410.

encuentran *fuera de la física,* como Dios, la bondad, el alma, el mal, etc. Metafísica procede del griego *meta,* que quiere decir «más allá», y de *física,* ciencia que estudia los cuerpos, sus leyes y propiedades. Luego, metafísica es la concepción que trata de las cosas que están más allá del dominio de la física, del mundo.

También, en la historia de la filosofía, «metafísica» significa literalmente *«después de la física»,* indicando las obras escritas por Aristóteles que se ordenaron después de los estudios de este sobre temas de física.

Insistimos, en conclusión, sobre el vínculo que existe entre los tres términos que hemos estudiado:

La metafísica, el mecanicismo, la lógica. Estas tres disciplinas se presentan siempre *juntas* y se buscan unas a la otras. Forman un *sistema* y Solo pueden comprenderse unas por las otras.

Cuarta parte
Estudio de la dialéctica

1. Introducción al estudio de la dialéctica

I. Precauciones preliminares

Cuando se habla de la dialéctica se hace a veces con misterio, presentándola como algo complicado. Conociéndola mal, se habla también sin ton ni son. Todo esto es lamentable y hace cometer errores que deben evitarse.

Tomado en su sentido etimológico, el término de dialéctica significa simplemente el arte de discutir, y es así como a menudo se oye decir de un hombre que discute mucho y también, por extensión, del que habla bien, ¡es un dialéctico!

No vamos a estudiar la dialéctica en este sentido. Esta ha tomado, desde el punto de vista filosófico, una significación especial.

Contrariamente a lo que se cree, la dialéctica en su sentido filosófico, está al alcance de todos porque es una cosa muy clara y sin misterios.

Pero si la dialéctica puede ser comprendida por todo el mundo, tiene asimismo sus dificultades; y he aquí cómo debemos comprenderlas.

Entre los trabajos manuales, algunos son simples; otros, más complicados. Hacer cajas de embalaje, por ejemplo, es un

trabajo sencillo. Montar un aparato radiotransmisor o recep-
tor, por el contrario, representa un trabajo que exige cierta
preparación, habilidad, precisión, elasticidad de los dedos, etcétera.

Para nosotros, las manos y los dedos son instrumentos de
trabajo. Pero el pensamiento también es un instrumento de trabajo. Y si nuestros dedos no hacen siempre un trabajo de precisión, ocurre lo mismo con nuestro cerebro.

En la historia del trabajo humano, el hombre, en sus
comienzos, Solo sabía hacer trabajos burdos. El progreso en
las ciencias le ha permitido trabajos más precisos y delicados.

Ocurre exactamente lo mismo con la historia del pensamiento. La metafísica es el método de pensar que Solo es capaz, como nuestros dedos, de movimientos torpes (como cla-
var cajas o abrir cajones).

La dialéctica es diferente a este método porque confiere
una precisión mucho mayor. No es más que un método de
pensar de gran exactitud y claridad.

La evolución del pensamiento ha sido la misma que la del
trabajo manual. Es la misma historia y no tiene ningún misterio, todo es claro en esta evolución.

Las dificultades que encontramos provienen de que hasta
hace veinticinco años clavamos cajas y súbitamente nos ponen
ante aparatos de radio para que hagamos el montaje. Es cierto
que tendremos grandes dificultades, que nuestras manos serán
torpes, nuestros dedos inhábiles. Solo poco a poco lograremos
flexibilidad y realizaremos ese trabajo. Lo que era muy difícil
al comienzo, nos parecerá después muy fácil.

Con la dialéctica ocurre lo mismo. Nos sentimos torpes,
pesados, con el antiguo método de pensar metafísico, y debemos adquirir la flexibilidad y la precisión del método dialéctico. Pero aun así vemos que tampoco hay nada misterioso ni
demasiado complicado.

II. ¿De dónde surgió el método dialéctico?

Sabemos que la metafísica considera el mundo como un conjunto de cosas fijas y que, por el contrario, si observamos la naturaleza, verificamos que todo se mueve, que todo cambia. Comprobaremos lo mismo con el pensamiento. De esta comprobación resulta un desacuerdo entre la metafísica y la realidad. Por eso, para definir de una manera simple y dar una idea esencial, se puede decir: el que dice «metafísica» dice «inmovilidad», y el que dice «dialéctica» dice «movimiento».

El movimiento y el cambio que existen en todo cuanto nos rodea constituyen la base de la dialéctica.

> Si nos paramos a pensar sobre la naturaleza, o sobre la historia humana, o sobre nuestra propia actividad espiritual, nos encontramos de primera intención con la imagen de una trama infinita de concatenaciones y mutuas influencias, en la que nada permanece lo que era, ni como y donde era, sino que todo se mueve y se cambia, nace y caduca[1].

Vemos que, desde el punto de vista dialéctico, todo cambia; nada se queda donde está, nada continúa siendo lo que es, y, por consiguiente, este punto de vista está completamente de acuerdo con la realidad. Nada permanece en el lugar que ocupa, puesto que aun lo que nos parece inmóvil, se mueve; se mueve con el movimiento de la Tierra alrededor del sol, y se mueve en el movimiento de la Tierra sobre sí misma. En la metafísica, el principio de identidad sostiene que una cosa sigue siendo ella misma. Vemos, por el contrario, que una cosa no permanece como es.

Tenemos la impresión de seguir siendo siempre los mismos y sin embargo –nos dice Engels– «los mismos son diferentes».

---

[1] F. Engels: *Anti-Dühring,* Montevideo, EPU, p. 30.

Creemos ser idénticos y hemos cambiado. De niños que éramos, nos hemos transformado en hombres, y este hombre físicamente nunca se mantiene igual: envejece todos los días.

Por lo tanto, el movimiento no es una apariencia engañosa, como sostienen los eleáticos, sino lo es la inmovilidad, porque, en realidad, todo se mueve y cambia.

La historia también nos prueba que las cosas no siguen siendo como son. En ningún momento la sociedad está inmóvil. Hemos tenido en la Antigüedad la sociedad esclavista, después la sucedió la sociedad feudal, después la sociedad capitalista. El estudio de estas sociedades nos muestra que continuamente, insensiblemente, los elementos que han permitido el surgimiento de una sociedad nueva, se han desarrollado en ellas. Así es como la sociedad capitalista cambia cada día, y ya se ha transformado en la URSS. Y como ninguna sociedad queda inmóvil, la sociedad socialista edificada en la Unión Soviética también está destinada a desaparecer. Se transforma ya a ojos vista, y por eso los metafísicos no comprenden lo que pasa allá. Continúan juzgando una sociedad completamente transformada, con sentimientos de hombres que experimentan aún la opresión capitalista.

Nuestros mismos sentimientos se transforman, de lo cual nos damos cuenta muy poco. Vemos surgir la simpatía; después, a veces, el amor, de donde a veces derivará el odio.

Por todas partes, en la naturaleza, la historia, el pensamiento, vemos el cambio, el movimiento. Por esa comprobación comienza la dialéctica.

Los griegos se sorprendían con el hecho de que por todas partes se encuentre el cambio, el movimiento. Hemos visto que Heráclito, al que se llama «el padre de la dialéctica», nos legó una *concepción dialéctica* del mundo: es decir, una idea del mundo en su desarrollo, movimiento y cambio. Esta manera de pensar de Heráclito se transforma en un «método», método dialéctico que solamente mucho más tarde pudo afirmarse como veremos.

III. ¿Por qué ha estado la dialéctica tanto tiempo dominada por la concepción metafísica?

Hemos visto que la concepción dialéctica había surgido demasiado pronto en la historia, pero que los conocimientos insuficientes de los hombres permitieron el desarrollo de la concepción metafísica.

Podemos hacer un paralelo entre el idealismo que surgió de la gran ignorancia de los hombres y la concepción metafísica que surgió de los conocimientos insuficientes de la dialéctica.

¿Por qué y cómo fue posible esto?

Los hombres han comenzado el estudio de la naturaleza en un estado de completa ignorancia. Para estudiar los fenómenos que comprueban, comienzan por clasificarlos. Pero de la manera de clasificar resulta un hábito de la mente. Haciendo categorías y separando estas categorías unas de otras nuestro espíritu se habitúa a hacer estas separaciones, y encontramos allí los primeros caracteres del método metafísico. Por lo tanto, la metafísica impera precisamente gracias al insuficiente desarrollo de la ciencia. Todavía hace cincuenta años se estudiaban las ciencias separándolas unas de otras. Se estudiaba aparte la química, la física, la biología, por ejemplo, y no se veía entre ellas ninguna relación. Se continuaba también aplicando este método *en el interior* de las ciencias: la física estudiaba el sonido, el calor, el magnetismo, la electricidad, etc., y se creía que estos fenómenos diferentes no tenían ninguna relación entre ellos. Se los estudiaba en capítulos separados.

Reconocemos perfectamente en eso el segundo carácter de la metafísica que pretende que se separen las cosas de sus relaciones y que entre ellas no haya nada en común.

Del mismo modo, es más fácil concebir las cosas en estado de reposo que en el de movimiento. Tomemos como ejemplo la fotografía: vemos que al principio se trata de fijar las cosas en su inmovilidad (es la fotografía); después, en su movimiento (es el cine). ¡Y bien!, la imagen de la fotografía y del cine es la imagen del desarrollo de las ciencias y del espíritu humano. Estudiamos las cosas en reposo *antes de estudiarlas* en su movimiento.

¿Y por qué? Porque *no se sabía nada*. Para aprender se ha seguido el punto de vista más fácil, y las cosas inmóviles son más fáciles de captar y de estudiar.

Volvemos a encontrar ese estado de espíritu por ejemplo, en la biología, en el estudio de la zoología y de la botánica. Como no se los conocía bien, se han clasificado primero los animales en razas, en especies, pensando que entre ellas no había nada de común y *que siempre habían sido así* (tercer carácter de la metafísica). De ahí proviene la teoría que se llama el «fijismo» que es, por consiguiente, una teoría metafísica y que proviene de la ignorancia de los hombres.

IV. *¿Por qué era metafísico el materialismo del siglo XVIII?*

Sabemos que la mecánica ha desempeñado un gran papel en el materialismo del siglo XVIII y que a menudo este materialismo se llama «materialismo metafísico». ¿Por qué ocurrió así? Porque la concepción materialista está vinculada con el desarrollo de todas las ciencias y porque, entre estas, la mecánica se desarrolló primero. En la vida corriente la mecánica es el estudio de las máquinas; en lenguaje científico, es el estudio del movimiento como desplazamiento. Y si la mecánica fue la ciencia más desarrollada en un principio, se debe a que el movimiento mecánico es el movimiento más simple. Estudiar el movimiento de una manzana que se balancea por el viento en un manzano, es mucho más fácil que estudiar el cambio que se produce en la manzana que madura. Se puede estudiar más fácilmente el efecto del viento en la manzana que la maduración de la manzana. Pero este estudio es «parcial» y, por lo tanto, abre la puerta a la metafísica.

Si bien observan con claridad que todo es movimiento, los griegos no *pueden* aplicar esta observación porque su saber es insuficiente. Entonces observan las cosas y los fenómenos, los clasifican y se conforman con estudiar el desplazamiento, de donde la mecánica y la insuficiencia de los conocimientos en las ciencias hacen surgir la concepción metafísica.

Sabemos que el materialismo se basa siempre en las ciencias y que en el siglo XVIII la ciencia estaba dominada por el espíritu metafísico. Entre todas las ciencias, la más desarrollada en esta época era la mecánica.

Por eso era inevitable –dirá Engels– que el materialismo del siglo XVIII fuera un materialismo metafísico y mecanicista, porque las ciencias eran así.

Diremos, pues, que este materialismo metafísico y mecanicista era materialista porque respondía a la cuestión fundamental de la filosofía diciendo que el factor primero era la materia, pero que era metafísico porque consideraba el universo como un conjunto de cosas fijas, y mecanicista porque estudiaba y veía todas las cosas a través de la mecánica.

Llegará un día en que, por el acervo de investigaciones y experiencias se logrará comprobar que las ciencias no están inmóviles, se verá que en ellas se han producido transformaciones. Después de haber separado la química de la biología y de la física, se comprenderá que se hace imposible tratar de una u otra sin recurrir a las demás. Por ejemplo, el estudio de la digestión, que pertenece al dominio de la biología se hace imposible sin la química. En el siglo XIX se advertía ya que las ciencias estaban vinculadas entre sí, lo que provocaba un abandono del espíritu metafísico de las ciencias porque se tenía un conocimiento más profundo de la naturaleza. Hasta entonces se habían estudiado separadamente los fenómenos de la física; después se comprobó que todos estos fenómenos tenían la misma naturaleza. Así la electricidad y el magnetismo, que se estudiaban separadamente, se han reunido hoy en una ciencia única: el electromagnetismo.

Al estudiar los fenómenos del sonido y del calor se advirtió también que los dos habían surgido de un fenómeno de la misma naturaleza.

Golpeando con una martillo se obtiene un sonido y se produce calor. El movimiento produce el calor. Y sabemos que el sonido se produce por las vibraciones del aire. Las vibraciones también son movimientos; he aquí, por tanto, dos fenómenos de la misma naturaleza.

Clasificando cada vez más minuciosamente, se llegó en la biología a encontrar especies que no se podían clasificar como vegetales o animales. Luego, no había separación brusca entre vegetales y animales, e impulsando siempre los estudios, se llegó a la conclusión de que los animales no habían sido siempre lo que son. Los hechos condenaron el «fijismo» y el espíritu metafísico.

Esta transformación que acabamos de ver y que ha permitido al materialismo transformarse en dialéctico se produjo en el transcurso del siglo XIX. La dialéctica es el espíritu de las ciencias que, al desarrollarse, han abandonado la concepción metafísica. El materialismo ha podido transformarse porque las ciencias han cambiado. A las ciencias metafísicas corresponde el materialismo metafísico y a las ciencias nuevas corresponde un materialismo nuevo, que es el materialismo dialéctico.

V. *Cómo nació el materialismo dialéctico: Hegel y Marx*

Si preguntamos cómo se operó esa transformación del materialismo metafísico en materialismo dialéctico, se responde generalmente diciendo:

1. Existía el materialismo metafísico, el del siglo XVIII.
2. Las ciencias han cambiado.
3. Marx y Engels han intervenido; han cortado en dos el materialismo metafísico; abandonando la metafísica han conservado el materialismo fijando en este la dialéctica.

Si nos inclinamos a presentar las cosas así, se debe a la influencia del método metafísico, que pretende que simplifiquemos las cosas para hacer con ellas un esquema. Por el contrario, debemos tener siempre presente que los *hechos de la realidad nunca deben ser esquematizados*. Los hechos son más complicados de lo que parecen y de lo que creemos. Luego, no ha habido una transformación tan simple del materialismo metafísico al materialismo dialéctico.

La dialéctica fue desarrollada por un filósofo idealista, Hegel (1770-1831), que supo comprender el cambio operado en las ciencias. Volviendo a la vieja idea de Heráclito, comprobó, ayudado por los progresos científicos, que en el universo todo es movimiento y cambio, que nada está aislado, sino que todo depende de todo, y así mejoró la dialéctica. A causa de Hegel, hablamos hoy de movimiento dialéctico del mundo. En primer lugar, tomó el movimiento de pensamiento y lo llamó naturalmente dialéctico, porque se trataba de un progreso del espíritu por el choque de las ideas, la discusión.

Pero Hegel es idealista, es decir, da importancia primordial al espíritu y, por consiguiente, tiene una concepción particular del movimiento y del cambio. Cree que son los cambios del espíritu los que producen los cambios de la materia. Para Hegel, el universo es la idea materializada y está primero el espíritu que descubre el universo. Comprueba que el espíritu y el universo están en perpetuo cambio y saca la conclusión de que los cambios del espíritu determinan los cambios de la materia.

Ejemplo: el inventor tiene una idea, la realiza, y esta idea materializada es la que crea cambios en la materia.

Hegel es, por lo tanto, dialéctico; pero subordina la dialéctica al idealismo.

Es entonces cuando Marx (1818-1883) y Engels, que eran discípulos de Hegel, pero materialistas, es decir, daban una importancia primordial a la materia, estudian su dialéctica y concluyen que esta da afirmaciones justas, pero *a la inversa*. Engels dirá a este respecto: con Hegel la dialéctica se mantiene cabeza abajo, había que ponerla sobre sus pies. Marx y Engels transfieren a la realidad material la causa original de ese movimiento del pensamiento definido por Hegel y lo llaman naturalmente dialéctico, tomando su mismo término.

Piensan que Hegel acierta en decir que el pensamiento y el universo están en perpetuo cambio, pero que se engaña al afirmar que son los cambios en las ideas los que determinan los cambios en las cosas. Por el contrario, las cosas nos dan las ideas y estas se modifican porque las cosas se han modificado.

Antiguamente se viajaba en diligencia. Hoy viajamos en ferrocarril. No porque tengamos la idea de viajar en ferrocarril existe este medio de locomoción. Nuestras ideas se han modificado porque las cosas se han modificado.

Por lo tanto, evitaremos decir: «Marx y Engels poseían una parte del materialismo surgido del materialismo francés del siglo xviii; por la otra, la dialéctica de Hegel; luego, Solo les faltaba vincular uno a la otra».

Esta es una concepción simplista, esquemática, que olvida que los fenómenos son más complicados: es una concepción metafísica.

Marx y Engels tomarán, sin duda, la dialéctica de Hegel, pero la transformarán.

2. Las leyes de la dialéctica. Primera ley: El cambio dialéctico

I. Qué se entiende por movimiento dialéctico

La primera ley de la dialéctica comienza por comprobar que «nada queda donde está, nada permanece como es» y que decir dialéctica es decir movimiento, cambio. Por consiguiente, cuando se habla de colocarse en el punto de vista dialéctico, quiere decir colocarse en el punto de vista del movimiento, del cambio: cuando querramos estudiar las cosas según la dialéctica, las estudiaremos *en su movimiento, en su cambio*.

He aquí una manzana. Tenemos dos medios de estudiar esta manzana: por una parte, desde el punto de vista metafísico; por la otra, desde el punto de vista dialéctico.

En el primer caso, daremos una descripción de este fruto, su forma, su color. Daremos sus propiedades, hablaremos de su gusto. Después, podremos comparar la manzana con una pera, ver sus semejanzas, sus diferencias y, por último, sacar la conclusión: una manzana es una manzana y una pera es una pera. Así se estudiaban las cosas antiguamente, y numerosos libros relatan de este modo estos estudios.

Si queremos estudiar la manzana colocándonos desde el punto de vista dialéctico, nos colocaremos desde el punto de vista del movimiento, no del movimiento de la manzana cuando rueda y se desplaza, sino del movimiento de su evolución. Entonces comprobaremos que la manzana madura no siempre ha sido como es. Antes era una manzana verde. Previamente a su condición de flor era un botón; y así nos remontaremos al estado del manzano en la época de la primavera. Luego, la manzana no ha sido siempre una manzana, tiene una historia y por eso no permanecerá tal como es. Si cae, se pudrirá, se descompondrá; liberará sus semillas, que darán, si todo sigue su curso, un retoño, después un árbol. Si la manzana no siempre ha sido como es, no permanecerá tampoco en el mismo estado.

He aquí lo que se llama estudiar las cosas desde el punto de vista del movimiento. Es el estudio desde el punto de vista del pasado y del porvenir. Estudiando así, Solo se ve la manzana como una *transición* entre lo que era en el pasado y lo que será en el porvenir.

Para situar correctamente esta manera de ver las cosas, tomaremos aún dos ejemplos: la Tierra y la sociedad.

Colocándonos desde el punto de vista metafísico describiremos la forma de la Tierra y todos sus detalles. Comprobaremos que en su superficie hay mares, tierras, montañas. Estudiaremos la naturaleza del suelo colocándonos siempre desde el mismo punto de vista. Después, podremos comparar la Tierra con los otros planetas o con la Luna, y, por fin, sacaremos la conclusión de que la Tierra es la Tierra.

Mientras que, desde el punto de vista dialéctico, al estudiar la historia de la Tierra, veremos que no siempre fue como es, que ha experimentado transformaciones y que, por consiguiente, la Tierra experimentará en el porvenir, de nuevo, otras transformaciones. Hoy debemos considerar, en este estudio de la Tierra, que esta no es más que una transición entre los cambios pasados y los cambios por venir.

No es más que una transición en la cual los cambios que se efectúan son imperceptibles, aunque se produzcan en una escala mucho más grande que los que se efectúan en la maduración de la manzana.

Veamos ahora el ejemplo de la sociedad, que interesa particularmente a los marxistas.

Aplicando nuestros dos métodos veremos que, desde el punto de vista metafísico, se nos dirá que siempre ha habido ricos y pobres. Se comprobará que hay grandes bancos, fábricas enormes. Nos darán una descripción detallada de la sociedad capitalista comparándola con las sociedades pasadas: feudal, esclavista, buscando las semejanzas y las diferencias y se dirá: la sociedad capitalista es como es.

Desde el punto de vista dialéctico veremos que la sociedad capitalista no siempre ha sido como es. Si comprobamos que han existido otras sociedades en el pasado, será para deducir de ello que la sociedad capitalista, como todas las sociedades, no es definitiva, sino que Solo es para nosotros, por el contrario, una realidad provisional, un estado de transición entre el pasado y el porvenir.

Vemos por estos ejemplos que considerar las cosas desde el punto de vista dialéctico es considerarlas en su mutabilidad, en su cambio; teniendo una historia en el pasado y debiendo tener una historia en el porvenir, teniendo un comienzo y debiendo tener un fin.

II. «Para la dialéctica no existe nada definitivo, absoluto, consagrado»

> Esta filosofía dialéctica acaba con todas las ideas de una verdad absoluta y definitiva y de un estado absoluto de la humanidad, congruente con aquella. Ante esta filosofía, no existe nada definitivo, absoluto, consagrado; en todo pone de relieve lo que tiene de caducidad y no deja en pie más que el proceso ininterrumpido del devenir y de lo transitorio (F. Engels, *Ludwig Feuerbach...*, ed. cast. cit., p. 382).

He aquí una definición que subraya lo que acabamos de ver y que vamos a estudiar.

«Para la dialéctica no existe nada definitivo.» Esto quiere decir que, para la dialéctica, cada cosa tiene un pasado y tendrá un porvenir; que, por consiguiente, no es así de una vez por todas, y lo que ella es hoy no es definitivo (ejemplos de la manzana, la Tierra, la sociedad).

Para la dialéctica no hay poder en el mundo ni más allá del mundo que pueda fijar las cosas en un estado definitivo; por tanto, «nada es absoluto». (*Absoluto* quiere decir que no está sometido a ninguna condición, por lo tanto, que es universal, eterno, perfecto.)

«Nada consagrado.» Esto no quiere decir que la dialéctica lo desprecie todo. ¡No! Sagrado quiere decir que ciertos casos que se consideran como inmutables, no se deben tocar ni discutir, sino Solo venerar. La sociedad capitalista es «sagrada», por ejemplo. ¡Y bien! La dialéctica dice que *nada* escapa al cambio, al movimiento, a las transformaciones de la historia.

«Caducidad» procede de caduco, que quiere decir: que cae; una cosa caduca es una cosa que debe envejecer y desaparecer. La dialéctica nos demuestra que lo que es caduco ya no tiene razón de ser, que todo está destinado a desaparecer. Lo que es joven se hace viejo; lo que hoy tiene vida, muere mañana, y nada existe, para la dialéctica, «más que el proceso ininterrumpido del devenir y de lo transitorio».

Así, pues, colocarse desde el punto de vista dialéctico, es considerar que nada es eterno, salvo el cambio. Es considerar que ninguna cosa particular puede ser eterna, salvo el «devenir».

Pero ¿qué es el «devenir» del que habla Engels en su definición?

Hemos visto que la manzana tiene una historia. Tomemos por ejemplo un lápiz, que también tiene su historia.

Este lápiz que está usado hoy, ha sido nuevo. La madera con que está hecho procede de una tabla y esa tabla procede de un árbol. Por consiguiente, la manzana y el lápiz tienen una historia cada uno, y que uno y otro no siempre han sido lo que son. Pero ¿hay una diferencia entre esas dos historias? Sin duda.

La manzana verde ha madurado. ¿Podía, siendo verde, si todo sigue su curso normal, no madurar? No, ella debía madurar, así como, cayendo a la tierra, debía podrirse, descomponerse, liberar sus semillas.

Mientras que el árbol de donde procede el lápiz puede no transformarse en tabla y esta tabla puede no transformarse en lápiz. En cuanto al lápiz, puede permanecer entero, no ser cortado.

Vemos, entre esas dos historias, una diferencia. En lo que respecta a la manzana, es la manzana verde que se *transforma* en madura, si no se produce nada anormal, y es la flor que se ha transformado en manzana: dada una fase, la otra le sucede *necesariamente,* inevitablemente (si nada detiene la evolución).

En la historia del lápiz, por el contrario, el árbol puede no transformarse en una tabla, la tabla puede no transformarse en un lápiz, y el lápiz puede no ser cortado. Así, dada una fase la otra fase *puede no seguir.* Si la historia del lápiz recorre todas estas fases es gracias a una intervención extraña.

En la historia de la manzana encontramos fases que *se suceden derivando* de la primera a la segunda fase, etc. Sigue el «devenir» de que habla Engels. En la del lápiz las fases se *yuxtaponen,* sin derivar una de otra. Es que la manzana sigue un proceso natural.

III. El proceso

(Palabra que procede del latín *«processus»* y que quiere decir marcha adelante o ir adelante.)

¿Por qué la manzana verde se pone madura? Por lo que contiene a causa de los encadenamientos internos que impulsan la manzana a madurar: *porque como era manzana antes de estar madura, no podía dejar de madurar.*

Cuando se examina la flor que será manzana, después la manzana verde que se pondrá madura, se comprueba que esos encadenamientos internos que impulsan la manzana en su evolución obran bajo el imperio de fuerzas internas llamadas el autodinamismo, lo que quiere decir, fuerza que procede del ser mismo.

Cuando el lápiz era todavía tabla, fue necesaria la intervención del hombre, porque nunca la tabla se habría transformado por sí misma en lápiz. No ha habido fuerzas internas ni autodinamismo, ni *proceso.* Luego, quien dice dialéctica dice no Solo movimiento; quien dice dialéctica, dice también autodinamismo.

Vemos, por tanto, que el movimiento dialéctico contiene en él el *proceso,* el autodinamismo, que es lo esencial. Porque no todo movimiento o cambio es dialéctico. Si tomamos una pulga, a la que vamos a estudiar desde el punto de vista dialéctico, diremos que no siempre ha sido lo que es y que no será siempre lo que es; si la aplastamos, se producirá en ella un cambio, sin duda, pero este cambio, ¿será dialéctico? No. Sin nosotros, no se habría aplastado. Este cambio no es dialéctico, sino *mecánico.*

Debemos prestar mucha atención, cuando hablamos del cambio dialéctico. Pensamos que si la Tierra continúa existiendo, la sociedad capitalista será reemplazada por la sociedad socialista; después por la comunidad. Será un cambio dialéctico. Pero si la Tierra salta, la sociedad capitalista desaparecerá no por un cambio autodinámico, sino por un cambio mecánico.

En otro orden de ideas, decimos que hay una disciplina mecánica cuando esta disciplina no es natural. Pero es autodinámica cuando es libremente consentida, es decir, que procede de su medio natural. Una disciplina mecánica es impuesta desde afuera. Es una disciplina que procede de jefes diferentes de los que dominan y, comprendemos que la disciplina no mecánica, la disciplina autodinámica, no está al alcance de todas las organizaciones.

Por consiguiente, debemos evitar servirnos de la dialéctica de una manera mecánica. Esta es una tendencia que procede de nuestro hábito metafísico de pensar. No debemos repetir como un loro que las cosas no siempre han sido lo que son. Cuando un dialéctico dice esto, debe investigar en los hechos qué han sido antes las cosas. Decirlo no es el fin de un razonamiento, sino el comienzo de estudios para observar minuciosamente qué han sido antes las cosas.

Marx, Engels, Lenin han hecho estudios extensos y precisos sobre lo que ha sido la sociedad capitalista antes que ellos. Han observado los detalles más pequeños para notar los cambios dialécticos. Para criticar y ver los cambios de la sociedad capitalista, para describir el periodo imperialista, Lenin ha hecho estudios muy precisos y consultado numerosas estadísticas.

Cuando hablamos de autodinamismo, nunca debemos tomarlo como frase literaria; Solo debemos emplear esa palabra a sabiendas y para los que la comprenden totalmente.

Después de haber visto, estudiando una cosa, cuáles son los cambios autodinámicos y haber notado qué cambios se han operado, hay que estudiar, investigar por qué razón es autodinámico.

Por eso la dialéctica, las investigaciones y las ciencias están estrechamente vinculadas.

La dialéctica no es un medio para explicar y conocer las cosas sin haberlas estudiado, sino el medio de estudiar bien y hacer buenas observaciones investigando el comienzo y el fin de las cosas, de dónde proceden y adónde van.

3. Segunda ley: La ley de la acción recíproca

I. El encadenamiento de los procesos

Acabamos de ver, a propósito de la historia de la manzana, lo que es el *proceso*. Volvamos a ese ejemplo. Hemos investigado de dónde procede la manzana y, para nuestras investigaciones, hemos tenido que remontarnos hasta el árbol. Pero este problema de investigación se plantea también para el árbol. El estudio de la manzana nos conduce al estudio de los orígenes y de los destinos del árbol.

¿De dónde procede el árbol? De la manzana. Procede de una manzana que ha caído, que se ha podrido en la tierra para dar nacimiento a un retoño, y esto nos lleva a estudiar el terreno, las condiciones en las cuales las semillas de la manzana han podido dar un retoño, las influencias del aire, del sol, etc. Así, partiendo del estudio de la manzana hemos llegado al examen del suelo, pasando del *proceso* de la manzana al del árbol, *proceso* que se encadena a su vez al del suelo. Tenemos lo que se llama «un encadenamiento de *procesos*». Lo cual nos permitirá enunciar y estudiar esta segunda ley de la dialéctica: la ley de la acción recíproca. Tomemos como ejemplo de encadenamiento de *procesos,* después del ejemplo de la manzana, el de la Universidad Obrera de París.

Si estudiamos esta escuela desde el punto de vista dialéctico investigaremos de dónde procede y tendremos, en primer lugar, una respuesta: en el año de 1932, los camaradas reunidos han decidido fundar en París una Universidad Obrera para estudiar el marxismo.

Pero ¿cómo ha tenido la idea de hacer estudiar el marxismo ese comité? Evidentemente porque el marxismo existe. Pero entonces, ¿de dónde procede el marxismo?

Vemos que la investigación de encadenamiento de *procesos* nos lleva a estudios minuciosos y completos. Buscando de dónde procede el marxismo, vemos que esta doctrina es la conciencia misma del proletariado: vemos (esté uno por o contra el marxismo) que el proletariado existe, y entonces planteamos de nuevo esta cuestión: ¿de dónde procede el proletariado?

Sabemos que procede de un sistema económico, el capitalismo. Sabemos que la división de la sociedad en clases, que la lucha de clases no han nacido del marxismo, como lo pretenden nuestros adversarios; sino, por el contrario, que el marxismo, en la parte que trata de cosas sociales, *comprueba* la existencia de esta lucha de clases y extrae su fuerza del proletariado.

Luego, de *proceso* en *proceso,* llegamos al examen de las condiciones de existencia del capitalismo y tenemos así un encadenamiento de *procesos* que nos demuestra que todo influye sobre todo. Es *la ley de la acción recíproca.*

En conclusión, con estos dos ejemplos, el de la manzana y el de la Universidad Obrera de París, vemos cómo habría procedido un metafísico.

En el ejemplo de la manzana, no habría podido menos que pensar: «¿de dónde procede la manzana?». Y habría quedado satisfecho con la respuesta: «la manzana procede del árbol». No habría investigado más lejos.

Con respecto a la Universidad Obrera, se habría conformado con decir, acerca de su origen, que fue fundada por un grupo de hombres que quieren corromper al pueblo francés.

Pero el dialéctico ve todos los encadenamientos de *procesos* que culminan, por una parte, en la manzana, y por otra, en la Universidad Obrera.

El dialéctico relaciona el hecho particular, el detalle con el conjunto. Relaciona la manzana con el árbol y se interna más lejos, hasta la naturaleza.

La manzana es no Solo el fruto del manzano, sino también el fruto de toda la naturaleza.

La Universidad Obrera no es Solo el «fruto» del proletariado, sino también el «fruto» de toda la sociedad capitalista.

Por tanto, vemos que, contrariamente al metafísico, que concibe el mundo como un conjunto de cosas fijas, el dialéctico verá el mundo como un conjunto de *procesos,* y si el punto de vista dialéctico es verdadero para la naturaleza y para las ciencias, también es verdadero para la sociedad.

> El viejo método de investigación y depuramiento que Hegel llama «metafísico», método que se ocupaba preferentemente de la investigación de los *objetos* como algo hecho y fijo, y cuyos residuos embrollan todavía con bastante fuerza las cabezas, tenía en su tiempo una gran razón histórica de ser[2].

Por consiguiente, en aquella época se estudiaban todas las cosas y la sociedad como conjuntos de «objetos fijos dados» que no Solo no cambian, sino que, particularmente para la sociedad, no están destinados a desaparecer.

Engels señala:

> La gran idea cardinal de que el mundo no puede concebirse como un conjunto de *objetos* terminados, sino como un conjunto de *procesos,* en el que las cosas que parecen estables al igual que sus reflejos mentales en nuestras cabezas, los conceptos, pasan por una serie ininterrumpida de cambios, por un proceso de génesis y caducidad, a través de los cuales, pese

---

[2] F. Engels: *Ludwig Feuerbach…,* en *op. cit.,* p. 410.

a todo su aparente carácter fortuito y a todos los retrocesos momentáneos se acaba imponiendo siempre una trayectoria progresiva[3].

La sociedad capitalista no debe considerarse tampoco como un «complejo de cosas acabadas», sino, por el contrario, debe estudiarse, también, como un complejo de *procesos*.

Los metafísicos se dan cuenta que la sociedad capitalista no ha existido siempre y dicen que tiene una historia, pero creen que, con su aparición, la sociedad ha terminado de evolucionar y permanecerá en adelante «fija». Consideran todas las cosas como acabadas y no como el comienzo de un mero *proceso*. El relato de la creación del mundo por Dios es una explicación del mundo como complejo de cosas acabadas. Dios ha realizado cada día una tarea *acabada*. Ha hecho las plantas, los animales, el hombre, una vez por todas; de ahí la historia del fijismo.

La dialéctica juzga de una manera opuesta. No considera las cosas como «objetos fijos», sino en «movimiento». Para ella, nada está acabado, es siempre el fin de un *proceso* y el comienzo de otro *proceso*, siempre en vías de transformación, de desarrollo. Por eso estamos tan seguros de la transformación de la sociedad capitalista en sociedad socialista, porque nada está definitivamente acabado. La sociedad capitalista es el fin de un *proceso* al cual sucederá la sociedad socialista, después la sociedad comunista y así sucesivamente; habrá un continuo desarrollo.

Pero aquí hay que prestar atención para no considerar la dialéctica como algo fatal, de donde se podría sacar la conclusión que: «Puesto que estáis tan seguros del cambio que deseáis, ¿por qué lucháis?». Porque, como dice Marx, «para el parto de la *sociedad socialista* se necesitará un partero», de donde la necesidad de la revolución.

---

[3] *Ibid.*, p. 409.

Es que las cosas no son tan simples. No hay que olvidar el papel de los hombres que pueden hacer avanzar o retrasar esta transformación. (Veremos tal cuestión en el capítulo V de esta parte cuando hablemos del «materialismo histórico».)

Lo que comprobamos actualmente es la existencia, en todas las cosas, de encadenamiento de los *procesos* que se producen por la fuerza interna de ellas mismas (el autodinamismo). Es que, para la dialéctica –insistimos en ello–, *nada está acabado.* Hay que considerar el movimiento del desarrollo de las cosas como si nunca tuvieran escena final. Cuando termina una obra de teatro del mundo, comienza el primer acto de otra pieza.

II. *Los grandes descubrimientos del siglo XIX*

Sabemos que lo que ha determinado el abandono del espíritu metafísico y que ha obligado a los sabios, desde Marx y Engels, a considerar las cosas en su movimiento dialéctico, son los descubrimientos hechos en el siglo XIX. Sobre todo tres grandes descubrimientos señalados por Engels en *Ludwig Feuerbach y el fin de la filosofía clásica alemana,* han hecho progresar la dialéctica[4].

1. El descubrimiento de la célula viva y de su desarrollo[5]

Antes de este descubrimiento se había tomado como base de razonamiento el «fijismo». Se consideraban las especies como extrañas unas a las otras. Además se distinguían categóricamente, por una parte, el reino animal, por la otra, el reino vegetal.

---

[4] *Ibid.,* p. 396.
[5] Schwann y Schleiden, al descubrir con la célula orgánica, «la unidad de donde se desarrolla, por la multiplicación y diferenciación, todo organismo vegetal y animal» establecieron la continuidad de los dos grandes reinos de la naturaleza viva.

Después se produce el descubrimiento que permite precisar la idea de la «evolución», de la que los pensadores y los sabios del siglo XVIII ya habían hablado. Permite comprender que la vida es una sucesión de muertes y nacimientos y que todo ser vivo es una asociación de células. Esta comprobación no deja entonces ninguna frontera entre los animales y las plantas y rechaza de este modo la concepción metafísica.

2. La transformación de la energía

Antiguamente la ciencia creía que el sonido, el calor, la luz, por ejemplo, eran completamente extraños unos a otros. Se descubre que todos estos fenómenos pueden transformarse unos en otros, que hay un encadenamiento de *procesos* tanto en la materia *inerte* como en la naturaleza viva. Esta revelación es otra derrota del espíritu metafísico.

3. El descubrimiento de la evolución en el hombre y en los animales

Darwin –dice Engels– demuestra que todos los productos de la naturaleza son un largo *proceso* de desarrollo de pequeños gérmenes unicelulares, originariamente: todo es el producto de un largo *proceso* que tiene su base en la célula.

Y Engels saca la conclusión de que, gracias a esos tres grandes descubrimientos, podemos seguir el encadenamiento entre los fenómenos de la naturaleza, no Solo en el interior de los diferentes dominios, sino también *entre* los diferentes dominios.

Son las ciencias, pues, las que han permitido el enunciado de esta segunda ley de la acción recíproca.

Entre los reinos vegetal, animal, mineral, no hay un corte, sino Solo *procesos;* todo se encadena. Y esto también se aplica a la sociedad. Las diferentes sociedades que se han sucedido en la historia de los hombres deben considerarse como una serie de encadenamientos de *procesos* en los que uno surge necesariamente del que lo ha precedido.

Por tanto, debemos recordar esta observación: *la ciencia, la naturaleza, la sociedad* deben verse como un encadenamiento de *procesos,* y el motor que actúa para crear este encadenamiento es el *autodinamismo.*

III. El desarrollo histórico o en espiral

Si examinamos un poco más de cerca el *proceso* que comenzamos a conocer, vemos que la manzana es el resultado de un encadenamiento de *procesos.* ¿De dónde procede la manzana? La manzana procede del árbol. ¿De dónde procede el árbol? De la manzana. Podemos pensar, por tanto, que estamos en presencia de un círculo vicioso en el cual giramos para volver siempre al mismo punto. Árbol, manzana. Manzana, árbol. Lo mismo si tomamos el ejemplo del huevo y de la gallina. ¿De dónde procede el huevo? De la gallina. ¿De dónde procede la gallina? Del huevo.

Si consideramos las cosas así, no se trataría de un *proceso,* sino de un círculo, y esta apariencia ha dado, por otra parte, la idea del «retorno eterno». Es decir, que volveríamos siempre al mismo punto, al punto de partida.

Pero veamos exactamente cómo se plantea el problema:

1. Tenemos la manzana.
2. Esta, al descomponerse, da un árbol o varios árboles.
3. Cada árbol no da una manzana, sino *muchas* manzanas.

No volvemos al *mismo punto de partida,* volvemos a la manzana, pero desde otro plano.

Del mismo modo, si partimos del árbol tendremos:

1. Un árbol que da:
2. Manzanas, y estas manzanas darán:
3. *Muchos* árboles.

Así también volvemos al árbol, pero desde otro plano. El punto de vista se ha *extendido.*

No tenemos, por consiguiente, un círculo, como las apariencias tendían a hacer creer, sino un *proceso de desarrollo histórico.* La historia demuestra que el tiempo no pasa sin dejar huella. El tiempo pasa pero no vuelven los mismos desarrollos. El mundo, la naturaleza, la sociedad constituyen un desarrollo que es histórico, un desarrollo que, en lenguaje filosófico, se llama *«en espiral».*

Se usa esta imagen para fijar las ideas. Es una comparación que ilustra el hecho de que las cosas evolucionan según un *proceso* circular, pero no vuelven al punto de partida, vuelven un poco por encima, en otro plano; y, así sucesivamente, lo que da una espiral.

El mundo, la naturaleza, la sociedad, tienen un desarrollo histórico (en espiral), y lo que mueve este desarrollo es –no lo olvidemos– el autodinamismo.

IV. *Conclusión*

Acabamos de profundizar, en estos primeros capítulos sobre la dialéctica, las dos primeras leyes, la del cambio y la de la acción recíproca. Esto era indispensable para poder abordar el estudio de la ley de contradicción, porque esta es la que va a permitirnos comprender la fuerza que mueve «el cambio dialéctico», la fuerza que impulsa el autodinamismo.

En el primer capítulo relativo al estudio de la dialéctica hemos visto por qué esta teoría durante mucho tiempo fue dominada por la concepción metafísica y por qué el materialismo del siglo XVIII era metafísico. Ahora comprendemos mejor, después de haber visto rápidamente los tres descubrimientos del siglo XIX que han permitido el desarrollo del materialismo para transformarse en dialéctico, por qué era necesario que la historia de esta filosofía atravesara por esos tres grandes periodos que conocemos: 1. materialismo de la Antigüedad (teoría de los átomos); 2. materialismo del siglo XVIII (mecanicista y metafísico), para llegar, por último, 3. al materialismo dialéctico.

Habíamos afirmado que el materialismo nació de las ciencias y vinculado con ellas. Después de estos tres capítulos, podemos comprobar hasta qué punto es verdad. Hemos visto en este estudio del movimiento y del cambio dialécticos, después de esta ley de la acción recíproca, *que todos nuestros razonamientos están basados en las ciencias.*

Hoy que los estudios científicos están extremadamente especializados y que los sabios (ignorando en general el materialismo dialéctico) no pueden comprender a veces la importancia de sus descubrimientos particulares con relación al *conjunto* de las ciencias, el papel de la filosofía, cuya misión –lo hemos dicho– consiste en dar una explicación del mundo y de los problemas más generales, es la misión, en particular del materialismo dialéctico, de reunir todos los descubrimientos particulares de cada ciencia para hacer su síntesis y dar así una teoría que nos hace cada vez más «amos y poseedores de la naturaleza», como decía Descartes.

4. Tercera ley: La contradicción

Hemos visto que la dialéctica considera las cosas como en perpetuo cambio, evolucionando continuamente, en una palabra, experimentando un movimiento dialéctico (1.ª ley).

Este movimiento dialéctico es posible porque todo no es más que el resultado, en un momento dado, del encadenamiento de *procesos,* es decir, de una continuidad de fases que surgen unas de otras. También, hemos visto que este encadenamiento de *procesos* se desarrolla necesariamente, inevitablemente, en el tiempo, en un movimiento progresivo «a pesar de los desvíos momentáneos».

Hemos llamado a este desarrollo «desarrollo histórico» o «en espiral», y sabemos que este desarrollo se produce él mismo por autodinamismo.

Pero ¿cuáles son ahora las leyes del autodinamismo? ¿Cuáles son las leyes que permiten el surgimiento y continuidad de unas fases a otras? Es lo que se llama las «leyes del movimiento dialéctico».

La dialéctica nos enseña que las cosas no son eternas: tienen un comienzo, una madurez, una vejez que termina por un fin.

Todas las cosas pasan por esas fases: nacimiento, madurez, vejez, fin. ¿Por qué ocurre así? ¿Por qué las cosas no son eternas?

Es una vieja cuestión que siempre ha apasionado a la humanidad. ¿Por qué hay que morir? No se comprende esta necesidad, y los hombres, en el transcurso de la historia, han soñado con la vida eterna y con los medios de cambiar este estado de hecho, por ejemplo, en la Edad Media, creando bebidas (elixires de juventud o de vida).

¿Por qué lo que nace obligatoriamente muere? Esta es una gran ley de la dialéctica que debemos confrontar, para comprenderla bien, con la metafísica.

I. *La vida y la muerte*

El punto de vista de la metafísica considera las cosas en forma aislada, como son en sí mismas. Al estudiarlas así, las analiza desde un solo aspecto, de manera unilateral. Por eso se dice de las personas que ven solamente un aspecto de las cosas, que son metafísicas. En resumen, cuando un metafísico examina la vida, lo hace sin vincular este fenómeno con otro. Ve la vida por ella en ella misma, de una manera unilateral; la ve en un solo aspecto. Si examina la muerte, hará lo mismo. Aplicará su punto de vista unilateral y sacará la conclusión de que la vida es la vida y la muerte es la muerte. Entre estos dos fenómenos nada común; no se puede estar a la vez vivo y muerto, porque son dos cosas opuestas, completamente contrarias una a la otra.

Ver las cosas de tal modo es verlas superficialmente. Si se las examina un poco más de cerca, se verá primero que no se puede oponer una a la otra, porque la muerte procede del ser vivo y, siendo así, no se puede separarlas tan brutalmente;

porque la experiencia, la realidad, nos muestran que la muerte continúa la vida.

Y la vida, ¿puede surgir de la muerte? Sí. Porque los elementos del cuerpo muerto se transforman para dar nacimiento a otras vidas, y servir de abono a la tierra, que será más fértil, por ejemplo. La muerte en muchos casos ayudará a la vida, la muerte permitirá que la vida surja, *y* ya hemos visto el ejemplo de los cuerpos vivos en los que la vida Solo es posible porque continuamente se reemplazan las células que mueren por otras que nacen[6].

Por tanto, la vida y la muerte se transforman continuamente, una en la otra, y si examinamos todas las cosas comprobamos la constancia de esta gran ley en todas partes; *las cosas se transforman en su contrario*.

II. *Las cosas se transforman en su contrario*

Si examinamos la verdad y el error pensamos: entre ellos no hay nada en común. La verdad es la verdad y el error es el error.

---

[6] «Mientras consideramos las cosas como estáticas e inertes, cada una de por sí, una al lado y después de la otra sucesivamente, no descubrimos en ellas ninguna contradicción. Nos encontraremos con determinadas propiedades, en parte comunes, en parte diferentes y hasta contradictorias entre sí, pero que, en este caso, no albergan ninguna contradicción, por estar distribuidas entre objetos diversos. Hasta donde alcanza esta zona de investigación, podemos desenvolvernos con el método especulativo, vulgar de la metafísica. Pero todo cambia de raíz tan pronto como queramos analizar las cosas en su movimiento, en su transformación, en su vida, en su influencia recíproca. Entonces, caeremos inmediatamente en un cúmulo de contradicciones. Ya el movimiento es de por sí una contradicción; el simple desplazamiento mecánico de lugar Solo puede realizarse gracias al hecho de que un cuerpo esté al mismo tiempo, en el mismo instante, en un lugar y en otro, gracias al hecho de estar y no estar al mismo tiempo en el mismo sitio. [...] Si ya el simple movimiento mecánico, el simple desplazamiento de lugar encierra una contradicción, tanto más la encierran las formas superiores del movimiento de la materia, y muy especialmente la vida orgánica y su desarrollo.» F. Engels: *Anti-Dühring*, Montevideo, EPU, 1960, pp. 146-147.

Este es el argumento unilateral, que opone brutalmente los dos contrarios como se opondría la «vida y la muerte».

Sin embargo, si decimos: «¡Mira cómo llueve!», ocurre a veces que no hemos terminado de decirlo cuando ya no llueve más. Esta frase era exacta cuando la comenzamos y se ha transformado en error (los griegos ya lo habían comprobado y decían que, para no engañarse, no había que decir nada).

Del mismo modo, volvamos al ejemplo de la manzana.

Se ve en el suelo una manzana madura y se dice: «He aquí una manzana madura». Sin embargo está en el suelo desde hace un tiempo y ya comienza a descomponerse, de tal manera que la verdad se transforma en error.

Las ciencias nos dan numerosos ejemplos de leyes consideradas durante numerosos años como «verdades», que se revelan en cierto momento como «errores», debido a los progresos científicos.

Vemos, pues, que la verdad se transforma en error, pero ¿se transforma el error en verdad?

Al comienzo de la civilización, en Egipto, los hombres imaginaban combates entre los dioses para explicar la salida y la puesta del sol. Esto es un error en la medida en que se dice que los dioses impulsan o retiran el sol; pero la ciencia nos explica ese razonamiento cuando nos habla de la existencia de fuerzas que hacen mover el sol. Vemos, por tanto, que el error no se opone totalmente a la verdad.

¿Cómo es posible que las cosas se transformen en su contrario? ¿Cómo se transforma la vida en muerte?

Si la vida no fuera más que vida ciento por ciento, no podría nunca ser muerte, y si la muerte fuera siempre muerte ciento por ciento, sería imposible transformar la una en la otra. Pero hay muerte en la vida, y, por consiguiente, vida en la muerte.

Observando más detenidamente veremos que un ser vivo está compuesto de un sinnúmero de células que se renuevan, que desaparecen y reaparecen en el mismo lugar. Viven y mueren continuamente en un ser vivo, en el que hay vida y muerte.

Sabemos también que la barba de un muerto continúa creciendo. Lo mismo ocurre con las uñas y los cabellos. He aquí fenómenos netamente caracterizados que prueban que la vida continúa en la muerte.

En la Unión Soviética se conserva, en condiciones especiales, sangre de cadáveres que sirve para hacer transfusiones de sangre: así, con sangre de un muerto, se repone un vivo. Podemos decir, en consecuencia, que la vida está en el seno de la muerte.

> La vida no es, pues, a su vez, más que una contradicción albergada en las cosas y en los fenómenos y que se está produciendo y resolviendo incesantemente; al cesar la contradicción, cesa la vida y sobreviene la muerte[7].

Así, las cosas no Solo se transforman unas en otras, sino también una cosa no es Solo ella misma, sino otra que es su *contrario,* porque cada cosa contiene su contrario.

Cada cosa se contiene a la vez *ella misma y su contrario.*

Si se representa una cosa mediante un círculo, tendremos una fuerza que impulsará esta cosa hacia fuerzas de vida empujando desde el centro hacia el exterior, por ejemplo (extensión), pero tendremos también fuerzas que la impulsarán en dirección contraria, hacia fuerzas de muerte, empujando del exterior hacia el centro (comprensión).

De este modo, en el interior de cada cosa, coexisten fuerzas opuestas, *antagonismos.*

¿Qué ocurre entre estas fuerzas? *Luchan.* Por consiguiente, una cosa no Solo es cambiada por una fuerza que actúa de un solo lado, sino que toda cosa es transformada realmente por dos fuerzas de direcciones opuestas. Hacia la *afirmación y hacia la negación* de las cosas, hacia la vida y hacia la muerte. ¿Qué quiere decir la afirmación y la negación de las cosas?

---

[7] F. Engels: *Anti-Dühring,* ed. cit., p. 147.

Hay en la vida fuerzas que mantienen la vida, que tienden hacia la afirmación de las fuerzas de la vida. Además hay también, en los organismos vivos, fuerzas que tienden hacia la negación. En todas las cosas hay fuerzas que tienden hacia la afirmación y otras que tienden hacia la negación, y entre la *afirmación y la negación* está la *contradicción*.

Por lo tanto, la dialéctica comprueba el cambio, pero ¿por qué cambian las cosas? Porque no están de acuerdo con ellas mismas, porque hay luchas entre las fuerzas, entre los antagonismos, porque hay contradicción. He aquí la tercera ley de la dialéctica: *Las cosas cambian porque contienen la contradicción.*

Si a veces nos vemos obligados a emplear palabras más o menos complicadas como dialéctica, autodinamismo, etc., o términos que parecen contrarios a la lógica tradicional y difíciles de comprender, no es que nos guste complicar las cosas a nuestro capricho e imitar en ello a la burguesía. No. Pero este estudio, aunque elemental, pretende ser lo más completo posible para que se lean después más fácilmente las obras filosóficas de Marx, de Engels y de Lenin, que emplean estos términos.

III. *Afirmación, negación, negación de la negación*

Debemos hacer aquí una distinción entre lo que se llama contradicción *verbal,* que significa que cuando se dice «sí», se responde «no», y la contradicción que acabamos de ver y que se llama contradicción dialéctica, es decir, contradicción *en los hechos,* en las cosas.

Cuando hablamos de la contradicción que existe en la sociedad capitalista, no quiere decir que unos digan sí y los otros no en ciertas teorías; quiere decir que hay una contradicción en los hechos, que hay fuerzas reales que se combaten: primero una fuerza que tiende a afirmar, es la clase burguesa que tiende a mantener su clase; después, una segunda fuerza social que tiende a la negación de la clase burguesa, es el proletariado. La contradicción está, por consiguiente, en los hechos, porque la burguesía no puede existir sin crear su contrario, el proletariado. Como lo dijo Marx: «Ante todo, la burguesía produce sus propios sepultureros» *(Manifiesto del Partido Comunista).*

Para impedirlo, la burguesía tendría que renunciar a sí misma, lo que sería absurdo. Por lo que, afirmándose, crea su propia negación.

Si tomamos el ejemplo de un huevo que una gallina pone e incuba, vemos que en el huevo se encuentra el germen que a cierta temperatura y en ciertas condiciones, se desarrolla. Este germen, al desarrollarse, dará un pollito: así este germen ya es la negación del huevo. Vemos con claridad que en el huevo hay dos fuerzas: la que tiende a que continúe siendo huevo y la que tiende a que se transforme en pollito. El huevo está, pues, en desacuerdo consigo mismo y todas las cosas están en desacuerdo con ellas mismas.

Esto puede parecer difícil de comprender, porque estamos habituados al razonamiento metafísico, y por eso debemos hacer un esfuerzo para habituarnos de nuevo a ver *las cosas en su realidad.*

Una cosa comienza por ser una *afirmación* que surge de la *negación.* El pollito es una afirmación surgida de la negación del huevo. Esta es una fase del *proceso.* Pero la gallina será la transformación del pollito, y en esta transformación, habrá una contradicción entre las fuerzas que luchan para que el pollito se transforme en gallina. La gallina será, por tanto, la negación del pollito, que procedía a su vez de la negación del huevo.

Luego, la gallina es, en ese caso, la negación de la negación. Y esta es la marcha general de las fases de la dialéctica.

1. Afirmación, se llama también Tesis.
2. Negación o Antítesis.
3. Negación de la negación o Síntesis.

En estas tres palabras está contenido el resumen del desarrollo dialéctico. Se las emplea para representar el encadenamiento de las fases, para indicar que cada fase es la destrucción de la precedente.

Si hay destrucción, decimos negación. El pollito es la negación del huevo, puesto que, al nacer, destruye el huevo. La espiga de trigo también es la negación del grano de trigo. El grano en tierra germinará; esta germinación es la negación del grano de trigo, que dará la planta y esta planta a su vez florecerá y dará una espiga; esta será la negación de la planta o la negación de la negación.

Por consiguiente, vemos que la negación de que habla la dialéctica es una manera resumida de hablar de la destrucción. Hay negación de lo que desaparece, de lo que se destruye.

El socialismo será la negación del capitalismo.
El capitalismo es la negación del feudalismo.
El feudalismo fue la negación de la época esclavista.

Lo mismo que para la contradicción, en la que hemos hecho una distinción entre contradicción verbal y lógica, debemos comprender bien qué es la negación verbal que dijo «no» y la negación dialéctica que quiere decir «destrucción».

Pero si la negación quiere decir destrucción, no se trata de cualquier destrucción, sino de una destrucción dialéctica. Así, cuando aplastamos una pulga, esta no muere por su propia destrucción, por negación dialéctica. Esta destrucción no es el resultado de fases autodinámicas: es el resultado de un cambio puramente mecánico.

La destrucción es una negación Solo si es un producto de la afirmación, si surge de ella.

Como el huevo incubado es la afirmación de lo que era el huevo, engendra su negación: se transforma en pollito y este simboliza la destrucción, o la negación del huevo al picar la cáscara destruyéndola.

En el pollito notamos dos fuerzas adversas: «pollito» y «gallina»; en el transcurso de este desarrollo de *procesos,* la gallina pondrá huevos, de donde nueva negación de la negación. De estos huevos partirá entonces un nuevo encadenamiento de *procesos.*

Con respecto al trigo, vemos también una afirmación, después una negación y una negación de la negación.

Daremos, como otro ejemplo, el de la filosofía materialista.

Al principio, encontramos un materialismo primitivo. espontáneo, que por ser ignorante, crea su propia negación: el idealismo. Pero el idealismo que niega el antiguo materialismo, es negado por el materialismo moderno o dialéctico porque esta filosofía se desarrolla con las ciencias dando origen a la destrucción del idealismo. Por lo tanto, también aquí advertimos la afirmación, la negación y la negación de la negación.

Comprobamos, de igual modo, este ciclo en la evolución de la sociedad.

En la historia de la humanidad, tenemos como primera forma de sociedad el comunismo primitivo; sociedad sin clases, cuya base era el trabajo en común y la propiedad común de los rudimentarios instrumentos de trabajo. Pero esa primitiva forma de sociedad llega a convertirse en traba para un desarrollo más alto de la producción y por eso crea su propia negación; la sociedad con clases, basada en la propiedad privada y en la explotación del hombre por el hombre. Pero esta sociedad lleva también en sí misma su propia negación, porque el desarrollo superior de los medios de producción acarrea la necesidad de negar la división de la sociedad en clases, de negar la propiedad privada, y así volvemos al punto de partida; la necesidad de una sociedad comunista, pero en otro plano; al comienzo, carecíamos de productos, hoy tenemos una capacidad de producción muy elevada.

Observemos a este respecto que, con todos los ejemplos que hemos dado, volvemos al punto de partida, pero en otro plano (desarrollo en espiral), *en un plano más elevado.*

Vemos, pues, que la contradicción es una gran ley de la dialéctica. Que la evolución es una lucha de fuerzas antagónicas. Que las cosas no Solo se transforman unas en otras, sino también que todo se transforma en su contrario; las cosas no están de acuerdo con ellas mismas porque hay en ellas lucha entre fuerzas opuestas, porque hay contradicción interna.

Observación. Debemos prestar atención al hecho de que la afirmación, la negación, la negación de la negación no son más que un resumen de la evolución dialéctica y que no se trata de buscar o de ver en todas partes estas tres fases. Porque no las encontraremos siempre todas, sino a veces Solo la primera y la segunda, ya que la evolución no está terminada. No es correcto querer ver mecánicamente, en todas las cosas, estos cambios en la misma forma. Retengamos, sobre todo, que la contradicción es la gran ley de la dialéctica. Es lo esencial.

IV. Puntualicemos

Ya sabemos que la dialéctica es un método de pensar, de razonar, de analizar, que permite hacer buenas observaciones y estudiar bien, porque nos obliga a buscar la fuente de todo y a describir su historia.

Sin duda, el viejo método de pensar –lo hemos visto– ha sido necesario, a pesar de todo, en su época. Pero estudiar con el método dialéctico es comprobar –repitámoslo– que todas las cosas en apariencia inmóviles no son más que un encadenamiento de *procesos* en los que todo tiene un comienzo y un fin, y que en todas las cosas, *pese a todo su aparente carácter fortuito y a todos los retrocesos momentáneos, se acaba imponiendo siempre una trayectoria progresiva* (F. Engels, *Ludwig Feuerbach*).

Solo la dialéctica nos permite comprender el desarrollo, la evolución de las cosas; Solo ella nos permite comprender la destrucción de las cosas viejas y el nacimiento de las nuevas. Solo la dialéctica nos hace comprender todos los desarrollos en sus transformaciones, conociéndolos como formados todos por contrarios. Porque, para la concepción dialéctica, el desarrollo natural de las cosas, la evolución, es una lucha continua de fuerzas y de principios opuestos.

Para la dialéctica, la primera ley es la comprobación del movimiento y el cambio: «Nada queda como es, nada queda donde está» (Engels), y esto es posible porque las cosas cambian no Solo transformándose unas en otras, sino transformándose en sus contrarios. La contradicción es, pues, una gran ley de la dialéctica.

Hemos estudiado lo que es desde el punto de vista dialéctico la contradicción, pero tenemos que insistir aún para aportar ciertas precisiones y también para señalar ciertos errores que no deben cometerse.

Es muy cierto que, en primer lugar, debemos familiarizarnos con esta afirmación que está de acuerdo con la realidad: la transformación de las cosas en sus contrarios. Decirlo choca al entendimiento, nos asombra, porque estamos habituados a pensar con el viejo método metafísico. Pero hemos visto por qué es así; hemos visto de una manera detallada, por medio de ejemplos, que esto *es así* en realidad y *por qué* las cosas se transforman en sus contrarios.

Por eso se puede decir y afirmar que, si las cosas se transforman, cambian, evolucionan, es porque están en contradicción con ellas mismas, porque llevan en sí su contrario, porque contienen en ellas *la unidad de los contrarios*.

V. *La unidad de los contrarios*

Cada cosa es una unidad de contrarios.

Afirmarlo parece al principio un absurdo. Una cosa y su contrario no tienen nada de común. Tal es lo que se piensa generalmente. Pero para la dialéctica, toda cosa es, al mismo tiempo, ella misma y su contrario, todas las cosas son una unidad de contrarios. Debemos explicarlo bien:

La unidad de los contrarios, para un metafísico, es imposible. Para él, las cosas son hechas de una sola pieza, de acuerdo con ellas mismas, y resulta que nosotros afirmamos lo contrario, es decir, que las cosas están hechas de dos piezas –ellas mismas y sus contrarios– y que en ellas hay dos fuerzas que se combaten porque las cosas no están de acuerdo con ellas mismas, porque se contradicen.

Si tomamos el ejemplo de la ignorancia y de la ciencia, es decir, del saber, establecemos que desde el punto de vista metafísico, hay dos cosas totalmente opuestas y contrarias una a la otra. El que es un ignorante no es un sabio el que es un sabio no es un ignorante.

Sin embargo, si observamos los hechos, vemos que no dan lugar a una oposición tan rígida. Vemos que primero ha reinado la ignorancia; después llegó la ciencia; y verificamos que una cosa se transforma en su contrario: ignorancia se transforma en ciencia.

No hay ignorancia sin ciencia, no hay ignorancia cien por cien. Un individuo, por ignorante que sea, sabe reconocer, por lo menos, los objetos, su alimento; *nunca hay ignorancia absoluta;* siempre hay una parte de ciencia en la ignorancia. La ciencia está en la ignorancia; por consiguiente, es exacto afirmar que lo contrario de una cosa está en la cosa misma.

Veamos ahora la ciencia: ¿Puede haber en ella ciencia cien por cien? No. Lenin dice: «El objeto del conocimiento es inagotable»; lo que quiere decir que hay siempre algo que aprender. *No hay ciencia absoluta.* Todo saber, toda ciencia, contiene una parte de ignorancia.

Lo que existe en la realidad es una ignorancia y una ciencia *relativas,* una mezcla de ciencia y de ignorancia.

Lo que comprobamos en este ejemplo no es la *transformación* de las cosas en sus contrarios, sino la existencia, *en la misma cosa,* de los contrarios, o sea *la unidad de los contrarios.*

Podríamos tomar nuevamente los ejemplos que ya hemos visto: la vida y la muerte, la verdad y el error, y comprobaremos que en uno y otro caso, como en todas las cosas, existe la unidad de los contrarios, es decir, que cada cosa contiene a la vez la cosa misma y su contrario. Por eso:

Si en nuestras investigaciones nos colocamos siempre en este punto de vista, daremos al traste de una vez para siempre con el postulado de soluciones definitivas y verdades eternas; tendremos en todo momento la conciencia de que todos los resultados que obtengamos serán forzosamente limitados y se hallarán condicionados por las circunstancias en las cuales los obtenemos; pero ya no nos infundirán respeto esas antítesis irreductibles para la vieja metafísica todavía en boga: de lo verdadero y lo falso, lo bueno y lo malo, lo idéntico y lo distinto, lo necesario y lo fortuito; sabemos que estas antítesis Solo tienen un valor relativo, que lo que hoy refutamos como verdadero encierra también un lado falso, ahora oculto, pero que saldrá a la luz más tarde, del mismo modo que lo que ahora reconocemos como falso guarda su lado verdadero, gracias al cual fue acatado como verdadero anteriormente[8].

Este texto de Engels nos muestra cómo hay que comprender la dialéctica y el sentido verdadero de la unidad de los contrarios.

VI. *Errores que deben evitarse*

Hay que explicar bien esta gran ley de la dialéctica que es la contradicción, para no crear malentendidos.

Primero, no hay que comprenderla de una manera mecánica. No hay que pensar que en todo conocimiento hay verdad más error o lo verdadero *más* lo falso.

Si esta ley se aplicara así, se daría razón a los que dicen que en todas las opiniones hay una parte de verdad más una parte falsa y que «si retiramos lo que es falso, quedará lo que es verdadero, lo que es bueno». Se sostiene esto en ciertos medios pretendidamente marxistas en los que se piensa que el marxismo acierta mostrando que en el capitalismo hay fábricas, *trusts,*

---

[8] F. Engels: *Ludwig Feuerbach…,* en K. Marx y F. Engels, *Obras escogidas* en dos tomos, Madrid, Akal, 2016, t. II, pp. 409-410.

bancos, que controlan la vida económica; que acierta diciendo que esta vida económica marcha mal; pero lo que es falso en el marxismo –se agrega– es la lucha de clases; si dejáramos de lado la teoría de la lucha de clases, tendríamos una buena doctrina. Se dice también que el marxismo aplicado al estudio de la sociedad es exacto, es verdadero, pero ¿por qué mezclar en ello la dialéctica? Este es el lado falso: quitemos la dialéctica y conservemos como verdadero el resto del marxismo.

Tales son las interpretaciones mecánicas de la unidad de los contrarios.

He aquí un ejemplo más: Proudhon creía, después de haber leído esta teoría de los contrarios, que en cada cosa hay un lado bueno y un lado malo. Comprobando que en la sociedad existen la burguesía y el proletariado, decía: quitemos lo que es malo: el proletariado. Y así creó su sistema de los créditos que debían establecer la propiedad parcelaria, es decir, permitir a los proletarios transformarse en propietarios; de esta manera no habría más que burgueses y la sociedad sería buena.

Sabemos perfectamente, sin embargo, que no hay proletariado *sin* burguesía y que la burguesía no existe más que *por* el proletariado: son los dos contrarios inseparables. Esta unidad de los contrarios es interna, verdadera; es una unión inseparable. Y no basta, para suprimir los contrarios, separarlos uno de otro. En una sociedad basada en la explotación del hombre por el hombre existen obligatoriamente dos clases antagónicas: burguesía y proletariado.

Para suprimir la sociedad capitalista, para hacer la sociedad sin clases, hay que suprimir la burguesía y el proletariado, lo que permitirá a los hombres liberados crear una sociedad más evolucionada material e intelectualmente para marchar hacia el comunismo en su forma superior y no para crear, como pretenden nuestros adversarios, un comunismo «igualitario en la miseria».

Por lo tanto, debemos prestar mucha atención cuando explicamos o aplicamos a un ejemplo o a un estudio la unidad de los contrarios. Debemos evitar el querer encontrar, por todas partes y siempre, y aplicarla mecánicamente, por ejemplo, la negación de la negación; querer encontrar, por todas partes y siempre, la unidad de los contrarios, porque en general, nuestros conocimientos son muy limitados y esto puede llevarnos a un atolladero.

Lo que importa es este principio: la dialéctica y sus leyes nos obligan a estudiar las cosas para descubrir en ellas la evolución, las fuerzas, los contrarios que determinan esta evolución. Debemos estudiar, pues, la unidad de los contrarios contenida en las cosas, y esta unidad de los contrarios equivale a decir que *una afirmación nunca es una afirmación absoluta,* porque contiene en sí misma una parte de negación. Y esto es lo esencial: *las cosas se transforman porque contienen su propia negación.* La negación es el «disolvente»; si no lo tuvieran, las cosas no cambiarían. Como de hecho, las cosas se transforman, es muy necesario que contengan un principio disolvente. Por anticipado, podemos afirmar que existe, puesto que vemos las cosas evolucionar; pero no podemos descubrir este principio sin un estudio minucioso de la cosa misma, porque este principio no tiene el mismo aspecto en todas las cosas.

VII. *Consecuencias prácticas de la dialéctica*

La dialéctica nos obliga, prácticamente, a ver las cosas en todos sus aspectos; a considerar siempre no un solo lado de las cosas, sino sus dos lados: no considerar nunca la verdad sin el error, la ciencia sin la ignorancia. El gran error de la metafísica consiste, justamente, en considerar solamente un lado de las cosas, en juzgar de una manera unilateral; y si cometemos muchos errores, es siempre en la medida en que no vemos más que un lado de las cosas, es porque tenemos a menudo razonamientos unilaterales.

Si la filosofía idealista afirma que el mundo no existe más que en las ideas de los hombres, hay que reconocer que hay cosas que no existen en efecto más que en nuestro pensamiento. Es verdad. Pero el idealismo es unilateral, no ve más que este aspecto. Solo ve al hombre que inventa cosas que no están en la realidad y saca la conclusión de que nada existe fuera de nuestras ideas. El idealismo está en lo justo subrayando esta facultad del hombre; pero, aplicando Solo el criterio de la práctica, no ve más que eso.

El materialismo metafísico se engaña también porque no ve más que un lado de los problemas. Ve el universo como una mecánica. ¿Existe la mecánica? ¡Sí! ¿Desempeña un gran papel? Sí. El materialismo metafísico está en lo justo al decirlo, pero es un error ver *Solo* el movimiento mecánico.

Naturalmente, nos inclinarnos a no ver más que un solo lado de las cosas y de la gente. Si juzgamos a un camarada, casi siempre Solo vemos su lado bueno o su lado malo. Hay que ver uno y otro, sin lo cual no sería posible tener cuadros y organizadores. En la práctica política el método de juicio unilateral termina en el sectarismo. Si encontramos un adversario perteneciente a una organización fascista, lo juzgamos según sus jefes. Y sin embargo, tal vez Solo es un simple empleado agriado, descontento, y no debemos juzgarlo como a un gran patrón fascista. Del mismo modo, se puede aplicar este razonamiento a los patrones y comprender que, si nos parecen malos, a menudo es porque están dominados ellos también por la estructura de la sociedad y que, *en otras condiciones sociales,* serían diferentes.

Si pensamos en la unidad de los contrarios, consideraremos muchos lados de las cosas. Por consiguiente, veremos que este fascista es fascista por un lado, pero por el otro es un trabajador y que hay en él una contradicción. Se investigarán y descubrirán las causas que motivaron su adhesión a esa organización y también, por qué no debió adherirse a ella. Y entonces juzgaremos y discutiremos de una manera menos sectaria.

Conforme a la dialéctica, debemos considerar las cosas desde todos los ángulos que se puedan ver.

Para resumir y como conclusión teórica, diremos: las cosas cambian porque encierran su contradicción interna (ellas mismas y sus contrarios). Los contrarios están en lucha y los cambios se producen a causa de estas luchas; así, el cambio es la *solución* del conflicto.

El capitalismo contiene esta contradicción interna, este conflicto entre el proletariado y la burguesía: el cambio se explica por este conflicto y la transformación de la sociedad capitalista en sociedad socialista es la solución del conflicto.

Hay cambio, movimiento, allí donde hay contradicción. La contradicción es la negación de la afirmación, y cuando se obtiene el tercer término, la negación de la negación, aparece la solución, porque en ese momento se ha eliminado la razón de la contradicción.

Por lo tanto, se puede decir que si las ciencias: la química, la física, la biología, etc., estudian las leyes del cambio que les son particulares, la dialéctica estudia las leyes del cambio que les son generales. Engels dice:

> La dialéctica quedaba reducida a la ciencia de las leyes generales del movimiento, tanto el del mundo exterior como el del pensamiento humano[9].

5. Cuarta ley: Transformación de la cantidad en cualidad o ley del progreso por saltos

Antes de abordar el problema de la aplicación de la dialéctica a la historia, nos queda ahora por estudiar una última ley de la dialéctica.

Esto nos será facilitado por los estudios que acabamos de hacer, en lo que hemos visto qué es la negación de la negación y qué se entiende por la unidad de los contrarios.

Como siempre, procederemos por ejemplos.

---

[9] F. Engels: *op. cit.,* pp. 408-409.

I. *¿Reformas o revolución?*

Hablando de la sociedad, se dice: ¿Hay que proceder por reformas o hacer la revolución? Se discute para saber si se logrará transformar la sociedad capitalista en una sociedad socialista, mediante reformas sucesivas o por una transformación brusca, la revolución.

Ante este problema, recordemos lo que ya hemos estudiado. Toda transformación es el resultado de una lucha de fuerzas opuestas. Si una cosa evoluciona es porque contiene en sí misma su contrario, ya que cada cosa es una unidad de contrarios. Se comprueba la disputa de los contrarios y la transformación de la cosa en su contrario. *¿Cómo se hace esta transformación?* Tal es el nuevo problema que se plantea.

Puede creerse que esta transformación se efectúa poco a poco, mediante una serie de pequeñas transformaciones, que la manzana verde se transforma en una manzana madura mediante una serie de pequeños cambios progresivos.

Mucha gente cree que la sociedad se transforma poco a poco y que el resultado de una serie de pequeñas transformaciones será la transformación de la sociedad capitalista en sociedad socialista. Estas pequeñas transformaciones son reformas y constituirán un total, una suma de pequeños cambios graduales que nos dará una sociedad nueva.

Esta es la teoría que se llama *reformismo*. Se llama reformistas a los que son partidarios de estas teorías, no porque reclamen reformas, sino porque creen que las reformas *bastan,* que acumulándose, deben transformar la sociedad *insensiblemente.*

Examinemos si es verdad:

1. La argumentación política

Si observamos los hechos, es decir, lo que ha pasado en los otros países, veremos que donde se ha ensayado ese sistema, no ha triunfado. La transformación de la sociedad capitalista –su destrucción– ha triunfado en un solo país: la URSS[10] y comprobamos que esto no ha sido como consecuencia de una serie de reformas, sino por una revolución.

2. La argumentación filosófica

¿Es cierto, de una manera general, que las cosas se transforman por pequeños cambios, por reformas?

Veamos siempre los hechos. Si examinamos los cambios, veremos que no se producen *indefinidamente,* que no son continuos. Llega un momento en que, en lugar de *pequeños* cambios, el cambio tiene lugar mediante un salto brusco.

Tomemos el ejemplo de la Tierra. Comprobaremos que periódicamente ha tenido cambios bruscos, catástrofes. Se conoce, en el periodo que se llama la prehistoria, la época de los cazadores de renos. Estos tenían una cultura primitiva, hacían vestimentas con la piel de los renos que cazaban y se alimentaban con su carne.

Poco a poco se producían cambios en la Tierra, y un día se originó lo que la Biblia llama el diluvio y la ciencia el periodo de las lluvias torrenciales. La civilización de los cazadores de renos quedó destruida. Los sobrevivientes habitaron las cavernas y transformaron completamente su modo de vida.

Vemos, pues, que la Tierra y la civilización experimentaron un cambio brusco, consecuencia de la catástrofe geológica.

También en la historia de las sociedades comprobamos cambios bruscos, revoluciones.

Aun los que no conocen la dialéctica saben en nuestros días que en la historia se han producido cambios violentos. Pero hasta el siglo XVII se creía que «la naturaleza no da saltos». No se querían ver los cambios bruscos en la continuidad de los

---

[10] Cuando Politzer dictaba estos cursos, el único país socialista era la URSS.

cambios, pero la ciencia intervino y demostró en los hechos que los cambios se producen bruscamente.

Hoy, los que no niegan estos cambios bruscos pretenden que son *accidentes,* es decir, una cosa que ocurre y que hubiera podido no ocurrir.

Se explican así las revoluciones en la historia de las sociedades: «son accidentes».

Por ejemplo, se explica, desde el punto de vista de la historia de nuestro país, que la caída de Luis XVI y la Revolución francesa ocurrieron porque Luis XVI era un hombre débil y blando. Si hubiera sido un hombre enérgico no habríamos tenido la Revolución. Se lee también que si en Varennes no hubiera prolongado su comida, no lo habrían detenido y el curso de la historia hubiera cambiado. Por lo tanto, se dice que la Revolución francesa es un accidente. La dialéctica, por el contrario, reconoce que las revoluciones son *necesidades.* Hay muchos cambios continuos, pero al acumularse se producen cambios bruscos.

3. La argumentación científica

Tomemos por ejemplo el agua: partiendo de 0 °C y dejando subir la temperatura grado a grado hasta 98 °C, el cambio es continuo, pero ¿puede seguir así indefinidamente? Llegamos hasta los 99 °C, pero a los 100 °C tenemos un cambio brusco: el agua *se transforma* en vapor.

Si de 99 °C descendemos hasta 1 °C tendremos de nuevo un cambio continuo, pero no podríamos descender así indefinidamente, porque a 0 °C el agua *se transforma* en hielo.

De 1 °C a 99 °C el agua continúa siempre siendo agua, Solo cambia su temperatura. Es lo que se llama un *cambio cuantitativo* que responde a la pregunta: «¿Cuánto?», es decir, «¿cuánto calor en el agua?». Cuando el agua se transforma en hielo o en vapor tenemos un *cambio cualitativo,* un cambio de cualidad. Ya no es agua, se ha transformado en hielo o en vapor.

Cuando la cosa no cambia de naturaleza tenemos un cambio cuantitativo (en el ejemplo del agua tenemos un cambio de grado, pero no de naturaleza). Cuando cambia, cuando la cosa se transforma en *otra* cosa, es un cambio cualitativo.

Vemos, pues, que la evolución de las cosas no puede ser indefinidamente cuantitativa, porque las cosas que se transforman experimentan, en última instancia, un cambio cualitativo. La cantidad *se transforma en cualidad.* Esta es una ley general; pero, como siempre, no hay que atenerse únicamente a esta fórmula abstracta.

En el libro de Engels, *Anti-Dühring,* en el capítulo «Dialéctica, cantidad y cualidad» se encontrará un gran número de ejemplos que harán comprender que en todo, como en las ciencias de la naturaleza, se verifica la exactitud de la ley

descubierta por Hegel en su *Lógica,* según la cual, al llegar a un cierto punto, los cambios puramente cuantitativos se truecan en diferencias cualitativas[11].

He aquí un nuevo ejemplo, citado por H. Wallon en el tomo VIII de la *Enciclopedia francesa* (donde se remite a Engels), la energía nerviosa que se acumula en un niño provoca la risa; pero, si continúa aumentando, la risa se transforma en crisis de lágrimas; así, cuando los niños se excitan y ríen demasiado fuerte terminan llorando.

Daremos un último ejemplo bastante conocido: el del ciudadano que presenta su candidatura a un mandato cualquiera. Si necesita 4.500 votos para obtener la mayoría absoluta, el candidato no es elegido con 4.499 votos, continúa siendo un candidato. Con un voto más este cambio cuantitativo determina un cambio cualitativo, puesto que el que era un candidato se transforma en elegido.

---

[11] F. Engels: *Anti-Dühring,* Montevideo, EPU, 1960, p. 152.

Esta ley nos da la solución del problema: reforma o revolución.

Los reformistas nos dicen: «queréis cosas imposibles que Solo ocurren por accidente; sois utopistas». Pero, por esta ley, ¡podemos ver claramente quiénes son los que sueñan cosas imposibles! El estudio de los fenómenos de la naturaleza y de la ciencia nos muestra que los cambios no son indefinidamente continuos, sino que, en cierto momento, el cambio se vuelve brusco.

Entonces puede preguntarse: ¿qué papel desempeñamos en estas transformaciones bruscas?

Vamos a responder a esta cuestión y a desarrollar este problema mediante la aplicación de la dialéctica en la historia. Hemos llegado a una parte muy famosa del materialismo dialéctico:

II. El materialismo histórico

¿Qué es el materialismo histórico? Ahora que conocemos qué es la dialéctica responderemos que es, simplemente, la aplicación de este método a la historia de las sociedades humanas.

Para comprenderlo bien debemos indicar con precisión qué es la historia. Quien dice historia dice cambio, y cambio en la sociedad. La sociedad tiene una historia y esta cambia continuamente. Vemos producirse en ella grandes acontecimientos. Entonces se plantea este problema: puesto que en el transcurso de la historia las sociedades cambian, ¿qué es lo que explica estos cambios?

1. ¿Cómo explicar la historia?

Se pregunta, por ejemplo: «¿Por qué razón es necesario que se produzcan nuevas guerras? ¡Los hombres deberían vivir en paz!».

Vamos a dar respuestas materialistas a estas cuestiones.

La guerra, explicada por un cardenal, es un castigo de Dios. Es la respuesta idealista, porque explica los acontecimientos por

Dios. Es explicar la historia por el espíritu. El espíritu es aquí el que crea y hace la historia.

Hablar de la Providencia es también una respuesta idealista. Hitler, en *Mein Kampf,* nos dice que la historia es la obra de la Providencia y le agradece haber colocado el lugar de su nacimiento en la frontera austriaca.

Hacer a Dios responsable de la historia es una teoría cómoda: los hombres no pueden nada, y por consiguiente, nada pueden hacer contra la guerra, hay que dejar hacer.

Desde el punto de vista científico, ¿podemos sostener semejante teoría? ¿Podemos encontrar en los hechos su justificación? No.

La primera afirmación materialista, en esta discusión, es que la historia no es la obra de Dios, sino la *obra de los hombres.* Entonces los hombres pueden actuar sobre la historia *y* pueden impedir la guerra.

2. La historia es la obra de los hombres

> Los hombres hacen su historia, cualesquiera que sean los rumbos de esta, al perseguir cada cual sus fines propios con la conciencia y la voluntad de lo que hacen; y la resultante de estas numerosas voluntades, proyectadas en diversas direcciones, y de su múltiple influencia sobre el mundo exterior, es precisamente la historia. Importa, pues, también lo que quieran los muchos individuos. La voluntad está movida por la pasión o por la reflexión. Pero los resortes que a su vez mueven directamente a estos son muy diversos.
>
> [...] Por otra parte, hay que preguntarse qué fuerzas propulsoras actúan, a su vez, detrás de esos móviles, qué causas históricas son las que en las cabezas de los hombres se transforman en estos móviles[12].

---

[12] F. Engels: *Ludwig Feuerbach...,* en *Obras escogidas,* cit., t. II, p. 414.

Este texto de Engels nos dice que son los hombres los que actúan según sus voluntades, pero que estas ¡no toman siempre la misma dirección! ¿Qué es lo que *determina,* qué es lo que produce entonces las acciones de los hombres? ¿Por qué sus voluntades no toman la misma dirección?

Algunos idealistas consentirán en decir que son las acciones de los hombres las que hacen la historia y que esta acción resulta de su voluntad: es la voluntad la que determina la acción y son nuestros pensamientos y nuestros sentimientos los que determinan nuestra voluntad. Tendríamos, pues, el proceso siguiente: idea-voluntad-acción y, para explicar la acción, seguiremos el sentido inverso, en búsqueda de la idea, causa determinante.

Indicamos enseguida que la acción de los grandes hombres y de las doctrinas no puede negarse, pero necesita ser explicada. No es el *proceso* acción-voluntad-idea el que lo explica. Así, algunos pretenden que en el siglo XVIII Diderot y los enciclopedistas, divulgando en el público la teoría de los Derechos del Hombre, por sus ideas, sedujeron y se ganaron la voluntad de los hombres que, en consecuencia, hicieron la revolución; del mismo modo se han difundido en la URSS las ideas de Lenin, y la gente ha actuado conforme a estas ideas. Y se saca la conclusión de que si no hubiera habido ideas revolucionarias no habría habido revolución. Este punto de vista hace decir que las fuerzas motrices de la historia son las ideas de los grandes jefes; que son ellos los que hacen la historia. Conocéis la fórmula de la *Acción francesa:* «Cuarenta reyes ha hecho Francia»; se podría agregar: reyes que, sin embargo, ¡no tenían muchas «ideas»!

¿Cuál es el punto de vista materialista sobre la cuestión?

Hemos visto que entre el materialismo del siglo XVIII y el materialismo moderno había muchos puntos comunes, pero que el antiguo materialismo tenía de la historia una teoría idealista.

Esta pregunta no se la había hecho jamás el antiguo materialismo. Por esto su interpretación de la historia, cuando la tiene es esencialmente pragmática; lo enjuicia todo con arreglo a los móviles de los actos; clasifica a los hombres que actúan en la historia en buenos y en malos, y luego comprueba que, por regla general, los buenos son los engañados y los malos, los vencedores. De donde se sigue, para el viejo materialismo, que el estudio de la historia no arroja enseñanzas muy edificantes, y para nosotros que en el campo histórico este viejo materialismo se hace traición a sí mismo, puesto que acepta como últimas causas los móviles ideales que allí actúan, en vez de indagar detrás de ellos, cuáles son los móviles de esos móviles. La inconsecuencia no estriba precisamente en admitir móviles *ideales,* sino en no remontarse, partiendo de ellos, hasta sus causas determinantes[13].

Por consiguiente, ya sea francamente idealista o disimulada tras un materialismo inconsecuente, esta teoría idealista que acabamos de ver *y* que parece explicar la historia no explica nada. Porque, *¿quién provoca la acción?* La voluntad, las ideas –se dice–. Pero *¿por qué* los filósofos del xviii han tenido *precisamente* estas ideas? Si hubieran tratado de explicar el marxismo no los habrían escuchado, porque en esa época la gente no habría comprendido. No cuenta Solo el hecho de que se viertan ideas, también es necesario que sean comprendidas; en consecuencia, hay *épocas determinadas* para aceptar las ideas y también para forjadas.

Siempre hemos dicho que las ideas tienen una gran importancia, pero debemos ver *de dónde* proceden.

Por lo tanto debemos investigar cuáles son las causas que nos dan estas ideas, cuáles son, en última instancia, *las fuerzas motrices de la historia.*

---

[13] *Ibid.*

Quinta parte
El materialismo histórico

1. Las fuerzas motrices de la historia

Apenas se plantea esta cuestión, ¿de dónde proceden las ideas?, vemos que es necesario ir más lejos en nuestras investigaciones. Si razonamos como los materialistas del siglo XVIII, que creían que «el cerebro segrega el pensamiento como el hígado segrega la bilis», responderemos a esta cuestión diciendo que la naturaleza es la que produce el espíritu y que, por consiguiente, nuestras ideas son el producto de la naturaleza, que son producto del cerebro.

Por tanto, se dirá que la historia se hace por la *acción* de los hombres impulsados por su voluntad, pues esta es la expresión de sus *ideas,* que a su vez proceden de su cerebro. Pero ¡atención!

I. Un error que debe evitarse

Si explicamos que la Revolución francesa es el resultado de la aplicación de las ideas nacidas del cerebro de los filósofos, esta será una explicación limitada, insuficiente y una mala aplicación del materialismo.

Porque lo que hay que ver es *por qué* estas ideas lanzadas por los pensadores de esta época fueron aceptadas por las masas. ¿Por qué Diderot no era el único en concebirlas y por qué razón, desde el siglo XVI, una gran mayoría de cerebros elaboraban las mismas ideas?

¿Es porque los cerebros han tenido el mismo peso, las mismas circunvoluciones? No. Hay cambios en las ideas y no se produce cambio en la caja craneal.

Esta explicación de las ideas por el cerebro *parece* ser una explicación materialista. Pero hablar del cerebro de Diderot es, en realidad, hablar de las ideas del cerebro de Diderot; es, por tanto, una teoría materialista falseada y exagerada en la que vemos renacer, con las ideas, la tendencia idealista.

Volvamos al encadenamiento historia-acción-voluntad-ideas. Las ideas tienen un sentido, un contenido: la clase obrera, por ejemplo, lucha por el derrocamiento del capitalismo. Los obreros, en su lucha, piensan esto. Lo piensan porque tienen un cerebro, naturalmente, y el cerebro es, pues, una *condición necesaria* para pensar; pero no una condición *suficiente*. El cerebro explica el hecho material de tener ideas, pero no explica que se tengan unas ideas en lugar de tener otras.

> No se puede en modo alguno evitar que todo cuanto mueve al hombre tenga que pasar necesariamente por su cabeza; hasta el comer y el beber, procesos que comienzan con la sensación de hambre y sed transmitida por el cerebro y terminan con la sensación de satisfacción, transmitida por la misma vía[1].

En tal caso, ¿cómo podemos explicar el contenido de nuestras ideas, es decir, cómo llegamos a la idea de derrocar el capitalismo?

II. El «ser social» y la conciencia

Sabemos que nuestras ideas son el reflejo de las cosas; los fines que contienen nuestras ideas también son el reflejo de las cosas, pero ¿de qué cosas?

---

[1] F. Engels: *Ludwig Feuerbach…*, en *Obras escogidas,* cit., t. II, p. 397.

Para responder hay que saber dónde están los hombres y dónde se manifiestan sus ideas. Comprobamos que los hombres viven en una sociedad capitalista y que sus ideas se manifiestan en esta sociedad y proceden de ella.

No es la conciencia del hombre la que determina su ser, sino, por el contrario, el ser social es lo que determina su conciencia[2].

En esta definición, lo que Marx llama su «ser» son los hombres, lo que somos; la «conciencia» es lo que pensamos, lo que queremos.

Luchamos por un ideal profundamente arraigado en nosotros, se dice de una manera general, y resulta de ello que es nuestra *conciencia* la que determina nuestro ser, actuamos porque lo pensamos, porque lo queremos.

Es un gran error hablar así, porque en realidad es nuestro *ser social* el que determina nuestra *conciencia*.

Un «ser» proletario *piensa* como proletario y un «ser» burgués *piensa* como burgués (veremos en adelante por qué no siempre es así). Pero de manera general, «en un palacio se piensa de otro modo que en una cabaña»[3].

III. Teorías idealistas

Los idealistas dicen que un proletario o un burgués son uno u otro porque piensan como uno u otro.

Decimos, por el contrario, que si piensan como un proletario o como un burgués es *porque son* uno u otro. Un proletario tiene una conciencia de clase *porque es* proletario.

Lo que debemos destacar bien es que la teoría idealista comporta una consecuencia práctica. Si se es burgués –se dice– es porque piensa como burgués; luego, para no serlo basta con

---

[2] K. Marx: Prólogo de la *Contribución a la crítica de la economía política,* en K. Marx y F. Engels, *Obras escogidas,* cit., t. I, p. 373.
[3] F. Engels: *Ludwig Feuerbach…,* cit., t. II, p. 402.

cambiar la manera de pensar y, para hacer terminar la explotación burguesa, basta con realizar un trabajo de *convicción*
ante los patrones. Esta es una teoría sostenida por los socialistas cristianos; fue también la de los fundadores del socialismo
utópico.

Pero también es la teoría de los fascistas que luchan contra
el capitalismo no para suprimirlo, sino para hacerlo más «razo-
nable». Cuando los patrones comprendan que explotan a los
obreros –dicen– no lo harán más. He aquí una teoría completamente idealista cuyos peligros son evidentes.

IV. El «ser social» y las condiciones de existencia

Marx nos habla del «ser social». ¿Qué entiende por eso? El
«ser social» está determinado por las condiciones de existencia
material en las cuales viven los hombres en la sociedad.

No es la conciencia de los hombres la que determina sus
condiciones materiales, sino son las condiciones materiales de
vida las que determinan su conciencia.

¿A qué se llama condiciones de existencia material? En la
sociedad hay ricos y pobres, y su manera de pensar es diferente, sus ideas sobre un mismo tema son diferentes. Usar el tranvía, para un pobre, un desocupado, es un lujo, y para un rico
que ha tenido coche es una prueba de decadencia.

Las ideas del pobre sobre el tranvía, ¿las posee porque es pobre o las posee porque toma el tranvía? Porque es pobre. Ser
pobre es su condición de existencia.

Entonces hay que investigar *por qué* hay ricos y pobres para
poder explicar las condiciones de existencia de los hombres.

Un grupo de hombres con las mismas condiciones de existencia forma una *clase,* pero la noción de clase no se reduce a
la de riqueza o pobreza. Un proletario puede ganar más que un
burgués, y no por eso es menos proletario, porque depende de
un patrón y porque su vida no está *asegurada* ni es *independiente.* Las condiciones materiales de existencia no están cons-

tituidas Solo por el dinero ganado, sino por la *función social,* y entonces tenemos el encadenamiento siguiente:

Los hombres hacen su *historia* por su acción según su *voluntad,* que es la expresión de *sus ideas.* Estas proceden de sus condiciones de existencia material, es decir, de su pertenencia a una *clase.*

V. *Las luchas de clases, motor de la historia*

Los hombres actúan porque tienen ciertas ideas. Tienen estas ideas a causa de su existencia material, porque están en una u otra clase. Esto no quiere decir que en la sociedad haya Solo dos clases; hay una cantidad de clases entre las que principalmente dos están en lucha: burguesía *y* proletariado.

Así, pues, *bajo las ideas se encuentran las clases.*

La sociedad está dividida en clases que luchan una contra la otra. Así se observan las ideas que los hombres tienen en la sociedad, se comprueba que estas ideas están en pugna y bajo estas ideas encontramos las clases que también están en pugna.

Por consiguiente, las fuerzas motrices de la historia, es decir, *lo que explica la historia, es la lucha de clases.*

Si tomamos como ejemplo el déficit permanente del presupuesto vemos que hay dos soluciones, una que consiste en continuar lo que se llama la ortodoxia financiera: economías, préstamos, nuevos impuestos, etc., y la otra solución que consiste en hacer pagar a los ricos.

Advertimos una lucha política alrededor de estas ideas y, de una manera general, se «lamenta» que no sea posible ponerse de acuerdo al respecto; pero el marxista quiere comprender y buscar lo que se halla bajo la lucha política; encuentra entonces la lucha social, es decir, la lucha de clases. Lucha entre los que son partidarios de la primera solución (los capitalistas) y los partidarios de hacer pagar a los ricos (las clases medias y el proletariado).

En la historia moderna, al menos, queda demostrado, por tanto, que todas las luchas políticas son luchas de clases y que todas las luchas de emancipación de clases, pese a su inevitable forma política, pues toda lucha de clases es una lucha política, giran, en último término, en torno a la *emancipación económica.* Por consiguiente, aquí por lo menos, el Estado, el régimen político, es el elemento subalterno, y la sociedad civil, el reino de las relaciones económicas, lo principal[4].

Tenemos así un eslabón que agregar al encadenamiento que conocemos para explicar la historia; tenemos: la *acción, la voluntad,* las *ideas* bajo las cuales se encuentran las *clases* y detrás de las clases se encuentra la *economía. Así, pues, sin duda, las luchas de clases explican la historia, pero la economía determina las clases.*

Si queremos explicar un hecho histórico debemos ver cuáles son las ideas en lucha, buscar las clases bajo las ideas y ver por último el modo económico que caracteriza las clases.

Se puede preguntar aún de dónde proceden las clases y el modo económico (y los dialécticos no temen plantear todas estas cuestiones sucesivas porque saben que hay que encontrar la fuente de todo). Es lo que estudiaremos en detalle en el próximo capítulo, pero desde ahora podemos decir:

Para saber *de dónde* proceden las clases hay que estudiar la historia de la sociedad y se verá que las clases no siempre han sido las mismas. En Grecia, los esclavos y los amos. En la Edad Media, los siervos y los señores. Después, simplificando esta enumeración, la burguesía y el proletariado.

Comprobamos en este cuadro que las clases cambian, y si investigamos el por qué cambian veremos que las *condiciones*

---

[4] F. Engels: *Ludwig Feuerbach...,* cit., p. 417. Véase también *Manifiesto del Partido Comunista y Principios del comunismo,* México, Fondo de Cultura Popular, 1962, pp. 43-44 y V. I. Lenin: *Marx, Engels y el marxismo,* Moscú, Ed. en Lenguas Extranjeras, 1948, p. 20.

económicas han cambiado (las condiciones económicas son: la estructura de la producción, de la circulación, de la repartición, del consumo de las riquezas y, como última condición de todo lo demás, *la manera* de producir, la técnica).

He aquí ahora un texto de Engels:

> Tanto la burguesía como el proletariado debían su nacimiento al cambio introducido en las condiciones económicas, o más concretamente, en el modo de producción. El tránsito del artesanado gremial a la manufactura, primero, y luego de esta a la gran industria, basada en la aplicación del vapor y de las máquinas, fue lo que hizo que se desarrollasen estas dos clases[5].

Por consiguiente vemos en última instancia que las fuerzas motrices de la historia se dan por el encadenamiento siguiente:

a) La historia es obra de los *hombres.*

b) La acción que hace la historia está determinada por su *voluntad.*

c) Esta voluntad es la expresión de sus *ideas.*

d) Estas ideas son el reflejo de las *condiciones sociales* en las cuales viven.

e) Son estas condiciones sociales las que determinan las *clases y* sus luchas.

f) Las clases son determinadas a su vez por las *condiciones económicas.*

Para establecer con precisión cuáles son las formas y en qué condiciones se desarrolla este encadenamiento decimos que:

---

[5] F. Engels: *op. cit.,* p. 416.

1. Las *ideas* se traducen en la vida en un *plano político.*

2. Las *luchas de clases* que se encuentran detrás de las ideas se traducen en un *plano social.*

3. Las *condiciones económicas* se traducen en el *plano económico.*

2. ¿De dónde proceden las clases y las condiciones económicas?

Hemos visto que las fuerzas motrices de la historia son, en última instancia, las clases y sus luchas determinadas por las *condiciones económicas.*

Esto ocurre por el encadenamiento siguiente: los hombres tienen ideas que los hacen actuar. Estas ideas nacen de las condiciones de existencia material en las cuales viven. Estas condiciones de existencia material están determinadas por el lugar social que ocupan en la sociedad, es decir, que pertenecen a una clase, y las clases a su vez están determinadas por las condiciones económicas en las cuales evoluciona la sociedad.

Pero entonces debemos verificar qué determina las condiciones económicas y las clases que crean. Es lo que vamos a estudiar.

I. La primera gran división del trabajo

Al estudiar la evolución de la sociedad, tomando los hechos del pasado, se comprueba primero que la división de la sociedad en clases no siempre ha existido. La dialéctica quiere que busquemos el origen de las cosas y comprobemos que en un pasado muy lejano no hubo clases. En *El origen de la familia, de la propiedad privada y del Estado,* Engels dice:

> En todos los estadios anteriores de la sociedad, la producción era esencialmente colectiva y el consumo se efectuaba

también bajo un régimen de reparto directo de los productos, en el seno de pequeñas o grandes colectividades comunistas. Esa producción colectiva se realizaba dentro de los más estrechos límites, pero llevaba aparejado el dominio de los productores sobre el proceso de la producción y sobre su producto. Sabían qué era del producto: lo consumían, no salía de sus manos. Y mientras la producción se efectuó sobre esa base, no pudo sobreponerse a los productores ni hacer surgir frente a ellos el espectro de poderes extraños cual sucede regular e inevitablemente en la civilización[6].

Todos los hombres participan en la producción; los rudimentarios instrumentos de trabajo que se usan en común pertenecen a la comunidad. La división del trabajo Solo existe, en ese estado inferior, entre los *sexos*. El hombre caza, pesca, etc., la mujer cuida la casa. No hay intereses particulares o privados en juego.

Pero los hombres no permanecieron en ese periodo, y el primer hecho que establece un cambio en la vida de los hombres será la división del trabajo en la sociedad. «Pero en este modo de producción se introdujo lentamente la división del trabajo»[7].

Este primer hecho se produce donde los hombres

encontraron animales que se dejaron primero domesticar y después criar. Antes había que ir de caza para apoderarse de la hembra del búfalo salvaje; ahora, domesticada, esta hembra suministraba cada año una cría y, por añadidura, leche. Ciertas tribus de las más adelantadas los arios, los semitas y hasta los turanios– hicieron de la domesticación y después de la cría y cuidado del ganado su principal ocupación. Las tribus

---

[6] F. Engels: *El origen de la familia, la propiedad privada y el Estado,* en K. Marx y F. Engels, *Obras escogidas,* Madrid, Akal, t. II, p. 341.
[7] *Ibid.*

de pastores se destacaron del resto de la masa de los bárbaros. Esta fue la *primera gran división social del trabajo*[8].

Tenemos, pues, como primer modo de producción: caza, pesca; segundo modo de producción: cría de ganado que forma las tribus de pastores.

Esta primera división del trabajo se localiza en la

II. *Primera división de la sociedad en clases*

A consecuencia del desarrollo de todos los ramos de la producción –ganadería, agricultura, oficios manuales domésticos–, la fuerza de trabajo del hombre iba haciéndose capaz de crear más productos que los necesarios para su sostenimiento. También aumentó la suma de trabajo que correspondía diariamente a cada miembro de la gens, de la comunidad doméstica o de la familia aislada. Era ya conveniente conseguir más fuerza de trabajo, y la guerra la suministró: los prisioneros fueron transformados en esclavos. Dadas todas las condiciones históricas de aquel entonces, la primera gran división social del trabajo, al aumentar la productividad del trabajo, y por consiguiente la riqueza, y al extender el campo de la actividad productora, tenía que traer consigo necesariamente la esclavitud. De la primera gran división social del trabajo nació la primera gran escisión de la sociedad en dos clases: señores y esclavos, explotadores y explotados[9].

[...] Henos ya en los umbrales de la civilización que se inicia por un nuevo progreso de la división del trabajo. En el estadio más inferior, los hombres no producían sino directamente para satisfacer sus propias necesidades; los pocos actos de cambio que se efectuaban eran aislados y Solo tenían por objeto excedentes obtenidos por casualidad. En el estado me-

---

[8] *Ibid.,* p. 326.
[9] *Ibid.,* pp. 327-328.

dio de la barbarie encontramos ya en los pueblos pastores una propiedad en forma de ganado, que, si los rebaños son suficientemente grandes, suministra con regularidad un excedente sobre el consumo propio; al mismo tiempo encontramos una división del trabajo entre los pueblos pastores y las tribus atrasadas, sin rebaños, y de ahí dos grados de producción diferentes y simultáneos uno junto a otro y, por tanto, las condiciones para un cambio regular[10].

Tenemos, pues, en ese momento dos clases en la sociedad: amos y esclavos. Después, la sociedad continuará viviendo y experimentando nuevos desarrollos. Una nueva clase nacerá y crecerá.

III. Segunda gran división del trabajo

La riqueza aumentaba con rapidez, pero bajo la forma de riqueza individual; el arte de tejer, el labrado de los metales y los otros oficios, cada vez más especializados, dieron una variedad y una perfección creciente a la producción; la agricultura empezó a suministrar, además de grano, legumbres y frutas, aceite y vino, cuya preparación habíase aprendido. Un trabajo tan variado no podía ser ya cumplido por un solo individuo y se produjo la *segunda gran división del trabajo:* los oficios se separaron de la agricultura. El constante crecimiento de la producción y con ella de la productividad del trabajo aumentó el valor de la fuerza de trabajo del hombre; la esclavitud, aun en estado naciente y esporádico en el anterior estado, se convirtió en un elemento esencial del sistema social. Los esclavos dejaron de ser simples auxiliares y se los llevaba por decenas a trabajar en los campos o en los talleres. Al escindirse la producción en las dos ramas principales –la agricultura y los oficios manuales–, nació la producción directa

---

[10] *Ibid.,* pp. 331-332.

para el cambio, la producción mercantil, y con ella el comercio[11].

IV. *Segunda división de la sociedad en clases*

De este modo, la primera gran división del trabajo aumenta el valor del trabajo humano, crea un crecimiento de riqueza
que aumenta de nuevo el valor del trabajo y que obliga a una
segunda división del trabajo: oficios y agricultura. En este momento, el crecimiento continuo de la fuerza del trabajo humano hace «indispensables» a los esclavos, crea la producción
mercantil y, con ella, una tercera clase: *la de los comerciantes.*

En este momento tenemos en la sociedad una triple división del trabajo, y tres clases: agricultores, artesanos y comerciantes. Por primera vez vemos aparecer una clase que *no participa en la producción, y* esta clase, la clase de los comerciantes,
dominará a las otras dos.

> El estadio superior de la barbarie introduce una división
> más grande aún del trabajo: entre la agricultura y los oficios
> manuales, y de ahí la producción cada vez mayor de objetos
> fabricados directamente para el cambio y la elevación del
> cambio entre productores individuales a la categoría de nece-
> sidad vital de la sociedad. La civilización consolida y aumen-
> ta todas estas divisiones del trabajo ya existentes, sobre todo
> acentuando el contraste entre la ciudad y el campo (lo cual
> permite a la ciudad dominar económicamente al campo,
> como en la Antigüedad, o al campo dominar económica-
> mente a la ciudad, como en la Edad Media), y añade una
> tercera división del trabajo, propia de ella y de capital impor-
> tancia, creando una clase que no se ocupa de la producción,
> sino únicamente del cambio de los productos: los *mercaderes.*
> Hasta aquí Solo la producción había determinado los proce-

---

[11] *Ibid.,* pp. 329-330.

sos de formación de clases nuevas; las personas que tomaban parte en ella se dividían en directores y ejecutores o en productores en grande y en pequeña escala. Ahora aparece por primera vez una clase que, sin tomar la menor parte en la producción, sabe conquistar su dirección general y avasallar económicamente a los productores; una clase que se convierte en del intermediario indispensable entre cada dos productores y los explota a ambos. So pretexto de desembarazar a los productores de las fatigas y los riesgos del cambio, de extender la salida de sus productos hasta los mercados lejanos y llegar a ser así la clase más útil de la producción, se forma una clase de parásitos, una clase de verdaderos gorrones de la sociedad, que como compensación por servicios en realidad muy mezquinos, se lleva la nata de la producción patria y extranjera, amasa rápidamente riquezas enormes y adquiere una influencia social proporcionada a estas, y por eso mismo, durante el periodo de la civilización, va ocupando una posición más y más honorífica y logra un dominio cada vez mayor sobre la producción, hasta que acaba por dar a luz un producto propio: las crisis comerciales periódicas[12].

Así vemos el encadenamiento que partiendo del comunismo primitivo nos lleva al capitalismo:

1. Comunismo primitivo.
2. División entre tribus salvajes y pastores (primera división del trabajo: amos, esclavos).
3. División entre agricultores y artesanos de oficios (segunda división del trabajo).
4. Nacimiento de la clase de comerciantes (tercera división del trabajo) que:
5. Engendra las crisis comerciales periódicas (capitalismo).

---

[12] *Ibid.,* pp. 332-333.

Sabemos ahora de dónde proceden las clases y nos queda por ver:

V. *Qué determina las condiciones económicas*

Primero debemos pasar revista muy brevemente a las sociedades que nos han precedido.

Se carece de documentos para el estudio en detalle de la historia de las sociedades que han precedido a las sociedades antiguas; pero sabemos, por ejemplo, que entre los griegos existían amos y esclavos y que comenzaba a desarrollarse la clase de los comerciantes. Después, en la Edad Media, la sociedad feudal con señores y siervos permite a los comerciantes tomar cada vez mayor importancia. Se agrupan cerca de los castillos, en el seno de los *burgos* (de donde procede el nombre de burgueses); por otra parte, en la Edad Media, antes de la producción capitalista, no existía más que la pequeña producción, que tenía como condición primera que el productor fuera propietario de sus instrumentos de trabajo. Los medios de producción pertenecían al individuo y no estaban adaptados más que al uso individual. Por consiguiente, eran mezquinos, pequeños, limitados. Concentrar y ampliar estos medios de producción, transformarlos en poderosas palancas de la producción moderna era el papel histórico de la producción capitalista y de la burguesía...

Este proceso, que viene desarrollando la burguesía desde el siglo xv y que pasa históricamente por las tres etapas de la cooperación simple, la manufactura y la gran industria, aparece minuciosamente expuesto por Marx en la sección cuarta de *El capital*. Pero la burguesía, como asimismo queda demostrado en dicha obra, no podía convertir aquellos primitivos medios de producción en poderosas fuerzas productivas sin convertirlas de medios individuales de producción en medios *sociales,* Solo manejables por una *colectividad de hombres*[13].

Vemos que paralelamente a la evolución de las clases (amos y esclavos; señores y siervos) evolucionan las condiciones de producción, de circulación, de distribución de las riquezas, es decir, las condiciones económicas, y seguimos esta evolución paso a paso y paralelamente a la evolución de los *modos de producción.* Son, por lo tanto,

VI. *Los modos de producción*

los que determinan las condiciones económicas:

La rueca, el telar manual, el martillo del herrero fueron sustituidos por la máquina de hilar, por el telar mecánico, por el martillo movido a vapor; el taller individual cedió el puesto a la fábrica, que impone la cooperación de cientos y miles de obreros. Y, con los medios de producción, se transformó la producción misma, dejando de ser una cadena de actos individuales para convertirse en una cadena de actos sociales, y los productos se transformaron de productos individuales en productos sociales. El hilo, las telas, los artículos de metal que ahora salían de la fábrica eran producto del trabajo colectivo de un gran número de obreros, por cuyas manos tenía que pasar sucesivamente para su elaboración[14].

Comprobamos que la evolución de los *modos* de producción ha transformado totalmente las *fuerzas* productivas. Las herramientas de trabajo se han hecho colectivas, pero el *régi-*

---

[13] F. Engels: *Del socialismo utópico al socialismo científico,* en K. Marx y F. Engels, *Obras escogidas* en dos tomos, Madrid, Akal, 2016, t. II, pp. 141-142.
[14] *Ibid.,* p. 142.

men de propiedad ha continuado siendo individual. Las máquinas que no pueden funcionar más que por obra de una colectividad han seguido siendo propiedad de un hombre solo, y hasta vemos que

> todo el mecanismo del modo capitalista de producción falla, agobiado por las fuerzas productivas que él mismo engendró. Ya no acierta a transformar en capital esta masa de medios de producción, que permanecen inactivos y, por esto precisamente, debe permanecer también inactivo el ejército industrial de reserva. Medios de producción, medios de vida, obreros disponibles: todos los elementos de la producción y de la riqueza general existen con exceso. Pero «la superabundancia se convierte en fuente de miseria y de penuria» (Fourier), ya que es ella, precisamente, la que impide la transformación de los medios de producción y de vida en capital, pues en la sociedad capitalista, los medios de producción no pueden ponerse en movimiento más que convirtiéndose previamente en capital, en medio de explotación de la fuerza humana de trabajo. Esta imprescindible calidad de capital de los medios de producción y de vida se alza como un espectro entre ellos y la clase obrera. Esta calidad es la que impide que se engranen la palanca material y la palanca personal de la producción; es la que no permite a los medios de producción funcionar ni a los obreros trabajar y vivir. De una parte, el modo capitalista de producción revela, pues, su propia incapacidad para seguir rigiendo sus fuerzas productivas. De otra parte, estas fuerzas productivas acucian con intensidad cada vez mayor a que se resuelva la contradicción, a que se las redima de su condición de capital, *a que se reconozca de hecho su carácter de fuerzas productivas sociales.*
>
> Es esta rebelión de las fuerzas de producción, cada vez más imponentes, contra su calidad de capital, esta necesidad cada vez más imperiosa de que se reconozca su carácter social, la que obliga a la propia clase capitalista a tratarlas cada vez más

abiertamente como fuerzas productivas sociales, en el grado en que ello es posible dentro de las relaciones capitalistas. Lo mismo los periodos de alta presión industrial, con su desmedida expansión del crédito, que el crac mismo, con el desmoronamiento de grandes empresas capitalistas, impulsan esa forma de socialización de grandes masas de medios de producción con que nos encontramos en las diversas categorías de sociedades anónimas. Algunos de estos medios de producción y de comunicación son ya de por sí tan gigantescos, que excluyen, como ocurre con los ferrocarriles, toda otra forma de explotación capitalista. Al llegar a una determinada fase de desarrollo, ya no basta tampoco esta forma; los grandes productores nacionales de una rama industrial se unen para formar un *trust,* una agrupación encaminada a regular la producción; determinan la cantidad total que ha de producirse, se la reparten entre ellos e imponen de este modo un precio de venta fijado de antemano. Pero, como estos *trust* se desmoronan al sobrevenir la primera racha mala en los negocios, empujan con ello a una socialización todavía más concentrada; toda la rama industrial se convierte en una sola gran sociedad anónima, y la competencia interior cede el puesto al monopolio interior de esta única sociedad [...].

En los *trust,* la libre concurrencia se trueca en monopolio y la producción sin plan de la sociedad capitalista capitula ante la producción planeada y organizada de la naciente sociedad socialista. Claro está que, por el momento, en provecho y beneficio de los capitalistas. Pero aquí la explotación se hace tan patente que tiene forzosamente que derrumbarse. Ningún pueblo toleraría una producción por los *trusts,* una explotación tan descarada de la colectividad por una pequeña cuadrilla de cortadores de cupones.

De un modo o de otro, con o sin *trust,* el representante oficial de la sociedad capitalista, el Estado, tiene que acabar haciéndose cargo del mando de la producción. La necesidad a que responde esta transformación de ciertas empresas en propiedad del Estado empieza manifestándose en las grandes empresas de transportes y comunicaciones, tales como el correo, el telégrafo y los ferrocarriles.

A la par que las crisis revelan la incapacidad de la burguesía para seguir rigiendo las fuerzas productivas modernas, la transformación de las grandes empresas de producción y transporte en sociedades anónimas, *trust* y en propiedad del Estado demuestra que la burguesía no es ya indispensable para el desempeño de esas funciones. Hoy, las funciones sociales del capitalista corren todas a cargo de empleados a sueldo, y toda la actividad social de aquel se reduce a cobrar sus rentas, cortar sus cupones y jugar en la Bolsa, donde los capitalistas de toda clase se arrebatan unos a otros sus capitales[15].

Así aparecen las contradicciones del régimen capitalista:

De una parte, perfeccionamiento de la maquinaria, que la competencia convierte en precepto imperativo para cada fabricante y que equivale a un desplazamiento cada vez mayor de obreros: *ejército industrial de reserva.* De otra parte, extensión ilimitada de la producción, que la competencia impone también como norma coactiva a todos los fabricantes. Por ambos lados, un desarrollo inaudito de las fuerzas productivas, exceso de la oferta sobre la demanda, superproducción, abarrotamiento de los mercados, crisis cada diez años, circulo vicioso: *superabundancia, aquí de medios de producción y de productos, y allá de obreros* sin trabajo y sin medios de vida[16].

Hay contradicción entre el trabajo que se ha hecho social, colectivo, y la propiedad, que ha permanecido individual. Y entonces, con Marx, diremos:

---

[15] *Ibid.,* pp. 150-153.
[16] *Ibid.,* p. 160.

De formas de desarrollo de las fuerzas productivas, estas relaciones se convierten en trabas suyas. Y se abre así una época de revolución social[17].

VII. *Observaciones*

Antes de terminar este capítulo es necesario hacer algunas observaciones y subrayar que en este estudio encontramos todos los caracteres y las leyes de la dialéctica que acabamos de estudiar.

En efecto, acabamos de recorrer muy rápidamente la historia de las sociedades, de las clases, y de los modos de producción. Vemos qué independientes son unas de otras cada parte de este estudio. Comprobamos que esta historia es esencialmente movida y que los cambios que se producen en ella en cada estadio de las sociedades son provocados por una lucha interna, lucha entre elementos de conservación y de progreso, lucha que llega a la destrucción de cada sociedad y al nacimiento de una nueva. Cada una de ellas tiene un carácter, una estructura bien diferente de la precedente. Estas transformaciones radicales se operan después de una acumulación de hechos que por sí mismos parecen insignificantes; pero que, en cierto momento, crean por su acumulación una situación de hecho que provoca un cambio violento, revolucionario.

Volvemos a encontrar ahí los caracteres y las grandes leyes generales de la dialéctica, es decir:

La interdependencia de las cosas y de los hechos.
El movimiento y el cambio dialécticos.
El autodinamismo.
La contradicción.
La acción recíproca.

---

[17] K. Marx: Prólogo de la *Contribución a la crítica de la Economía Política,* en K. Marx y F. Engels, *Obras escogidas,* Madrid, Akal, 2016, t. I, p. 373.

Y la evolución por saltos (transformación de la cantidad en cualidad).

Bibliografía

F. ENGELS, *El origen de la familia, la propiedad privada y el Estado.*
—, *Del socialismo utópico al socialismo científico.*
—, *Ludwig Feuerbach y el fin de la filosofía clásica alemana.*
K. MARX, *Manifiesto del Partido Comunista.*
—, Prólogo de la *Contribución a la crítica de la economía política.*
V. I. LENIN, *Marx, Engels y el marxismo.*

Sexta parte
El materialismo dialéctico y las ideologías

1. Aplicación del método dialéctico a las ideologías

I. ¿Cuál es la importancia de las ideologías para el marxismo?

Frecuentemente se oye decir que el marxismo es una filosofía materialista que niega el papel de las ideas en la historia, que niega el papel del factor ideológico y que Solo quiere considerar las influencias económicas.

Esto es falso. El marxismo no niega el importante papel que el espíritu, el arte, las ideas, tienen en la vida. Por el contrario, atribuye una importancia particular a estas formas ideológicas, y terminaremos este estudio de los principios elementales del marxismo examinando cómo se aplica a las ideologías el método del materialismo dialéctico; vamos a ver cuál es el *papel* de las ideologías en la historia, la acción del *factor* ideológico y qué es la *forma* ideológica.

Esta parte del marxismo que vamos a estudiar es el punto peor conocido de esta filosofía. La razón es que, durante mucho tiempo, se ha tratado y difundido, sobre todo, la parte del marxismo que estudia la economía política. Procediendo así, se separaba arbitrariamente esta materia no solo del gran «todo» que forma el marxismo, sino que se la separaba de sus bases; porque lo que ha permitido hacer de la economía política una verdadera ciencia es el *materialismo histórico,* que es como lo hemos visto, una aplicación del materialismo dialéctico.

Se puede señalar de pasada que esta manera de proceder proviene, sin duda, del espíritu metafísico que conocemos y del que tanto nos cuesta deshacernos. Cometemos errores –repitámoslo– en la medida en que separamos las cosas, en que las estudiamos de una manera unilateral.

Las malas interpretaciones del marxismo provienen de que no se ha insistido suficientemente sobre el papel de las ideologías en la historia y en la vida. Se las ha separado del marxismo y, al hacerlo, se ha separado el marxismo del materialismo dialéctico, es decir, ¡de sí mismo!

Nos alegra ver que desde hace unos años, gracias en parte al trabajo de la Universidad Obrera de París, a la cual muchos miles de alumnos deben su conocimiento del marxismo; gracias también a la obra de algunos intelectuales que han contribuido a ello con sus trabajos y sus libros, el marxismo ha reconquistado su verdadera figura y el lugar al que tiene derecho.

II. ¿Qué es una ideología? (factor, formas ideológicas)

Vamos a abordar este capítulo consagrado al papel de las ideologías comenzando por algunas definiciones.

¿A qué llamamos una *ideología?* Quien dice ideología dice, ante todo, *idea.* La ideología es un conjunto de ideas que forman un todo, una teoría, un sistema o hasta a veces simplemente un estado de espíritu.

El marxismo es una ideología que forma un todo *y* que permite encontrar respuesta para todas las cuestiones. Una ideología republicana es el conjunto de ideas que encontramos en el espíritu de un republicano.

Pero una ideología no es Solo un conjunto de ideas puras que se supondrían separadas de todo sentimiento (esta es una concepción metafísica); una ideología comporta necesariamente sentimientos, simpatías, antipatías, esperanzas, temores, etc. En la ideología proletaria encontramos los elementos ideales de la lucha de clases, pero encontramos también sentimientos de solidaridad hacia los explotados del régimen capitalista, los «oprimidos». Todo esto es lo que forma una ideología.

Veamos ahora lo que se llama el *factor ideológico;* es la ideología considerada como una causa o una fuerza que actúa, que es capaz de acción y, por eso, se habla de *acción del factor ideológico.* Las religiones, por ejemplo, son un factor ideológico que debemos tener en cuenta. Tienen una fuerza moral que actúa de manera importante.

¿Qué se entiende por la *forma ideológica*? Se designa así un conjunto de ideas particulares que forman una ideología en un dominio especializado. La religión, la moral, son formas de la ideología, lo mismo que la ciencia, la filosofía, la literatura, el arte, la poesía.

Por lo tanto, si queremos examinar cuál es el papel en la historia de la ideología en general y de todas sus formas en particular no haremos este estudio, separando la ideología de la historia, es decir, de la vida de las sociedades, sino estudiando el papel de la ideología, de sus factores y de sus formas *en* y a partir de la sociedad.

III. *Estructura económica y estructura ideológica*

Hemos visto, al estudiar el materialismo histórico, que la historia de las sociedades se explica por el encadenamiento siguiente: los hombres hacen la historia por su acción, expresión de su voluntad. Esta es determinada por las ideas. Hemos visto que lo que explica las ideas de los hombres, es decir, su ideología, es el medio social donde se manifiestan las clases, que a su vez están determinadas por el factor económico, es decir, el modo de producción.

Hemos visto también que *entre* el factor ideológico y el factor social se encuentra el factor político que se manifiesta en la lucha ideológica como expresión de la lucha social.

Si examinamos, pues, la estructura de la sociedad a la luz del materialismo histórico vemos que en la base se encuentra la estructura económica; después, por encima de ella la estructura social, que sostiene la estructura política y, por último, la estructura ideológica.

Vemos que para los materialistas la estructura ideológica es la culminación, la cima del edificio social, mientras que para los idealistas la estructura ideológica está en la base.

> En la producción social de su vida, los hombres contraen determinadas relaciones necesarias e independientes de su voluntad, relaciones de producción, que corresponden a una determinada fase de desarrollo de sus fuerzas productivas materiales. El conjunto de estas relaciones de producción forma la estructura económica de la sociedad, la base real sobre la que se levanta la superestructura jurídica y política y a la que corresponden determinadas formas de conciencia social. El modo de producción de la vida material condiciona el proceso de la vida social, política y espiritual en general[1].

Vemos, por consiguiente, que es la estructura económica la que está en la base de la sociedad. Se dice también que es su *infraestructura* (lo que quiere decir, la base).

Después, la ideología que comprende todas las formas: la moral, la religión, la ciencia, la poesía, el arte, la literatura, constituye la *supra o superestructura* (que quiere decir estructura que está en la cima).

Sabiendo, como lo demuestra la teoría materialista, que las ideas son el reflejo de las cosas, que es nuestro ser social el que determina la conciencia, diremos, pues, que la *superestructura es el reflejo de la infraestructura*.

---

[1] K. Marx: Prólogo de la *Contribución a la crítica de la Economía Política,* en K. Marx y F. Engels, *Obras escogidas* en dos tomos, Madrid, Akal, 2016, t. I, p. 373.

He aquí un ejemplo de Engels que lo demuestra:

> El dogma calvinista cuadraba a los más intrépidos burgueses de la época. Su doctrina de la predeterminación era la expresión religiosa del hecho de que en el mundo comercial, en el mundo de la competencia, el éxito o la bancarrota no depende de la actividad o de la aptitud del individuo, sino de circunstancias independientes de él. «Asinque no es del que quiere ni del que corre, sino de la misericordia» de fuerzas económicas superiores, pero desconocidas. Y esto era más verdad que nunca en una época de revolución económica, en que todos los viejos centros y caminos comerciales eran desplazados por otros nuevos, en que se abría al mundo América y la India y en que vacilaban y se venían abajo hasta los artículos económicos de fe más sagrados: los valores del oro y de la plata[2].

En efecto, ¿qué ocurre en la vida económica para los comerciantes? La competencia. Los comerciantes, los burgueses han experimentado esta competencia en la que hay vencedores y vencidos. Muy a menudo los más vividores, los más inteligentes son vencidos por la competencia, por una crisis que sobreviene y los abate. Esta crisis es una cosa imprevisible, es una fatalidad, y esta idea de que –no se sabe por qué– los menos malignos sobrevienen a veces a la crisis, se ha transportado a la religión protestante. Esta comprobación, de que algunos triunfan por casualidad, proporciona la idea de la *predestinación,* según la cual los hombres deben experimentar una suerte fijada por Dios para toda la eternidad.

He aquí otro ejemplo: tomemos la mentalidad de dos obreros no afiliados a sindicatos, es decir, no desarrollados políticamente; uno trabaja en una gran fábrica donde el trabajo está

---

[2] F. Engels: *Del socialismo utópico al socialismo científico,* en *op. cit.,* 2016, t. II, pp. 104-105.

racionalizado, otro trabaja con un pequeño artesano. Seguro que los dos tendrán una concepción diferente del patrón. Para uno, el patrón será el explotador feroz, característico del capitalismo; el otro verá al patrón como a un trabajador, acomodado, sin duda, pero trabajador y no tirano.

Es, pues, el reflejo de su vida de trabajador la que determinará su manera de comprender a los patrones.

Este ejemplo, que es importante, nos lleva, para ser precisos, a hacer algunas observaciones.

IV. *Conciencia verdadera y conciencia falsa*

Acabamos de decir que las ideologías son el reflejo de las condiciones materiales de la sociedad, que es el ser social el que determina la conciencia social. Se podría deducir de ello que un proletario debe tener necesariamente una ideología proletaria.

Pero tal suposición no corresponde a la realidad, porque hay obreros que no tienen conciencia de obreros.

Por lo tanto, hay que establecer una distinción: la gente puede vivir en condiciones determinadas, pero la conciencia que tiene de ellas puede no corresponder a la realidad. Es lo que Engels llama «conciencia verdadera y conciencia falsa».

Ejemplo: algunos obreros reciben la influencia de la doctrina del corporativismo, que es un retorno a la Edad Media, al artesanado. En ese caso hay conciencia de la miseria de los obreros, pero no es una conciencia exacta y verdadera. La ideología, sin duda, es ahí un reflejo de las condiciones de la vida social, pero no es un reflejo fiel, un reflejo exacto.

En la conciencia de la gente, el reflejo es a menudo un reflejo «a la inversa». Comprobar el hecho de la miseria es un reflejo de las condiciones sociales, pero este reflejo se falsea cuando se piensa que un retorno al artesanado será la solución del problema. Vemos aquí una conciencia en parte verdadera y en parte falsa.

El obrero que es monárquico tiene también una conciencia a la vez verdadera y falsa. Verdadera porque quiere suprimir la miseria que padece: falsa porque piensa que un rey puede hacerlo. Y simplemente porque ha razonado mal, porque ha elegido mal su ideología, este obrero puede transformarse para nosotros en un enemigo de clase, aunque sin embargo es de nuestra clase. Así, tener una conciencia falsa es engañarse o ser engañado sobre su verdadera condición.

Por tanto, diremos que la ideología es el reflejo de las condiciones de existencia, pero que no es *un reflejo* FATAL.

Por otra parte necesitamos comprobar que todo se pone en juego para darnos una conciencia falsa y desarrollar la influencia de la ideología de las clases dirigentes sobre las clases explotadas. Los primeros elementos de una concepción de la vida que recibimos, nuestra educación, nuestra instrucción, nos dan una conciencia falsa. Nuestros vínculos en la vida, cierta ingenuidad en algunos, la propaganda, la prensa, la radio, falsean también a veces nuestra conciencia.

Por consiguiente, el trabajo ideológico tiene para nosotros, los marxistas, una extrema importancia. Hay que *destruir* la conciencia falsa para adquirir una conciencia verdadera, y sin el trabajo ideológico no puede realizarse esta transformación.

Los que consideran y dicen que el marxismo es una doctrina fatalista se equivocan, porque en realidad pensamos que las ideologías desempeñan un gran papel en la sociedad y debemos enseñar y aprender esta filosofía para hacerle desempeñar el papel de una herramienta y de un arma eficaces.

V. Acción y reacción de los factores ideológicos

Hemos visto, por los ejemplos de conciencia verdadera y de conciencia falsa, que no siempre es correcto querer explicar las ideas sólo por la economía y negar que las ideas tengan una acción. Hacerlo sería interpretar mal el marxismo.

Es verdad que las ideas se explican, en *última instancia,* por la economía, pero también tienen una acción que les es propia.

Según la concepción materialista de la historia, el factor que en *última instancia* determina la historia es la producción y la reproducción de la vida real. Ni Marx ni yo hemos afirmado nunca más que esto. Si alguien lo tergiversa diciendo que el factor económico es el *único* determinante, convertirá aquella tesis en una frase vacua, abstracta, absurda. La situación económica es la base, pero los diversos factores de la superestructura que sobre ella se levantan –las formas políticas de la lucha de clases y sus resultados, las Constituciones que, después de ganada una batalla, redacta la clase triunfante, etc., las formas jurídicas, e incluso los reflejos de todas estas luchas reales en el cerebro de los participantes, las teorías políticas, jurídicas, filosóficas, las ideas religiosas y el desarrollo ulterior de estas hasta convertirse en un sistema de dogmas –ejercen también su influencia sobre el curso de las luchas históricas y determinan predominantemente en muchos casos *su forma*. Es un juego mutuo de acciones y reacciones entre todos estos factores, en el que, a través de toda la muchedumbre infinita de casualidades (es decir, de casos y acaecimientos cuya trabazón interna es tan remota o tan difícil de probar, que podemos considerarla como inexistente, no hacer caso de ella), acaba siempre imponiéndose como necesidad el movimiento económico[3].

Vemos, pues, que necesitamos *examinarlo todo* antes de buscar la economía, y si esta es la causa en última instancia, siempre hay que pensar que no es la *única* causa.

Las ideologías son los *reflejos y* los *efectos* de las condiciones económicas, pero la relación no es simple, porque comprobamos también *una acción recíproca de las ideologías* sobre la infraestructura.

Si queremos estudiar el movimiento de masas que se ha desarrollado en Francia después del 6 de febrero de 1934, lo

---

[3] F. Engels: *Carta a J. Bloch* (21-22 de sept. de 1890), en *Obras escogidas* en dos tomos, Madrid, Akal, 2016, t. II, p. 520.

haremos por lo menos desde dos aspectos, para demostrar lo que acabamos de describir.

1. Algunos explican esta corriente diciendo que la causa de ello era la crisis económica. Esta es una explicación materialista pero unilateral. Tal explicación no tiene en cuenta más que un único factor: el económico, la crisis.

2. Por tanto, este razonamiento es exacto en parte, pero con la condición de que se agregue, como factor de explicación, *lo que piensa la gente:* la ideología. Ahora bien, en esta corriente de masas, la gente es «antifascista»; he aquí el factor ideológico. Y si la gente es antifascista es gracias a la propaganda que ha dado nacimiento al Frente Popular. Pero para que esta propaganda fuera eficaz necesitaba un terreno favorable, y lo que se pudo hacer en 1936 no era posible en 1932. En fin, sabemos cómo este movimiento de masas ha influido, a su vez, en la economía por la lucha social que ha desencadenado.

Comprobamos en este ejemplo que la ideología, que es reflejo de la sociedad, se transforma a su vez en *causa* de los acontecimientos.

> El desarrollo político, jurídico, filosófico, religioso, literario, artístico, etc., descansa en el desarrollo económico. Pero todos ellos repercuten también los unos sobre los otros y sobre su base económica. No es que la situación económica sea la *causa,* lo *único activo,* y todo lo demás efectos puramente pasivos. Hay un juego de acciones y reacciones, sobre la base de la necesidad económica, que se impone siempre, en *última instancia*[4].

Así, por ejemplo.

---

[4] F. Engels: *Carta a H. Starkenburg* (25 de enero de 1894), en *Obras escogidas,* Madrid, Akal, 2016, t. II, p. 538.

La base del derecho de herencia, presuponiendo el mismo grado de evolución de la familia, es una base económica. A pesar de eso, será difícil demostrar que en Inglaterra, por ejemplo, la libertad absoluta de testar y en Francia sus grandes restricciones, respondan en todos sus detalles a causas puramente económicas. Y ambos sistemas repercuten de modo muy considerable sobre la economía, puesto que influyen en el reparto de los bienes[5].

Para tomar un ejemplo más actual volvamos al de los impuestos. Los ricos quieren librarse de los gravámenes *y* son partidarios de los impuestos indirectos; los trabajadores *y* las clases medias quieren, por el contrario, que los impuestos fiscales sean directos y progresivos. De este modo, la idea que tenemos de los impuestos, y que es un factor ideológico, tiene su origen en nuestra situación económica creada, impuesta por el capitalismo. Los ricos quieren conservar sus privilegios y luchan para conservar el modo actual del sistema de impuestos y para reforzar las leyes en este sentido. Ahora bien, estas leyes, que proceden de las ideas reaccionan sobre la economía porque matan el pequeño comercio y los artesanos y precipitan la concentración capitalista.

Vemos, por consiguiente, que las condiciones económicas engendran las ideas, pero las ideas engendran también las condiciones económicas, y bajo esta *reciprocidad de relaciones* debemos examinar las ideologías, todas las ideologías, y Solo en última instancia, en la base, vemos que las necesidades económicas siempre prevalecen.

Sabemos que son los escritores y los pensadores los que tienen la misión de propagar, si no de defender, las ideologías. Sus pensamientos y sus escritos no siempre son muy caracterizados, y a menudo, en escritos que parecen ser simples cuentos

---

[5] F. Engels: *Carta a K. Schmidt* (27 de octubre de 1890), en *Obras escogidas,* Madrid, Akal, 2016, t. II, p. 527.

o relatos, encontramos, al analizarlos, una ideología. Hacer este análisis es una operación muy delicada y debemos hacerla con mucha prudencia. Vamos a indicar un método de análisis dialéctico que será de gran ayuda, pero hay que prestar atención para no ser mecanicista y no querer explicar lo que no es explicable.

VI. *Método de análisis dialéctico*

Para explicar bien el método dialéctico hay que conocer muchas cosas y, si se ignora su tema, debemos estudiar minuciosamente, sin lo cual Solo se llega a hacer caricaturas de juicio.

Para proceder al análisis dialéctico de un libro o de un cuento literario vamos a indicar un método que se podrá aplicar a otros temas.

a) Primero hay que prestar atención al *contenido* del libro o del cuento que se analizará. Examinarlo independientemente de toda cuestión social, porque no todo procede de la lucha de clases y de las condiciones económicas.

Hay influencias literarias y debemos tenerlas en cuenta. Tratar de ver a qué «escuela literaria» pertenece la obra. Considerar el desarrollo interno de las ideologías. Prácticamente sería bueno hacer un resumen del tema que se analizará y anotar lo que ha llamado la atención.

b) Ver enseguida los tipos sociales que son los héroes de la intriga. *Buscar la clase* a la cual pertenecen, examinar la acción de los personajes y ver si se puede relacionar de algún modo lo que ocurre en la novela desde el punto de vista social.

Si no es posible, si razonablemente no se puede hacerlo, es mejor abandonar el análisis antes que inventar. No se debe inventar una explicación.

c) Cuando se ha descubierto cuál o cuáles son las clases en juego hay que buscar lo económico, es decir, cuáles son los medios de producción y la manera de producir en el momento que ocurre la acción de la novela.

Si, por ejemplo, la acción se desarrolla en nuestros días, la economía es el capitalismo. Se ven actualmente numerosos cuentos y novelas que critican, combaten el capitalismo. Pero hay dos maneras de combatir el capitalismo: 1. Como revolucionario que marcha adelante. 2. Como reaccionario que quiere volver al pasado, y a menudo esta forma es la que se encuentra en las novelas modernas: se lamenta en ellas la desaparición de otros tiempos.

d) Una vez obtenido esto podemos buscar la *ideología,* es decir, ver cuáles son las ideas, los sentimientos, cuál es la manera de pensar del autor.

Buscando la ideología pensaremos en el papel que desempeña, en su influencia sobre el espíritu de la gente que lee el libro.

e) Entonces podremos dar la *conclusión* de nuestro análisis y decir *por qué tal* cuento o novela se ha escrito *en tal momento.*

Este método de análisis Solo puede ser bueno si se recuerda al aplicarlo todo lo que se ha dicho con anterioridad. Hay que pensar que la dialéctica, si nos proporciona una nueva manera de concebir las cosas, exige también conocerlas bien para hablar de ellas y para analizarlas.

Por consiguiente, nos es necesario, ahora que hemos visto en qué consiste nuestro método, tratar en nuestros estudios, en nuestra vida militante y personal, de ver las cosas en su movimiento, en su cambio y no en el estado estático, inmóvil; verlas y estudiarlas también desde todos sus aspectos y no de una manera unilateral. En una palabra, tratar de aplicar en todas partes y siempre el espíritu dialéctico.

VII. *Necesidad de la lucha ideológica*

Ahora sabemos qué es el materialismo dialéctico, forma moderna del materialismo, fundado por Marx y Engels y desarrollado por Lenin. Para esta obra hemos consultado, sobre todo, los textos de Marx y Engels, pero no podemos terminar este curso sin señalar particularmente que la obra filosófica de Lenin es considerable. Por eso se habla hoy del marxismo-leninismo.

Marxismo-leninismo y materialismo dialéctico están indisolublemente unidos y Solo el conocimiento del materialismo dialéctico permite medir toda la extensión, todo el alcance, toda la riqueza del marxismo-leninismo. Esto nos lleva a decir que el *militante no está verdaderamente armado en el sentido ideológico si no conoce el conjunto de esta doctrina.*

La burguesía, que lo ha comprendido bien, se esfuerza por introducir por todos los medios su propia ideología en la conciencia de los trabajadores. Sabiendo perfectamente que, entre todos los aspectos del marxismo-leninismo, el materialismo dialéctico es el peor conocido, la burguesía ha organizado contra él una conspiración de silencio. Es penoso pensar que la enseñanza oficial rechace e ignore tal método y que se continúe enseñando en las escuelas y universidades del mismo modo que hace cien años.

Si antiguamente el método metafísico dominó sobre el método dialéctico fue, como hemos visto, a causa de la ignorancia de los hombres. Hoy la ciencia nos aporta los medios para demostrar que el método dialéctico es el que conviene aplicar en las investigaciones científicas, y es escandaloso que se continúe enseñando a nuestros niños a pensar, a estudiar, con el método surgido de la ignorancia.

Si los sabios en sus investigaciones científicas ya no pueden estudiar en su especialidad sin tener en cuenta lo interpretación de las ciencias, aplicando en eso e inconscientemente una parte de la dialéctica, aportan demasiado a menudo la formación de espíritu que recibieron y que es la de un espíritu metafísico. ¡Cuántos progresos habrían realizado o permitido realizar los grandes sabios que ya han dado grandes cosas a la humanidad –pensamos en Pasteur, Branly, que eran idealistas, creyentes– si hubieran tenido una formación de espíritu dialéctico!

Pero hay una forma de lucha contra el marxismo-leninismo todavía más peligrosa que esta campaña de silencio: son las falsificaciones que la burguesía trata de organizar en el interior mismo del movimiento obrero. Vemos prosperar en este momento a numerosos «teóricos» que se presentan como «marxistas» y que pretenden «renovar», «rejuvenecer» el marxismo. *Las campañas de esta clase eligen muy a menudo como punto de apoyo los aspectos del marxismo menos conocidos y, muy particularmente, la filosofía materialista.*

Así, por ejemplo, hay gente que declara aceptar el marxismo como concepción de la acción revolucionaria, pero no como concepción general del mundo. Declaran que se puede ser perfectamente marxista sin aceptar la filosofía materialista. Conforme a esta actitud general, se desarrollan diversas tentativas de contrabando. Gente que se dice marxista quiere introducir en el marxismo concepciones que son incompatibles con la base misma del marxismo, es decir, con la filosofía materialista.

En el pasado se han conocido tentativas de esta clase. Contra ellas Lenin escribió su libro *Materialismo y empiriocriticismo.* Se asiste en el momento actual, en el periodo de difusión del marxismo, al renacimiento y a la multiplicación de estas tentativas. Pero ¿cómo reconocer, cómo desenmascarar las que precisamente impugnan el marxismo en su aspecto filosófico, si se ignora la filosofía verdadera del marxismo?

VIII. Conclusión

Felizmente, desde hace unos años se observa, en la clase obrera en particular, un formidable impulso hacia el estudio del conjunto del marxismo y un interés creciente precisamente por el estudio de la filosofía materialista. Este es un signo que indica, en la situación actual, que la clase obrera ha sentido particularmente la exactitud de las razones que hemos dado al principio en favor del estudio de la filosofía materialista. Los trabajadores han aprendido, por propia experiencia, la necesidad de vincular la práctica con la teoría y, al mismo tiempo, la necesidad de impulsar el estudio teórico en la materia de lo posible. El papel de cada militante debe consistir en reforzar esta corriente y darle una dirección y un contenido exactos. Nos es grato ver que gracias a la Universidad Obrera de París[6], muchos miles de hombres han aprendido qué es el materialismo dialéctico, y si esto ilustra de una manera sorprendente nuestra lucha contra la burguesía, mostrando *de qué lado* está la ciencia, también nos indica nuestro deber. *Hay que estudiar.* Hay que conocer y hacer conocer el marxismo en todos los medios. Paralelamente a la lucha en la calle y en el lugar de trabajo, los militantes deben conducir *la lucha ideológica.* Su deber es defender nuestra ideología contra todas las formas de ataque y, al mismo tiempo, guiar la *contraofensiva para* la destrucción de la ideología burguesa en la conciencia de los trabajadores. Pero para dominar todos los aspectos de esta lucha hay que estar armado. El militante Solo lo será verdaderamente por el conocimiento del materialismo dialéctico.

En espera de la sociedad sin clases, donde nada trabará el desarrollo de las ciencias, tal es una parte esencial de nuestro deber.

---

[6] Hoy, Universidad Nueva de París.

Libro Segundo
Principios fundamentales

Primera parte
Estudio del método dialéctico marxista

Introducción

I. *¿Qué es la filosofía?*

«Filosofía...»: he aquí una palabra que, de pronto, inspira poca confianza a la mayor parte de los trabajadores. Estos creen que el filósofo es un hombre que no tiene los pies en la tierra. Invitar a las gentes sencillas a «hacer filosofía» –piensan– es, tal vez, como invitarnos a una sesión de maromas, después de la cual la cabeza nos dará vueltas...

Así aparece con frecuencia la filosofía: un juego de ideas sin relación con la realidad; juego oscuro, privilegio de algunos iniciados y, probablemente, juego peligroso, no muy provechoso para las gentes que viven del sudor de su frente.

Un gran filósofo francés, Descartes, condenó mucho antes que nosotros el juego oscuro y peligroso al que algunos querrían reducir la filosofía. Él caracterizaba así a los falsos filósofos:

> [...] La oscuridad de las distinciones y de los principios de los cuales se sirven, es motivo para que puedan hablar de todo tan audazmente como si supieran y sostener todo lo que dicen contra los más sutiles y los más hábiles; sin que se en-

cuentre medio de convencerlos; en lo que me parecen semejantes a un ciego que, para pelearse sin desventaja contra uno
que ve, lo hiciera meterse en el fondo de alguna cueva muy
oscura[1].

Nuestra intención no es conducir al lector a una «cueva
muy oscura». Sabemos que la oscuridad es propicia a los malos
golpes. Existe una filosofía oscura y nociva; pero también existe, como ya lo quería Descartes, una filosofía clara y benéfica,
aquella de la cual hablaba Gorki:

> Sería un error creer que me burlo de la filosofía; no, yo
> estoy en favor de la filosofía, pero de una filosofía que venga
> de abajo, de la tierra, del proceso del trabajo que, estudiando
> los fenómenos de la naturaleza, somete la fuerza de esta últi-
> ma a los intereses del hombre. Estoy convencido de que el
> pensamiento se halla indisolublemente ligado al esfuerzo, y
> no soy partidario del pensamiento mientras este se encuentre
> en estado de inmovilidad, sentado, acostado[2].

La introducción a estos *Principios de filosofía* tiene por
objeto definir la filosofía en general, demostrar luego por qué
debemos estudiarla y cuál es la filosofía que debemos estudiar.

Los antiguos griegos, que contaron con algunos de los más
grandes pensadores que la historia haya conocido, entendían
por filosofía el amor al saber. Ese es el sentido estricto de la
palabra *philosophia* de la cual viene *filosofía*.

«Saber», es decir, «conocimiento del mundo y del hombre».
Este conocimiento permitía enunciar algunas reglas de acción,
determinar cierta actitud ante la vida. El *sabio* era el hombre

---

[1] Descartes: *Le discours de la méthode* (1637), París, Éd. Sociales, 1950, p.
101.
[2] M. Gorki: «El filisteo y las anécdotas» (1931), en *Los pequeño-burgueses.*

que actuaba en todos los momentos de la vida conforme a tales reglas, fundadas en el conocimiento del mundo y del hombre.

La palabra *filosofía* se ha mantenido desde aquella época porque respondía a una necesidad. Con frecuencia se la ha interpretado en muy diferentes significados que provienen de la diversidad de puntos de vista sobre el mundo. Pero el significado más constante es este:

> *concepción general del mundo, de la cual se puede deducir cierta manera de comportarse.*

Un ejemplo, tomado de la historia de Francia, ilustrará esta definición.

Durante el siglo XVIII, los filósofos burgueses en Francia pensaban y enseñaban, apoyándose en las ciencias, que el mundo es cognoscible y concluían que es posible transformarlo para bien del hombre. Y muchos, por ejemplo Condorcet, autor de *Esbozo de un cuadro histórico de los progresos del espíritu humano* (1794) estimaban, en consecuencia, que *el hombre es perfectible,* que puede hacerse mejor, que la sociedad puede volverse mejor.

Un siglo más tarde, en Francia, los filósofos burgueses en su gran mayoría pensaban y enseñaban, a la inversa. que el mundo es incognoscible, que el «fondo de las cosas» se nos escapa y se nos escapará siempre. De ahí la conclusión de que es insensato querer transformar el mundo. Es cierto, concedían, que podemos actuar sobre la naturaleza, pero es una acción superficial, puesto que el «fondo de las cosas» está fuera de nuestro alcance. En cuanto al hombre, es lo que siempre ha sido, lo que será siempre. Existe una «naturaleza humana» cuyo secreto no ....ramos alcanzar. «¿Para qué, en consecuencia, quebrarse la cabeza para mejorar la sociedad?»

Así vemos que *la concepción del mundo* (es decir, la filosofía) no carece de interés, puesto que dos concepciones opuestas conducen a conclusiones *prácticas* opuestas.

En efecto, los filósofos del siglo XVIII quieren transformar la sociedad, porque expresan los intereses *y* las aspiraciones de la burguesía, clase entonces revolucionaria que lucha contra el feudalismo. En cuanto a los filósofos del siglo XIX, expresan (sépanlo o no) los intereses de esta burguesía que se ha vuelto conservadora: clase en lo sucesivo dominante, le causa temor el ascenso revolucionario del proletariado. Estima que no hay nada que cambiar en un mundo que le da la mejor parte. Los filósofos *justifican* tales intereses cuando desvían a las gentes de toda empresa que aspire a transformar la sociedad. Ejemplo: los positivistas (su jefe de filas, Auguste Comte, pasa a los ojos de muchos por «reformador social»; en realidad, está profundamente convencido de que el reino de la burguesía es eterno y su «sociología» ignora las fuerzas productivas y las relaciones de producción[3] lo que la condena a la impotencia); los eclécticos (su jefe, Victor Cousin, fue el filósofo oficial de la burguesía; justificó la opresión del proletariado y especialmente los fusilamientos en masa del junio de 1848, en nombre de lo «verdadero», de lo «bello», del «bien», de la «justicia», etc.); el bergsonismo (Bergson, a quien la burguesía exaltó en la década de 1900, es decir, en la época del imperialismo, hizo todos los esfuerzos por desviar al hombre de la realidad concreta, de la acción sobre el mundo, de la lucha para transformar la sociedad; el hombre, decía, debe consagrarse a su «yo profundo», a su vida «interior»; el resto no tiene gran importancia y, en consecuencia, los que medran a costa del trabajo de los demás pueden dormir tranquilos).

La misma clase social, la burguesía francesa, ha tenido, pues, dos filosofías bien diferentes de un siglo al otro, porque, revolucionaria en el siglo XVIII, se volvió conservadora e incluso reaccionaria en el XIX. Nada más sorprendente que la confrontación de los dos textos que ofrecemos a continuación. El

---

[3] Sobre las fuerzas productivas y las relaciones de producción, véase la lección 15.

primero data de 1789, año de la revolución burguesa. Es de un revolucionario burgués, Camille Desmoulins, quien saluda en estos términos los tiempos nuevos:

> ¡Fiat! ¡Fiat! Sí, esta Revolución afortunada, esta regeneración, va a realizarse; ningún poder de la tierra puede impedirlo. ¡Sublime efecto de la filosofía, de la libertad y del patriotismo! Nos hemos hecho invencibles[4].

Y he aquí el otro texto. Data de 1848. Es del señor Thiers, estadista burgués que defiende los intereses de su clase en el poder contra el proletariado.

> ¡Ah! si fuera como antes, si la escuela siguiera en poder del cura o del sacristán, estaría lejos de oponerme a la extensión de las escuelas para los niños del pueblo... Exijo formalmente algo diferente de estos maestros laicos, detestables en su número demasiado grande; quiero hermanos, aunque antes haya podido desconfiar de ellos, incluso ahí quiero hacer todopoderosa la influencia del clero; exijo que la acción del cura sea fuerte, mucho más fuerte de lo que es, porque cuento en gran medida con él para propagar esta filosofía que enseña al hombre que está aquí para sufrir y no esa otra filosofía que dice lo contrario al hombre: goza, porque... estás aquí abajo para *tu pequeña dicha* (subrayado en el texto); y si no te satisface tu situación actual, pega sin miedo al rico cuyo egoísmo te niega esta parte de felicidad; quitándole al rico lo superfluo es como asegurarás tu bienestar y el de todos los que están en la misma situación que tú[5].

---

[4] Citado por Albert Soboul: *1789, «El año I de la libertad»,* 2.ª ed., París, Éd. Sociales, 1960, p. 63.
[5] Citado por Georges Cogniot: *La cuestión escolar en 1848 y la ley Falloux,* París, Éd. Hier et Aujourd'hui, 1948, p. 189.

Thiers, se ve, se interesa en la filosofía. ¿Por qué? Porque la filosofía tiene *carácter de clase*. Que los filósofos, en general, no dudan de ello es seguro. Pero toda *concepción del mundo* tiene una significación práctica: es provechosa para ciertas clases y perjudica a las otras. Veremos que también el marxismo es una filosofía de clase.

Mientras que el burgués revolucionario Camille Desmoulins veía en la filosofía un arma al servicio de la revolución, el conservador Thiers ve un arma al servicio de la reacción social: la «buena filosofía», es la que invita a los trabajadores a doblar el espinazo. Así piensa el futuro fusilador de los comuneros.

II. ¿Por qué debemos estudiar la filosofía?

Hoy, tanto en Francia como en los Estados Unidos, los sucesores del señor Thiers promueven procesos contra los marxistas. Quisieran aniquilar no solamente a los marxistas, sino también su filosofía. Lo mismo que el señor Thiers quería matar, con los comuneros, sus ideas de progreso social. El deber de los obreros, y de los trabajadores en general, se encuentra trazado igualmente: oponer una filosofía susceptible de ayudar a la lucha contra los explotadores, a la filosofía que sirve a estos últimos. El estudio de la filosofía, pues, importa mucho a los trabajadores. Esta importancia puede comprenderse, por otra parte, cuando nos colocamos sobre el terreno de los hechos.

Los hechos son la situación cada día más dura de la política que la burguesía, hoy clase dominante, impone al conjunto de los trabajadores de Francia: desocupación y carestía de la vida, oportunidades negadas a los jóvenes; atentados contra las leyes sociales, contra el derecho de huelga y las libertades democráticas; represión, agresiones armadas (especialmente el 14 de julio de 1953 en París), colonización del país por el imperialismo norteamericano, sangrienta y ruinosa guerra del Vietnam, reconstitución de la Wehrmacht (ejército alemán), etc., etc. En estas condiciones, los trabajadores se preguntan: ¿cómo salir de esto? La necesidad de saber *por qué* las cosas son así, se hace cada día más general, cada vez más aguda. ¿De dónde viene el peligro de guerra? ¿De dónde viene el fascismo? ¿De dónde viene la miseria? Los trabajadores de nuestro país quieren *comprender* lo que pasa, quieren comprender *para que esto cambie.*

En estas condiciones, ¿no es claro que, si la filosofía es una concepción del mundo, concepción que tiene consecuencias prácticas, es preciso que los trabajadores que quieren cambiar el mundo tengan una *justa* concepción del mundo? Es tan necesario como apuntar bien para dar en el blanco.

Admitamos que todos los trabajadores piensen que la realidad es incognoscible. En tal caso se encontrarán sin defensa ante la guerra, la desocupación, el hambre. No podrán comprender nada de lo que suceda, todo lo sufrirán como una fatalidad. Ahí precisamente es adonde la burguesía quisiera conducir a los trabajadores. Tampoco descuidará ningún medio para difundir una concepción del mundo conforme a sus intereses. Así se explica la profusión de ideas como esta: «Siempre habrá ricos y pobres». O bien: «La sociedad es una selva y así será siempre; luego, ¡cada uno para sí! Cómete al otro si no quieres que te coman. Obrero, trata de congraciarte con el patrón en detrimento de tus compañeros de trabajo, antes que unirte a ellos para la defensa común de los salarios. Empleada, trata de convertirte en la amante del patrón y disfrutarás más de la vida. Tanto peor para los otros...».

Estas ideas se encuentran a montones en *Selecciones* (del *Reader's Digest*), en la «prensa libre»... Es el veneno con el cual la burguesía quiere corromper la conciencia de los trabajadores y del cual, en consecuencia, estos deben defenderse. Por otra parte, este veneno se encuentra bajo las formas más diversas. Así es como los trabajadores que leen todavía el *Franc-Tireur* compran, sin saberlo, quince francos de veneno por día. Sin saberlo, porque el *Franc-Tireur* patalea, grita que las cosas van mal y que se va a ver lo que se va a ver, pero se guarda muy bien de decir *por qué* las cosas van mal, de mostrar las *causas,* y, sobre todo, se dedica a impedir o a deshacer la unión de los trabajadores, esta unión que es el único medio de «salir de esto».

Todas estas ideas demuestran, en último análisis, una *concepción del mundo,* una filosofía: la sociedad es intangible, hay que tomarla como es, es decir, sufrir la explotación, o bien abrirse un lugarcito a punta de codazos.

> ¡Caramba! ¿Tendremos siempre que averiguar el porqué y el cómo de las cosas que nos suceden? ¡La injusticia se comete todos los días y la fuerza prevalece sobre el derecho!

Esto se puede leer en *Superboy,* uno de los numerosos periódicos que la burguesía destina a los hijos de los trabajadores. Violencia, desprecio al hombre, es, en efecto, lo que conviene a las necesidades de la burguesía agresiva, para quien la guerra de conquista es la actividad normal.

Y aquí viene a cuento recordar lo que Lenin decía en 1920, en el III Congreso de la Federación de las Juventudes Comunistas de Rusia. Describía así la sociedad capitalista:

> La vieja sociedad estaba basada en el principio siguiente: o saqueas a tu prójimo o te saquea él; o trabajas para otro, u otro trabaja para ti; o eres esclavista, o eres tú mismo esclavo. Es natural que los hombres educados en semejante sociedad asimilen, por así decirlo, con la leche materna, la psicología, la costumbre, el concepto de que no hay más que amo, o esclavo, o pequeño propietario, pequeño empleado, pequeño funcionario, intelectual, en una palabra, hombres que se ocupan exclusivamente de tener lo suyo sin pensar en los demás.
>
> Si yo exploto mi parcela de tierra, poco me importan los demás; si alguien tiene hambre, tanto mejor, venderé más caro mi trigo. Si tengo mi puestecito de médico, de ingeniero, de maestro o de empleado, ¿qué me importan los demás? Es posible que si soy indulgente y complazco a los poderosos,

conservaré mi puesto y a lo mejor pueda hacer carrera y llegar a burgués[6].

Es necesario presentarle batalla sin cuartel, fuera de nosotros y en nosotros mismos, a esta vieja filosofía, cara a la burguesía reinante: porque ella cuenta con la gran prensa, la radio, el cine, además de la tradición y los prejuicios... Es necesario aceptar la invitación de Barbusse cuando decía, al evocar esa lucha codo con codo contra las viejas ideas venenosas:

> Vuelve a empezar, si es necesario con una magnífica honradez[7].

Es necesario trabajar para hacerse a las nuevas ideas que llevan a la confianza y no a la desesperación, a la lucha y no a la resignación. Para los trabajadores, esta no es una cuestión secundaria: es una cuestión de vida o muerte, porque no podrán liberarse de la opresión de clase mientras tengan una concepción tal del mundo que los haga capaces de transformarlo *efectivamente*.

Así, Gorki relata en *La madre* cómo en la Rusia de los zares una mujer anciana hasta entonces resignada a todo, sin esperanza, se convirtió en una revolucionaria indomable porque había *comprendido,* gracias a su hijo, heroico combatiente del socialismo, la fuente de los sufrimientos de su pueblo, porque había comprendido que era posible poner fin a esos sufrimientos.

Para aquellos que ya luchan, que se resisten a la resignación, el estudio de la filosofía no será inútil: en efecto, solamente una concepción objetiva del mundo puede darles las *razones* de su lucha.

---

[6] V. I. Lenin: *Marx, Engels y el marxismo,* Moscú, Ed. en Lenguas Extranjeras, 1947, p. 494.
[7] Henri Barbusse: *Paroles d'un combattant,* París, Flammarion, 1920, p. 10.

Sin teoría justa, no existe lucha victoriosa. Algunos creen que basta, para lograrla, con que las condiciones del éxito estén realizadas. Eso es un error, porque todavía falta por *saber* si esas condiciones se han realizado. Y cuanto más se complican las cosas, más importa saber reconocerlas.

Estas observaciones son válidas cuando se trata de la lucha revolucionaria, de la lucha por el socialismo y comunismo. «Sin teoría revolucionaria no hay movimiento revolucionario», dice Lenin.

Pero también son válidas en la lucha por otros objetivos: lucha por las libertades democráticas, por el pan y por la paz.

Así, pues, debemos estudiar por una necesidad *práctica* la filosofía, debemos interesarnos en la concepción general del mundo.

Examinemos ahora más detenidamente cuál es esta filosofía que nos permitirá comprender el mundo y, en consecuencia, luchar por su transformación.

III. *¿Qué filosofía estudiar?*

1. Una filosofía científica: el materialismo dialéctico

Si queremos transformar la realidad (naturaleza y sociedad) tenemos que conocerla. Mediante las diversas ciencias se conoce el mundo. Solo una concepción científica del mundo, pues, puede convenir a los trabajadores en su lucha por una vida mejor. Esta concepción científica es la filosofía marxista, es el *materialismo dialéctico.*

Entonces, viene una pregunta a nuestra mente: ¿qué diferencia hay entre «ciencia» y «filosofía»? ¿No se identifica la segunda con la primera? La filosofía marxista, en efecto, es inseparable de las ciencias, pero es otra cosa. Cada una de las ciencias (física, biología, psicología, etc.) se propone el estudio de las leyes propias de un sector claramente determinado de la realidad. En cuanto al materialismo dialéctico, tiene un doble objeto:

— En su sentido *dialéctico,* estudia las leyes más *generales* del universo, leyes comunes a todos los aspectos de lo real, desde la naturaleza física hasta el pensamiento, pasando por la naturaleza viva y la sociedad. Las próximas lecciones abordarán el estudio de estas leyes. Pero Marx y Engels, fundadores del materialismo dialéctico, no han sacado la dialéctica de su fantasía. El progreso de las ciencias fue lo que les permitió descubrir y formular las leyes más generales, comunes a todas las ciencias, y que expone la filosofía[8].

— Como *materialismo,* la filosofía marxista es una *concepción científica del mundo,* la única científica, es decir, la única conforme a lo que nos enseñan las ciencias. Pero ¿qué enseñan las ciencias? Que el universo es una realidad material, que el hombre no es extraño a esta realidad *y* que puede conocerla y por ello transformarla (como lo demuestran los resultados prácticos obtenidos por las diversas ciencias). Emprenderemos el estudio del materialismo filosófico en las lecciones 8 a 11. El materialismo marxista no se identifica con las ciencias, porque su objetivo no se circunscribe a un aspecto limitado de lo real (ese es el objeto de las ciencias), sino que abarca la concepción del mundo *en su conjunto,* concepción que todas las ciencias admiten implícitamente, aun cuando los sabios no sean marxistas.

«La concepción materialista del mundo –dice Engels– significa sencillamente concebir la naturaleza tal y como es, sin ninguna clase de aditamentos extraños.»

Cada una de las ciencias estudia *un aspecto* de «la naturaleza tal como es». En cuanto a la filosofía marxista, es la «*concepción general* de la naturaleza tal como es». Por lo tanto, aunque no se identifique con las ciencias, es una *filosofía científica.*

El materialismo dialéctico no se identifica con las ciencias, hemos dicho. Pero acabamos de ver también que las ciencias son necesariamente dialécticas (puesto que no pueden consti-

---

[8] Sobre la formación de la teoría marxista, véanse las lecciones 1 y 14.

tuirse si desconocen las leyes más generales del universo) y materialistas (puesto que tienen por objeto el universo material). Luego, el materialismo dialéctico es inseparable de las ciencias. Solo puede progresar apoyándose en ellas; él hace la síntesis de ellas. Pero, a su vez, ayuda poderosamente a las ciencias, como veremos. Por otra parte, se plantea la tarea de *criticar* las concepciones no científicas del mundo, las filosofías antidialécticas y antimaterialistas.

El *materialismo histórico* extiende los principios del materialismo dialéctico a la sociedad (lo que estudiaremos en las lecciones 15 a 21).

El materialismo dialéctico y el materialismo histórico constituyen el *fundamento teórico del socialismo científico* y, en consecuencia, del *comunismo.*

2. Una filosofía revolucionaria: la filosofía del proletariado

Precisamente porque la filosofía marxista es científica y, como tal, tiene que comprobarse en los hechos –la práctica que verifica la teoría–, es al mismo tiempo la filosofía del proletariado, la teoría del partido del proletariado, clase revolucionaria cuyo papel histórico es el de vencer a la burguesía, suprimir el capitalismo y edificar el socialismo.

En la lección 14 volveremos a tratar sobre la importancia del vínculo que une el proletariado al marxismo. Pero conviene mostrarlo desde ahora.

En efecto, si el proletariado se ha adherido a la filosofía marxista, la ha asimilado y enriquecido, es porque su lucha por *transformar* la sociedad –sociedad de la cual es víctima– le fijaba la tarea de *comprender* esta sociedad, de estudiarla científicamente. La burguesía, al defender sus intereses de clase privilegiada, trata de hacer olvidar que su dominación se basa en la explotación capitalista porque reconocer la realidad sería contrario a sus intereses de clase explotadora. Por *interés de clase,* la burguesía, cada vez más, vuelve la espalda a la verdad.

Muy diferente es la posición del proletariado. Su interés de clase explotada que quiere sacudir el yugo, es mirar al mundo de frente. La clase explotadora tiene necesidad de la mentira para perpetuar la explotación; la clase revolucionaria tiene necesidad de la Verdad para terminar con la explotación. Necesita una concepción justa del mundo para cumplir debidamente su tarea revolucionaria.

Ver al mundo de frente, tal cosa es el materialismo.

Ver al mundo en su desarrollo real, eso es el materialismo dialéctico (puesto que la dialéctica, estudia las leyes que explican el desarrollo de la sociedad).

Podemos decir, pues, que como filosofía científica, el materialismo dialéctico se ha convertido, por eso mismo, en la filosofía de la clase revolucionaria, de la clase cuyo interés es comprender la sociedad para liberarse de la explotación. El marxismo es la filosofía científica del proletariado.

Andréi Zhdánov ha podido decir:

> La aparición del marxismo como filosofía científica del proletariado pone fin al periodo antiguo de la historia de la filosofía, cuando la filosofía era una ocupación de solitarios, patrimonio de escuelas compuestas de un pequeño número de filósofos y discípulos sin comunicación con el mundo exterior, separados de la vida y del pueblo, extraños al pueblo.
>
> El marxismo no es una escuela filosófica de esta clase. Muy por el contrario, surge como una superación de la antigua filosofía, cuando esta era el patrimonio de algunos elegidos, de una aristocracia del espíritu, y como el comienzo de un periodo totalmente nuevo en el cual *la filosofía llega a ser un arma científica en manos de las masas proletarias en lucha por su emancipación*[9].

---

[9] A. Zhdánov: *Literatura y filosofía,* Montevideo, Ediciones Pablo Quiroz, 1948, pp. 44-45.

Esta filosofía es la que estudiaremos porque, como filosofía científica, proporciona a los trabajadores la luz que aclara su lucha. A los trabajadores, y no solamente a los proletarios, puesto que los trabajadores manuales e intelectuales son los aliados del proletariado revolucionario, y tienen los mismos intereses, contra la burguesía capitalista. El estudio del marxismo, filosofía científica del proletariado, es necesario, pues, a todos los que, proletarios o no, quieren disipar las mentiras propicias al reinado de la *burguesía.* Como toda ciencia, la teoría marxista es accesible a todo hombre, sea cual fuere su clase: así, un burgués puede ser marxista, si se pone al lado del proletariado, si se coloca desde el punto de vista del proletariado.

Pero el vínculo indisoluble que une el marxismo al proletariado nos permite comprender que la filosofía marxista, filosofía del proletariado, es necesariamente una *filosofía de partido.* En efecto, el proletariado no puede vencer a la burguesía sin un partido revolucionario, que posea la ciencia de las sociedades. Esta idea se encuentra expresada ya por Marx y Engels en el *Manifiesto del Partido Comunista* y Lenin dice:

> Marx y Engels, que eran en filosofía, desde el principio hasta el fin, unos hombres de partido[10].

Así fueron sus mejores discípulos, especialmente Lenin.

IV. Conclusión: unidad de la teoría y de la práctica

Para los trabajadores, y en particular para los proletarios, el estudio de la filosofía marxista no es un lujo: es un *deber de clase.* No cumplir este deber, es dejar el campo libre a las concepciones anticientíficas y reaccionarias que sirven a la opresión burguesa y es privar al movimiento obrero de la brújula que indica el camino.

---

[10] V. I. Lenin: *Materialismo y empiriocriticismo,* Moscú, Ed. en Lenguas Extranjeras, 1948, p. 393.

La burguesía teme a la filosofía del proletariado *y* le hace la guerra por todos los medios. Durante décadas ha tratado de ignorar la teoría marxista, descartándola de las universidades. Después, a medida que el materialismo dialéctico aumentaba su influencia (al mismo tiempo que aumentaba la autoridad de la clase obrera) ha tenido que valerse de mañas: los ideólogos burgueses han cambiado de táctica desde entonces. Han dicho: «Es claro que el marxismo era bueno antes. Pero, hoy, el *marxismo está sobrepasado*». De allí las innumerables tentativas de «revisar» el marxismo. Pero es significativo que todas estas tentativas pasen por una operación preliminar: la liquidación o la falsificación de los fundamentos filosóficos del marxismo, la liquidación o la falsificación del materialismo dialéctico.

La burguesía ha encontrado para este trabajo la ayuda apresurada de los jefes de la socialdemocracia internacional. Particularmente, en Francia, la ayuda de Léon Blum. En su libro *A la medida humana* [*À l'échelle humaine,* 1946], niega la necesidad, para el socialismo, de una filosofía materialista, con desprecio de las enseñanzas constantes de Marx. Y los jefes de la Internacional Socialista se colocan abiertamente bajo el ala de la religión:

> El marxismo, el materialismo dialéctico e histórico, no son necesarios, en absoluto, al socialismo, la inspiración religiosa es igualmente válida[11].

Veremos que tales operaciones tienen por consecuencia poner en entredicho la lucha de clases, es decir, la revolución.

Pero el silencio y las falsificaciones no pueden cambiar nada la verdad del materialismo dialéctico y del materialismo histórico. Los hechos son los hechos. Y, por ejemplo, actualmente se ve cómo se agudizan las contradicciones entre los

---

[11] Estatutos de la nueva «Internacional Socialista» (COMISCO transformado).

diversos Estados capitalistas, unidos sin embargo en una misma coalición contra el país del socialismo. Los propios capitalistas comprueban esta situación. Pero esto había sido previsto y descrito por los marxistas leninistas al desarrollar y enriquecer la teoría marxista.

Ahí están los hechos. La victoria del socialismo, después la construcción del socialismo en la URSS, el impulso de las democracias populares, los progresos de los partidos obreros marxistas-leninistas, son otras tantas pruebas de la soberana potencia de la teoría marxista. En cuanto a las filosofías burguesas, estas Solo pueden registrar (y tratar de justificar, sin explicarlas) la agudización de la crisis general del capitalismo.

Sin embargo, hay un punto que jamás deben olvidar los que emprenden el estudio de la filosofía marxista: como filosofía científica del proletariado revolucionario, el marxismo *jamás separa la teoría* (es decir, el conocimiento) *de la práctica* (es decir, de la acción). Marx, Engels y sus discípulos han sido a la vez pensadores y hombres de acción. Por otra parte, esta ligazón orgánica entre la teoría y la práctica es lo que ha permitido al marxismo su enriquecimiento: cada etapa del movimiento revolucionario ha preparado un nuevo adelanto de la teoría. No se pueden asimilar los principios del marxismo si no se participa en la acción revolucionaria, que pone de manifiesto la fecundidad de ello... La teoría marxista-leninista no es un dogma, sino una guía para la acción, como dice Engels.

1. El método dialéctico

I. ¿Qué es un método?

Se entiende por «método» la vía mediante la cual se logra un fin. Los más grandes filósofos, como Descartes, Spinoza, Hegel, han estudiado con atención los problemas del método, porque les preocupaba descubrir el medio más racional de alcanzar la verdad. Los marxistas quieren ver la realidad de frente, más allá de las apariencias inmediatas y de las mistificaciones: el método, pues, también tiene para ellos una gran importancia. Solo un método científico les permitirá elaborar esta concepción científica del mundo que es necesaria para la acción transformadora, revolucionaria.

La *dialéctica,* he aquí precisamente este método, el único rigurosamente apropiado para una concepción *materialista* del mundo.

Consagraremos las seis lecciones siguientes de este tratado al método dialéctico. Pero es conveniente que estemos preparados para una primera apreciación, que será facilitada mediante la comparación entre el método dialéctico (que es científico) y el método metafísico (que es anticientífico).

II. El método metafísico

1. Sus caracteres

Hemos comprado un par de zapatos amarillos. Al cabo de cierto tiempo, después de múltiples reparaciones, en las que hemos hecho cambiar suelas y tacones y puesto algunos remiendos, etc., nos decimos todavía: «Voy a ponerme mis zapatos amarillos», sin darnos cuenta de que ya *no son los mismos.* Pasamos por alto el cambio que han sufrido nuestros zapatos, los seguimos considerando como nuevos, como *idénticos.*

Este ejemplo nos va a ayudar a comprender lo que es un método metafísico. Tal método, según la expresión de Engels, considera las cosas «como hechas de una vez por todas»: como inmutables. El movimiento, y en consecuencia también las causas del cambio, pasan inadvertidos.

Un estudio histórico de la metafísica dejaría muy atrás al modesto par de zapatos, pues ese ejemplo ya no bastaría. Indiquemos simplemente que la palabra «metafísica» viene del griego *meta,* cuyo significado puede interpretarse como más allá, y *física,* ciencia de la naturaleza. El objeto de la metafísica (especialmente en Aristóteles), es el estudio del ser que se encuentra más allá de la naturaleza. Mientras que la naturaleza es movimiento, el ser que se encuentra más allá de la naturaleza (ser sobrenatural) es inmutable, eterno. Algunos le llaman Dios, otros lo Absoluto, etc. Los materialistas, que se apoyan exclusivamente en la ciencia, consideran que este ser es imaginario (véase lección 9). Pero como los antiguos griegos no lograron explicarse el movimiento, algunos de sus filósofos creyeron necesario plantear, más allá de la naturaleza en movimiento, un principio eterno.

Si hablamos, pues, del *método metafísico* nos referimos a un método que ignora o desconoce la realidad del movimiento y del cambio. No ver que mis zapatos ya no son los mismos, es una actitud metafísica. La metafísica ignora el movimiento en favor del reposo, el cambio en favor de lo idéntico. «Nada hay nuevo bajo el sol», afirma. Así, es razonar en plan metafísico creer que el capitalismo es eterno, que los males y los vicios (corrupción, egoísmo, crueldad, etc.) engendrados o mantenidos entre los hombres, existirán siempre. Para el metafísico el hombre es, pues, eterno, inmutable.

¿Por qué? Porque separa al hombre de su medio, la sociedad. Dice: «De un lado, el hombre; del otro, la sociedad. Si se destruye la sociedad capitalista, se tendrá una sociedad socialista. ¿Y después? El hombre seguirá siendo el hombre». Aquí observamos un segundo rasgo de la metafísica: separa arbitrariamente lo que en la realidad es inseparable. El hombre es, en efecto, un producto de la historia de las sociedades: lo que es, no lo es fuera de la sociedad sino por ella. El método metafísico aísla lo que en realidad está unido. Clasifica de una sola vez todas las cosas. Dice, por ejemplo, aquí la política, allá el sindicato. Ciertamente, la política y el sindicato son dos cosas. Pero la experiencia de la vida nos demuestra que la política y el sindicato no son inseparables. Lo que pasa en el sindicato repercute sobre la política y, a la inversa, la actividad política

(Estados, partidos, elecciones, etc.) tienen su repercusión sobre el sindicato.

El aislamiento conduce al metafísico, en todas las circunstancias, a razonar así: «Una cosa es *o bien* esto *o bien* aquello. No puede ser *a la* vez esto y aquello». Ejemplo: la democracia no es la dictadura; la dictadura no es la democracia. Por lo tanto, un Estado es *o bien* democracia *o bien* dictadura. ¿Pero qué enseña la vida? La vida enseña que *un mismo* Estado puede ser *a la vez* dictadura y democracia. El Estado burgués (los Estados Unidos, por ejemplo) es democracia para una minoría de grandes financieros que poseen todos los derechos, todo el poder y es dictadura sobre la mayoría, sobre las gentes sencillas que no tienen más que derechos ilusorios. El Estado popular (por ejemplo, China) es dictadura frente a los enemigos del pueblo, la minoría explotadora expulsada del poder mediante la violencia revolucionaria; es democracia para la inmensa mayoría, para los trabajadores liberados de la opresión.

En suma, el metafísico se encuentra en el caso de oponerlos como absolutamente inconciliables, porque define las cosas de una vez por todas (¡seguirán siendo lo que son!) y porque las aísla celosamente. Cree que dos contrarios no pueden existir al mismo tiempo. Un ser, dice, o bien está vivo o bien está muerto: le parece inconcebible que un ser pueda estar a la vez vivo y muerto; sin embargo, en el cuerpo humano, por ejemplo, las células nuevas reemplazan a cada instante a las células que mueren. La vida del cuerpo es precisamente esa lucha incesante entre fuerzas contrarias.

Negación del cambio, separación de lo que es inseparable, exclusión sistemática de los contrarios, tales son los caracteres del método metafísico. Tendremos oportunidad de estudiarlos más profundamente en las lecciones siguientes, oponiéndolos a los rasgos que caracterizan el método dialéctico. Pero desde ahora podemos presentir los peligros de un método metafísico para la investigación de la verdad y la acción sobre el mundo. La metafísica deja escapar inevitablemente la esencia de la realidad, que es cambio incesante, transformación. No puede ver más que un aspecto de esta realidad infinitamente rica y reducir la totalidad a una de sus partes, todo el bosque a uno de sus árboles. No se amolda a la realidad, como lo hace la dialéctica, sino que quiere constreñir la realidad viviente a fijarla en sus cuadros muertos, lo que es una tarea condenada al fracaso.

Una vieja leyenda griega relata las fechorías de un bandido, Procusto, que acostaba a sus víctimas sobre una cama de pequeñas dimensiones. Si la víctima era demasiado grande y no cabía en la cama, le cortaba las piernas a la medida; si era demasiado pequeña para la cama, la descuartizaba... Así es como la metafísica tiraniza los hechos. Pero estos son tercos.

2. Su significación histórica

Antes de saber dibujar los objetos en movimiento, es necesario aprender a dibujarlos inmóviles. Así sucede también, en cierta medida, con la historia de la humanidad. En los tiempos en que esta todavía no estaba en condiciones de elaborar un método dialéctico, el método metafísico le prestó grandes servicios.

> El viejo método de investigación y de pensamiento que Hegel llama «metafísico», método que se ocupaba preferentemente de la investigación de los *objetos* como algo hecho y fijo, y cuyos residuos embrollan todavía con bastante fuerza las cabezas, tenía en su tiempo una gran razón histórica de ser. Había que investigar las cosas antes de poder investigar los procesos. Había que saber lo que era tal o cual objeto, antes de pulsar los cambios que en él se operaban. Y así acontecía en las Ciencias Naturales. La vieja metafísica que enfocaba los objetos como cosas fijas e inmutables, nació de una ciencia de la naturaleza que investigaba las cosas muertas y las vivas como objetos fijos e inmutables[12].

---

[12] F. Engels: *Ludwig Feuerbach y el fin de la filosofía clásica alemana,* en K. Marx y F. Engels, *Obras escogidas* en dos tomos, Madrid, Akal, 2016, t. II, p. 410.

En sus principios, la ciencia de la naturaleza no podía proceder de otro modo. *Primero* era necesario reconocer las especies vivientes, distinguirlas cuidadosamente unas de otras, clasificarlas: un vegetal no es un animal, un animal no es un vegetal, etc. En física lo mismo: fue necesario, *primero* separa el calor, la luz, la masa, etc., so pena de confusión, y dedicarse primero al estudio de los fenómenos más simples. Por eso durante muy largo tiempo la ciencia no pudo analizar el movimiento y atribuyó mayor importancia al reposo. Después, cuando se llegó al estudio científico del movimiento (con Galileo y Descartes), se mantuvo primero en la forma más simple del movimiento, en la más accesible (cambio de lugar).

Pero los progresos de las ciencias debían conducirlas a romper los cuadros metafísicos.

> Cuando estas investigaciones estaban ya tan avanzadas que era posible realizar el progreso decisivo, consistente en pasar a la investigación sistemática de los cambios experimentados por aquellos objetos en la naturaleza misma, sonó también en el campo filosófico la hora final de la vieja metafísica[13].

III. El método dialéctico

1. Sus caracteres

> [...] la dialéctica, que concibe las cosas y sus imágenes conceptuales, esencialmente, en sus conexiones, en su concatenación, en su dinámica, en su proceso de génesis y caducidad[14].

---

[13] *Ibid.,* p. 410.
[14] F. Engels: *Anti-Dühring,* Montevideo, EPU, 1960, p. 32.

Así es como la dialéctica se opone a la metafísica, en todos los puntos. No quiere decir esto que la dialéctica no admite reposo ni separación entre los diversos aspectos de lo real, sino que ve en el reposo un aspecto relativo de la realidad, mientras que el movimiento es absoluto; igualmente, considera que toda separación es relativa, porque en la realidad todo se mantiene de un modo u otro, todo se encuentra en interacción. Estudiaremos las leyes de la dialéctica en las seis lecciones siguientes.

Atenta al movimiento en todas sus formas (no simplemente el cambio de lugar, sino también los cambios de estado, por ejemplo: el agua líquida se convierte en vapor de agua), la dialéctica explica el movimiento mediante la *lucha de los contrarios.* Esta es la ley más importante de la dialéctica, a la cual consagraremos las lecciones 5, 6 y 7. El metafísico aísla los contrarios, los considera sistemáticamente como incompatibles. El dialéctico descubre que no pueden existir el uno sin el otro, que todo movimiento, todo cambio, toda transformación, se explica mediante su lucha. En el punto 2 de esta lección indicamos que la vida del cuerpo es el producto de una lucha incesante entre las fuerzas de la vida y las fuerzas de la muerte, victoria que la vida conquista sin cesar sobre la muerte, pero victoria que la muerte disputa sin cesar a la vida.

Del mismo modo, todo ser orgánico es, en todo instante, el mismo y otro; en todo instante va asimilando materias absorbidas del exterior y eliminando otras de su seno; en todo instante, en su organismo mueren unas células y nacen otras; y, en el transcurso de un periodo más o menos largo, la materia de que está formado ese organismo se renueva completamente, y nuevos átomos de materia vienen a ocupar el lugar de los antiguos, por donde todo ser orgánico es, al mismo tiempo, el que es y otro distinto. Asimismo, nos encontramos, observando las cosas detenidamente, con que los dos polos de una antítesis, el positivo y el negativo, son tan inseparables como antitéticos el uno del otro y que, pese a todo su antagonismo, se compenetran recíprocamente; y vemos igualmente que la causa y el efecto son representaciones que Solo rigen como tales en su aplicación al caso aislado, pero que, examinando el caso aislado en su concatenación general con la imagen total del universo, convergen y se diluyen cuando contemplamos una trama universal de acciones y reacciones, en que las causas y los efectos cambian constantemente de sitio y en que lo que ahora y aquí es efecto, adquiere luego y allí carácter de causa y viceversa[15].

Igual sucede en la sociedad: veremos que la lucha de los contrarios se encuentra de nuevo bajo la forma de la lucha de clases. Es otra vez la lucha de los contrarios, que es la fuerza motriz del pensamiento. (Véase especialmente la lección 6, punto 3.)

2. Su formación histórica

El mérito de haber esbozado la dialéctica se debe a los filósofos griegos. Ellos concebían la naturaleza como una totalidad. Heráclito enseñaba que todo se transforma: jamás nos bañamos en el mismo río, decía. La lucha de los contrarios tiene un lugar principal entre ellos, especialmente en Platón, que insiste sobre la fecundidad de esta lucha; los contrarios se engendran unos a otros[16]. La palabra *dialéctica* viene directa-

---

[15] F. Engels: *Anti-Dühring*, Montevideo, EPU, 1960, p. 32. Dos ejemplos muy sencillos de esta interacción en que la causa se convierte en efecto y el efecto en causa: el agua de los mares y de los ríos engendra, por evaporación, las nubes; estas, a su vez, se convierten en lluvia que vuelve al suelo. La sangre, a la cual el corazón pone en movimiento, tiene necesidad de los pulmones para que le den oxígeno; los pulmones no pueden funcionar sin la circulación sanguínea.

[16] Un bello ejemplo de la dialéctica platónica puede encontrarse en uno de sus más célebres diálogos, de acceso relativamente fácil: *Fedón*.

mente del griego: *dialegein,* discutir. Expresa la lucha de las ideas contrarias.

Entre los más eminentes pensadores del periodo moderno, en particular Descartes y Spinoza, se encuentran notables ejemplos de razonamiento dialéctico.

Pero fue el gran filósofo alemán Hegel (1770-1831), cuya obra se desarrolla en el periodo que sigue inmediatamente a la Revolución francesa, quien formuló por primera vez, de modo genial, el método dialéctico. Como admirador de la revolución burguesa que, triunfante en Francia, echó abajo la sociedad feudal que se creía eterna, Hegel realiza una revolución análoga en el campo de las ideas: destrona la metafísica y sus verdades eternas. La verdad no es una colección de principios inmutables, es un proceso histórico, el paso de los grados inferiores a los grados superiores del conocimiento. Su movimiento es el de la propia ciencia, que solamente progresa a condición de criticar sin cesar sus propios resultados, de sobrepasarlos. Así vemos que, para Hegel, el motor de toda transformación es la lucha de los contrarios.

Sin embargo, Hegel era *idealista.* Es decir, que para él la naturaleza y la historia humana Solo constituían una manifestación, una revelación, de la Idea increada. La dialéctica hegeliana seguía siendo, pues, puramente espiritual

Marx (que primero fue discípulo de Hegel), supo reconocer en la dialéctica el único método científico. Pero también supo, como *materialista,* ponerla en su lugar: repudiando la concepción idealista del mundo, según la cual el universo material es un producto de la Idea, comprendió que *las leyes de la dialéctica son las leyes del mundo material* y que, si el pensamiento es dialéctico, es porque los hombres no son ajenos a este mundo, sino que forman parte de él.

> Como vemos en Hegel, el desarrollo dialéctico que se revela en la naturaleza y en la historia, es decir, la concatenación causal del progreso que va de lo inferior a lo superior y

que se impone a través de todos los zigzags y retrocesos momentáneos, no es más que un cliché del automovimiento del concepto; movimiento que existe y se desarrolla desde toda una eternidad, no se sabe dónde, pero desde luego con independencia de todo cerebro humano pensante. Esta inversión ideológica era la que había que eliminar. Nosotros retornamos a las posiciones materialistas y volvimos a ver en los conceptos de nuestro cerebro las imágenes de los objetos reales, en vez de considerar a estos como imágenes de tal o cual fase del concepto absoluto. Con esto, la dialéctica quedaba reducida a la ciencia de las leyes generales del movimiento, tanto el del mundo exterior como el del pensamiento humano: dos series de leyes idénticas en cuanto a la cosa, pero distintas en cuanto a la expresión, en el sentido de que el cerebro humano puede aplicarlas conscientemente, mientras que en la naturaleza, y hasta hoy también, en gran parte, en la historia humana, estas leyes se abren paso de un modo inconsciente, bajo la forma de una necesidad exterior, en medio de una serie infinita de aparentes casualidades. Pero, con esto, la propia dialéctica del concepto se convertía simplemente en el reflejo consciente del movimiento dialéctico del mundo real, lo que equivalía a convertir la dialéctica hegeliana en producto de la cabeza; o mejor dicho, a invertir la dialéctica, que estaba cabeza abajo, poniéndola de pie[17].

Marx, en suma, rechaza la corteza idealista del sistema hegeliano para conservar el «núcleo racional», es decir, la dialéctica. Él mismo lo dice muy claramente en el segundo prefacio de *El capital* (enero de 1873):

Mi método dialéctico no Solo es fundamentalmente distinto del método de Hegel, sino que es, en todo y por todo,

---

[17] F. Engels: *Ludwig Feuerbach y el fin de la filosofía clásica alemana,* en K. Marx y F. Engels, *Obras escogidas* en dos tomos, cit., t. II, pp. 408-409.

la antítesis de él. Para Hegel, el proceso del pensamiento, al que él convierte incluso, bajo el nombre de idea, en sujeto con vida propia, es el demiurgo de lo real, y esto la simple forma externa en que toma cuerpo. Para mí, lo ideal no es, por el contrario, más que lo material traducido y traspuesto a la cabeza del hombre[18].

¿Cómo llegaron Marx y Engels a este cambio decisivo? La respuesta se encuentra en sus escritos. Lo que los condujo a pensar que la dialéctica tiene un fundamento objetivo, fue el avance de las ciencias naturales a fines del siglo XVIII y en las primeras décadas del siglo XIX.

En este aspecto, tres grandes descubrimientos tuvieron un papel determinante:

1. El descubrimiento de la célula viva, a partir de la cual se desarrollan los organismos más complejos.

2. El descubrimiento de la transformación de la energía: calor, electricidad, magnetismo, energía química, etc., son formas cualitativamente diferentes de una misma realidad material.

3. El transformismo, debido a Darwin. Apoyándose en los datos de la paleontología y de la crianza de ganado, el transformismo demostró que todos los seres vivientes (incluso el hombre) son productos de una evolución natural (Darwin: *El origen de las especies,* 1859).

Estos descubrimientos, como por otra parte el conjunto de las ciencias de la época (por ejemplo: la hipótesis de Kant y Laplace que explicaban el origen del sistema solar a partir de una nebulosa; o aún más: el nacimiento de la geología, que reconstruye la historia del globo terrestre), demostraban el ca-

---

[18] K. Marx: *El capital,* trad. de W. Roces, 2.ª ed. t. I, p. XXIII, México, Fondo de Cultura Económica, 1959.

rácter dialéctico de la naturaleza, como unidad de un inmenso todo en devenir que se desarrolla según las leyes necesarias, engendrando sin cesar aspectos nuevos; la especie y las sociedades humanas constituyen un momento de este devenir universal.

La conclusión de Marx y Engels consistió en que, para comprender esta realidad profundamente dialéctica, era necesario renunciar al método metafísico, que rompe la unidad del mundo y estaciona su movimiento; se necesitaba un método dialéctico, el método que Hegel había reivindicado, aunque sin revelar sus fundamentos objetivos.

El método dialéctico, pues, no fue introducido por Marx y Engels desde fuera, arbitrariamente. Ellos lo tomaron de las propias ciencias, en tanto que estas tienen por objeto la naturaleza objetiva, que es dialéctica[19].

Por eso Marx y Engels, durante toda su vida, siguieron muy de cerca el progreso de las ciencias: el método dialéctico se precisó, a medida que se profundizaban los conocimientos del universo. De acuerdo con Marx (quien por su parte, impulsando la Economía política, redactaba *El capital*), Engels consagró largos años al estudio minucioso de la filosofía y de

---

[19] Los materialistas franceses del siglo XVIII (Diderot, D'Holbach, Helvetius) en quienes Marx reconoce sus antecesores directos, puesto que hace suya su concepción materialista del mundo, no habían logrado descubrir el método dialéctico. ¿Por qué? Porque la ciencia del siglo VIII no lo permitía. Las ciencias de la materia viva estaban entonces en su infancia: acabamos de ver el papel importantísimo que debían desempeñar en la formación del materialismo dialéctico, al aportar la idea de *evolución,* idea dialéctica por excelencia (una especie se transforma en otra). La ciencia dominante en el siglo XVIII era la *mecánica* racional de Newton, que Solo conocía la forma más sencilla del movimiento, el cambio de lugar, el desplazamiento; el universo era entonces comparado a un reloj que se repite sin cesar.

He aquí por qué se ha llamado *mecanicista* al materialismo del siglo XVIII. En esto es metafísico, puesto que no comprende el cambio; ignora en particular la lucha de los contrarios. Volveremos a referirnos al materialismo mecanicista (metafísico), especialmente en la lección 9.

las ciencias naturales. Escribió de este modo, en 1877-1878, el *Anti-Dühring.* Había comenzado la redacción de una vasta obra de síntesis, *Dialéctica de la naturaleza,* de la cual dejó varios capítulos, obra que pone al día las ciencias de la época, notablemente aclaradas mediante el método dialéctico.

Esta fecundidad del método dialéctico debía ganar para el marxismo, mediante un movimiento que se amplía más cada día, numerosos sabios de todas las disciplinas. En Francia, el tipo clásico de ellos es el eminente físico Paul Langevin, quien fue también un gran ciudadano, un admirable patriota.

Esta fecundidad del método dialéctico debía ser comprobada con los propios Marx y Engels. Combatientes revolucionarios no menos que hombres de pensamiento, resolvieron, *porque eran dialécticos,* el problema que sus más geniales precursores no habían sabido plantear correctamente: aplicando la dialéctica materialista a la historia humana, *fundaron, en efecto, la ciencia de las sociedades* (que tiene por teoría general el materialismo histórico). Veremos cómo hicieron este descubrimiento fundamental (lección 14). De ese modo, dieron una base científica al socialismo.

Se comprende entonces que la burguesía, por interés de clase, haya declarado la guerra a la dialéctica. La dialéctica.

> [...] provoca la cólera y es el azote de la burguesía y de sus portavoces doctrinarios, porque en la inteligencia y explicación positiva de lo que existe abriga a la par la inteligencia de su negación, de su muerte forzosa; porque, *crítica y revolucionaria por esencia,* enfoca todas las formas actuales en pleno movimiento, sin omitir, por tanto, lo que tiene de perecedero y sin dejarse intimidar por nada» [subrayado por nosotros, G. B. y M. C.][20].

---

[20] K. Marx: *El capital,* ed. esp. cit., t. 1, p. XXIV.

Por eso la burguesía busca refugio en la metafísica; tendremos oportunidad de demostrarlo.

IV. *Lógica formal y método dialéctico*

Es conveniente terminar esta primera lección con algunas observaciones sobre la lógica.

Hemos visto (punto II, 2) que las ciencias en sus comienzos solamente podían emplear un método metafísico.

Generalizado este método, los filósofos griegos (especialmente Aristóteles) habían enunciado cierto número de reglas universales, que el pensamiento debía seguir en todas las circunstancias a fin de prevenir errores. El conjunto de estas reglas tomó el nombre de *lógica*. La lógica tiene por objeto el estudio de los principios y las reglas que debe seguir el pensamiento en la búsqueda de la verdad. Estos principios y reglas no se toman de la fantasía, sino surgen del contacto repetido del hombre con la naturaleza: la naturaleza es la que ha hecho *lógico* al hombre, la que le ha enseñado que no se puede hacer cuanto se quiera.

He aquí las tres reglas principales de la lógica tradicional, llamada lógica formal:

1. *El principio de identidad:* una cosa es idéntica a sí misma. Un vegetal es un vegetal; un animal es un animal. La vida es la vida; la muerte es la muerte. Los lógicos, adoptando una fórmula para este principio, dicen: *a es a.*

2. *El principio de no contradicción:* una cosa no puede ser al mismo tiempo ella y su contrario. Un vegetal no es un animal; un animal no es un vegetal. La vida no es la muerte; la muerte no es la vida. Los lógicos dicen: *a no es no-a.*

3. *El principio del tercero excluido* (o exclusión del tercer caso). Entre dos posibilidades contradictorias no hay lugar para una tercera. Un ser es un animal o un vegetal: no hay tercera posibilidad. Hay que elegir entre la vida y la muerte,

no hay tercer caso. Si *a* y *no-a* son contradictorias, un mismo objeto es *o bien a o bien no-a.*

¿Es válida esta lógica? Sí, porque refleja la experiencia acumulada durante siglos, pero en cuanto se quiere profundizar en la investigación, *es insuficiente.* Entonces aparece, en efecto –para utilizar los ejemplos citados antes–, que existen seres vivientes que no se pueden clasificar rigurosamente en la categoría de los animales o en la categoría de los vegetales porque participan de ambas categorías, son *lo uno y lo otro.* Igualmente, no hay vida absoluta ni muerte absoluta: todo ser vivo se renueva en una lucha constante contra la muerte; toda muerte lleva en sí los elementos de una vida nueva (la muerte no es la abolición de la vida sino la descomposición de un organismo). Aunque válida dentro de ciertos límites, la lógica clásica es impotente, pues, para penetrar en lo más profundo de la realidad. Querer hacer que dé más de lo que puede dar, es precisamente caer en la *metafísica.* La lógica tradicional no es falsa en sí; pero si se pretende aplicarla fuera de sus límites, engendra el error.

Es cierto que un animal no es un vegetal; *es cierto y sigue siendo cierto,* que, conforme al principio de no contradicción, es necesario guardarse de las confusiones. La dialéctica no es la confusión. Pero la dialéctica dice que *también es cierto* que animal y vegetal son dos aspectos inseparables de la realidad, hasta el punto de que algunos seres participan de ambas categorías, son lo uno y lo otro (unidad de los contrarios).

La lógica formal, constituida, al alborear las ciencias, basta para el uso corriente: permite clasificar, distinguir. Pero cuando queremos profundizar el análisis, ya no es suficiente. ¿Por qué? Porque lo real *es movimiento, y* la lógica de identidad (*a* es *a*) no permite que las ideas reflejen lo real en su movimiento. Porque, por otra parte, este movimiento es el producto de *contradicciones* internas, según veremos en la lección 5; así pues, la lógica de la identidad no permite concebir la unidad de los contrarios y el paso de uno al otro.

La lógica formal, en suma, Solo abarca el aspecto más inmediato de la realidad. El método dialéctico va más lejos: tiene por objetivo abarcar *todos los aspectos* de un proceso.

La aplicación del método dialéctico a las leyes del pensamiento consciente se llama *lógica dialéctica*.

2. El primer rasgo de la dialéctica: Todo se halla en relación (Ley de la acción recíproca y de la conexión universal)

I. Un ejemplo

Este hombre participa en la lucha por la paz: solicita firmas al pie del llamamiento de Estocolmo, distribuye tarjetas para el Congreso de los Pueblos, emprende discusiones con su compañero de trabajo o con algún desconocido sobre la solución pacífica del problema alemán, sobre la necesidad de detener una guerra colonial; e incluso organiza en su casa una reunión de los inquilinos para hablarles de una reunión nacional por la paz.

Algunos dirán: «¿Qué se cree, este desdichado? Pierde su tiempo y sus afanes». En efecto, a primera vista, la acción que realiza este hombre es absurda; no es ministro, ni diputado, ni general, ni banquero; tampoco es diplomático. ¿Entonces?

Sin embargo, tiene razón. ¿Por qué? *Porque no está solo.* Por modesta que sea su persona, sus iniciativas cuentan, porque no son actos aislados. Su acción forma parte de un conjunto grandioso: la lucha mundial de los pueblos por la Paz. Al mismo tiempo, millones de hombres actúan como él, en el mismo sentido, contra las mismas fuerzas. Existe una conexión universal entre todas estas iniciativas, que son como los eslabones de una misma cadena. Y existe *acción recíproca* entre todas estas iniciativas, puesto que cada uno ayuda al otro (reciprocidad) mediante su ejemplo, mediante su experiencia, mediante sus éxitos y sus fracasos. Cuando confrontan sus iniciativas, descubren que no estaban aislados, ni siquiera cuando creían estarlo: *todo se relaciona.*

He aquí un ejemplo muy sencillo, tomado de la práctica. Se ve que Solo la primera ley del método dialéctico permite interpretarlo correctamente. En esto la dialéctica se opone radicalmente a la metafísica: razonar como metafísico es decir: «Para qué tomarse tanto trabajo, saltar las etapas, discutir con las gentes? La paz no depende de las gentes sencillas...». El metafísico separa lo que, en realidad, no es separable. En octubre de 1952, en la Conferencia de los Pueblos de Asia y del Pacífico por la Paz, intervino un científico llamado John Hinton que había participado en la fabricación de la primera bomba atómica en Los Álamos, California.

> Yo he tocado con mis manos la primera bomba lanzada sobre Nagasaki. Experimento un profundo sentimiento de culpabilidad y me avergüenzo de haber desempeñado un papel en la preparación de este crimen contra la humanidad. ¿Cómo se explica que... yo haya aceptado realizar esta misión? Porque creía en la falsa filosofía de la «ciencia por la ciencia». Esta filosofía es el veneno de la ciencia moderna. A causa de ese error que consiste en separar la ciencia de la vida social y de los seres humanos me vi llevado a trabajar en la bomba atómica durante la guerra. Pensábamos que, como sabios, debíamos consagrarnos a la «ciencia pura» y que el resto era asunto de los ingenieros y de los estadistas. Me avergüenza decir que se ha necesitado el horror de los bombardeos de Hiroshima y Nagasaki para hacerme salir de mi torre de marfil y haberme hecho comprender que no existe la «ciencia pura», y que la ciencia Solo tiene sentido en la medida en que sirva a los intereses de la humanidad. Me dirijo a los sabios que, en los Estados Unidos y en el Japón, trabajan actualmente en la fabricación de armas atómicas y bacteriológicas y les digo: «¡Pensad en lo que hacéis!».

El metafísico no piensa que lo que hace está en conexión con lo que hacen otros; este fue el caso de ese sabio atómico que, aunque creyendo ceñirse al «espíritu científico», adoptaba en realidad una actitud *anticientífica,* puesto que se negaba a preguntarse sobre las condiciones objetivas de su actividad profesional y sobre la utilización de su trabajo.

Tal actitud está muy extendida. Es, para servirnos de otro ejemplo, como el deportista que dice en todo momento: «El deporte es el deporte, y la política es la política. Yo jamás hago política». Es cierto que el deporte y la política son dos actividades diferentes, pero es falso que no exista relación alguna entre ellas. ¿Cómo podrá equiparse el deportista si su poder adquisitivo disminuye, si está condenado a no encontrar trabajo? ¿Y cómo podrán construirse estadios y piscinas si los presupuestos de guerra devoran los créditos para el deporte? Se ve claramente: el deporte está subordinado a ciertas condiciones que el metafísico ignora, pero que el dialéctico descubre: no hay deportes sin créditos, pero no hay créditos sin una política de paz. El deporte no se separa, pues, de la política. El deportista que desconoce este vínculo, no Solo no sirve para la causa del deporte, sino que también obstruye los medios de defenderlo. ¿Por qué? Porque, no comprendiendo que *todo se halla en relación,* no luchará contra la política de guerra; llegará el momento en que, habiendo querido el deporte sin realizar sus condiciones, ya no tendrá deportes en absoluto, sea porque la ruina del país haya liquidado el equipo deportivo o porque la guerra haya llegado.

II. *La primera ley de dialéctica*

Por oposición a la metafísica, la dialéctica no considera la naturaleza como un conglomerado casual de objetos y fenómenos[21], desligados y aislados unos de otros y sin ninguna re-

---

[21] Se entiende por fenómeno toda manifestación de las leyes de la naturaleza (una piedra que cae, el agua que mana) o de las leyes de la sociedad (una crisis económica).

lación de dependencia entre sí, sino como un todo articulado y único, en el que los objetos y los fenómenos se hallan orgánicamente vinculados unos a otros, dependen unos de otros y se condicionan los unos a los otros.

Por eso, el método dialéctico entiende que ningún fenómeno de la naturaleza puede ser comprendido, si se le enfoca aisladamente, sin conexión con los fenómenos que le rodean, pues todo fenómeno, tomado de cualquier campo de la naturaleza, puede convertirse en un absurdo si se le examina sin conexión con las condiciones que le rodean, desligado de ellas; y por el contrario, todo fenómeno puede ser comprendido y explicado si se le examina en su conexión indisoluble con los fenómenos circundantes y condicionado por ellos.

El enunciado de la primera ley de la dialéctica demuestra su carácter general: se verifica universalmente, en la naturaleza y en la sociedad.

III. *En la naturaleza*

La metafísica separa la materia bruta, la materia viva, el pensamiento; para la metafísica, existen tres principios completamente aislados, independientemente los unos de los otros.

¿Pero existe el pensamiento sin el cerebro? ¿Y el cerebro sin el cuerpo? La psicología (ciencia que estudia la actividad del pensamiento) es imposible si se ignora la fisiología (ciencia de las funciones del ser vivo), y esta está estrechamente ligada a la biología (ciencia de la vida en general). Pero la vida en sí misma es ininteligible si se ignoran los procesos químicos[22]; la química, a su vez, cuando aborda las moléculas, descubre su

---

[22] No decimos que la vida se reduce a procesos químicos, eso sería una afirmación antidialéctica: nos ocuparemos de este asunto ulteriormente. Tampoco decimos que la actividad del pensamiento se reduce a la fisiología. Decimos: no existe pensamiento que no sea el de un ser viviente; no existe un ser viviente, ni un organismo sin un universo físico-químico.

estructura atómica; pero el estudio del átomo resulta de la física. Si ahora queremos descubrir el origen de estos elementos que estudia la física, ¿no será necesario acudir a las ciencias de la Tierra que nos demuestran su formación?, ¿y de allí al propio estudio del sistema solar (astronomía) del cual la Tierra constituye una pequeña parte?

Así, mientras que la metafísica traba el progreso científico, la dialéctica está fundada científicamente. Sin duda, existen diferencias específicas entre las ciencias: la química, la biología, la fisiología, la psicología estudian campos *diferentes, específicos;* volveremos a hablar sobre esto. Pero todas las ciencias no dejan de constituir una unidad fundamental que refleja la unidad del universo. La realidad es una totalidad. Esto es lo que expresa la primera ley de la dialéctica.

No será inútil, sin duda, precisar bien con dos ejemplos, lo que es la *interacción,* el *condicionamiento recíproco.*

Examinemos un resorte metálico. ¿Podemos considerarlo como una parte del universo circundante? Evidentemente no, puesto que ha sido fabricado por los hombres (sociedad) con un metal extraído de la tierra (naturaleza). Pero veamos esto más de cerca. En reposo, nuestro resorte no es independiente de las condiciones que lo rodean: pesantez, calor, oxidación, etc. Estas condiciones pueden modificar no solamente su posición, sino su naturaleza (herrumbre). Suspendamos un pedazo de plomo: se ejerce una fuerza sobre el resorte que lo hace extenderse; la forma del resorte se modifica hasta cierto punto de resistencia; el peso actúa sobre el resorte, el resorte actúa sobre el peso: resorte y peso forman un todo; existe la interacción, conexión recíproca. Mucho más: el resorte está compuesto de moléculas, ligadas entre sí por una fuerza de acción tal, que más allá de cierto peso el resorte no puede extenderse más, y se rompe: la ligazón entre ciertas moléculas se ha roto –cada vez es un tipo diferente de ligazón entre las moléculas–. Si se calienta el resorte, las ligazones entre las moléculas se modifican de una forma a otra (dilatación). Dimos que, en su naturaleza y en sus diversas deformaciones, el resorte está constituido por la *interacción* entre los millones de moléculas de que está compuesto. Pero esta misma interacción está *condicionada* por las relaciones entre el resorte (en su conjunto) y el medio que lo rodea: el resorte y el medio circundante forman *un todo;* entre ellos se ejerce una *acción recíproca.* Si se ignora esta acción, entonces la oxidación del resorte (herrumbre), la ruptura del resorte, se convierten en hechos absurdos.

Uno de los ejemplos más significativos de interacción es el vínculo que une a los seres vivos a sus condiciones de existencia, a su medio. La planta, por ejemplo, toma oxígeno del aire, pero también le devuelve gas carbónico y vapor de agua: interacción que modifica a la vez lo mismo a la planta que al aire. Pero este Solo es uno de los ejemplos más sencillos de la acción recíproca entre la planta y el medio. Sirviéndose de la energía que proporciona la luz solar, la planta experimenta, con la ayuda de los elementos químicos que toma de la tierra, una síntesis de las materias orgánicas que permiten su propio desarrollo. Al mismo tiempo que se desarrolla, transforma también el suelo y, en consecuencia, las condiciones del desarrollo ulterior de su especie. En resumen, la planta Solo existe en unidad con el medio que la rodea. Esta interacción es el punto de partida de toda teoría científica de los seres vivientes, porque es la condición universal de su existencia: el desarrollo de los seres vivos refleja las transformaciones de su medio de existencia. Ahí reside el principio de la ciencia michuriniana, la fuente de sus éxitos. Michurin, comprendiendo que la especie viva y el medio constituyen un todo indisoluble, ha sabido, mediante la modificación del medio, transformar las especies.

Igualmente el gran fisiólogo Iván Pávlov no había podido fundar la ciencia de la actividad nerviosa superior si hubiera desconocido la unidad indisociable del organismo y del medio ambiente: la corteza cerebral (córtex) es precisamente el órgano donde se realizan los procesos de su interacción. El conjunto del organismo está bajo la dependencia del córtex, pero este, en todo momento está bajo la dependencia de las excitaciones pasadas y presentes que provienen del medio exterior (y del organismo). Todos los fenómenos que se producen en el cuerpo (por ejemplo, una *enfermedad*) se encuentran subordinados a la actividad nerviosa superior que regula las diversas funciones y que no es separable de las condiciones que reinan en el medio natural y –para el hombre– social.

Este gran principio de la unidad y de la interacción de los fenómenos siempre ha sido necesario para el progreso de todas las ciencias. Se podría multiplicar los ejemplos. Observemos este: el descubrimiento de la presión atmosférica, por Torricelli (1644):

Si se sumerge un tubo lleno de mercurio en una cubeta también llena de mercurio, este no desciende en el tubo por debajo de cierta altura y se mantiene muy por encima del nivel de la cubeta.

Mientras este fenómeno permanecía aislado de sus condiciones, no se podía comprender. Si, por lo contrario, se observa que la superficie del mercurio (en la cubeta) en que se ha sumergido el tubo no está aislada, sino en contacto con la atmósfera y que existe interacción entre lo que pasa en el tubo y las *condiciones que lo rodean,* entonces aparece la explicación: el mercurio permanece suspendido en el tubo *porque* el aire ejerce una presión (presión atmosférica) sobre la superficie del mercurio que contiene la cubeta. La cubeta, decía Torricelli, debe considerarse como si estuviera en el fondo de un océano de aire.

Es imposible hacer descubrimientos en la ciencia si se viola la primera ley de la dialéctica, si se separa el fenómeno estudiado de las condiciones circundantes.

IV. *En la sociedad*

La metafísica aísla los fenómenos sociales unos de otros; la realidad económica, la vida social, la vida política, constituyen otros tantos campos separados. Y en el interior de cada uno de estos campos, la metafísica introduce mil separaciones, lo que conduce a la siguiente conclusión: «el gobierno norteamericano electrocuta a los Rosenberg inocentes.., eso es una tontería, un absurdo». A lo que el dialéctico responde: «esta ejecución tiene un sentido: en ella se refleja *toda* la política de los dirigentes norteamericanos, política de guerra que tiene necesidad de la mentira y del terror».

La historia de las sociedades es incomprensible para el metafísico: es un caos de contingencias (es decir, de fenómenos sin causas), de casualidades absurdas. Existen filósofos (como Albert Camus) que afirman que la esencia del mundo es precisamente lo absurdo. Filosofía muy provechosa para los que se dedican a fomentar catástrofes. El dialéctico sabe que en la sociedad, como en la naturaleza, todo se relaciona. Si los edificios escolares se derrumban, no es en absoluto por falta de pericia de los gobernantes, sino porque su política de guerra sacrifica *necesariamente* las construcciones escolares. Como observa Aragon, los gobiernos al alargar nuestro aparato de muerte restringen nuestro camino en la vida. «Todo depende de las condiciones de lugar y de tiempo.» La dialéctica logra la comprensión, la explicación de los fenómenos sociales, porque los relaciona con las condiciones históricas que los originan, de las cuales dependen, con las cuales se hallan en interacción. El metafísico resuelve en abstracto, sin tomar en cuenta las condiciones de lugar y de tiempo.

Por eso existen quienes creen de buena fe que en 1944 el proletariado francés, dirigido por el Partido Comunista, estaba en condiciones de tomar el poder y que, al no haberlo hecho, «perdió la oportunidad». Esta es una apreciación seductora a primera vista, pero errónea. ¿Por qué? Porque separa arbitrariamente del conjunto un aspecto que Solo tiene sentido en su relación con el mismo. Examinémoslo más detenidamente.

El error surge en la apreciación del carácter y el objetivo de la Resistencia. Ciertamente, la fuerza principal fue la clase obrera, dirigida por el partido revolucionario, el Partido Comunista. Pero el objetivo de la Resistencia no era la revolución proletaria, sino la liberación del territorio y la destrucción del fascismo. Tal objetivo unió a los franceses de todas las condiciones (hasta el punto de dividir a la burguesía, de la cual, toda una fracción se separó del gobierno de Vichy). La Resistencia tomó, pues, las formas más diversas: lucha armada, huelgas obreras, manifestaciones de mujeres en los mercados, negativa de los campesinos a entregar las cosechas, sabotajes (por los funcionarios) contra el aparato *vichyista* de opresión, lucha de los jóvenes contra el Servicio de Trabajo Obligatorio (STO), luchas de los maestros, de los científicos, contra el oscurantismo hitleriano, etc. La Resistencia constituyó un *gran acto nacional.* Ese fue su carácter dominante. El mérito de los comunistas franceses consistió en comprender la situación en su conjunto: trabajaron, pues, en la constitución de un amplio frente nacional de lucha contra Hitler y sus cómplices y no permitieron que la Resistencia degenerara en una secta separada de las profundas masas de nuestro pueblo. Así se hizo posible la insurrección *nacional* de 1944 contra el enemigo cada vez más aislado.

¿Qué hubiera sucedido si, en esos momentos, la clase obrera hubiese intentado «hacer la revolución», «establecer» el socialismo? Si en 1944, mientras *continuaba la guerra contra Hitler,* los comunistas hubieran dicho: «Ya no se trata de liberar a Francia y al mundo de los nazis, sino de hacer inmediatamente la revolución proletaria», habrían visto separarse de la clase obrera a millones de franceses de todas clases resueltos a combatir por la liberación del país, pero en ningún modo dispuestos a apoyar un movimiento revolucionario. Lindo obsequio para los hitlerianos y su cómplice, la burguesía reaccionaria, *vichyista.* Aislada, la clase obrera hubiera perdido la dirección de la Resistencia, asumida al precio de los más duros sacrificios. Y habría dejado el camino de la dictadura, de este modo, ampliamente abierto a De Gaulle, con la ayuda del ejército norteamericano.

Este, efectivamente –y es el segundo punto a aclarar– no habría desembarcado si no hubiera sido porque las victorias soviéticas hacían inevitable el segundo frente en Europa. La segunda intención de los dirigentes norteamericanos era impedir que la derrota de Hitler aprovechara al comunismo en los países hasta entonces ocupados por la Wehrmacht (ejército alemán). Si, desconociendo estas condiciones objetivas, la clase obrera se hubiese lanzado a tomar el poder, nuestro pueblo hubiera sido condenado al matadero: el ejército norteamericano hubiera tomado, *desde ese momento,* el carácter de ejército de ocupación y la represión se hubiera realizado con la *complicidad de los nazis,* de vuelta para nuevas masacres como la de Oradour. La esperanza de la Alemania hitleriana, de la gran burguesía alemana (los Krupp, por ejemplo, liberados desde entonces gracias a los norteamericanos), ¿no consistía en una ruptura de la alianza de los Tres Grandes? Así fue restaurada la alianza de Múnich, así se realizó desde 1944 la Santa Alianza de los burgueses reaccionarios contra el país del socialismo, contra la Unión Soviética, que había desempeñado el papel decisivo en la liberación de los pueblos. Todo el beneficio de los esfuerzos, de los sufrimientos durante cuatro años, se ahogaba en la sangre del pueblo de Francia.

Por lo contrario, se conformaba al conjunto de las «condiciones circundantes» de reivindicar entonces, como lo hicieron los comunistas, la liquidación del fascismo, la instauración de una república democrática-burguesa. Reivindicación accesible a las amplias masas del pueblo francés, realizable y progresiva, puesto que permitía un gran paso hacia adelante. La clase obrera, en efecto, encuentra en la república democrática-burguesa *las condiciones más favorables a su lucha de clase:* eso explica el impulso del movimiento obrero francés en los meses que siguieron a la liberación, impulso que llevó a los comunistas al gobierno y valió a nuestro pueblo el renacimiento de su economía, la elevación del nivel de vida, la seguridad social, las nacionalizaciones, los comité de empresa, una gran constitución democrática, el derecho de voto y de elegibilidad para las mujeres, el estatuto de los funcionarios, etc., etc. Así fue cómo la clase obrera pudo encontrarse, en 1947, en las mejores condiciones de lucha para afrontar la contraofensiva de las fuerzas de la reacción.

En el plano internacional, el mantenimiento de la alianza de los Tres Grandes contra la Alemania hitleriana permitió *el aplastamiento de la Wehrmacht*. Pero esto no fue todo: hizo posible la constitución de la Organización de las Naciones Unidas, los acuerdos de Potsdam, etc. –que después habrían de constituir otros tantos obstáculos contra los manejos del imperialismo norteamericano–. Facilitó la tarea de las jóvenes *democracias populares de Europa*, y esto constituye un punto de la mayor importancia. Una política aventurera de los comunistas franceses en 1944 hubiera comprometido estas grandes victorias: porque ellas han debilitado considerablemente el capitalismo internacional. Es necesario considerar siempre el movimiento obrero de un país, no en sí mismo, *sino en relación con el conjunto*.

Podríamos analizar otros muchos ejemplos que demuestran la necesidad de considerar los acontecimientos en su interacción y su totalidad, y jamás separar un hecho de sus «condiciones circundantes». Limitémonos al ejemplo siguiente:

Reivindicar la república democrática burguesa contra la burguesía fascista, es una reivindicación perfectamente apropiada a la situación del movimiento obrero francés. Es la reivindicación más propia para asegurar una amplia unidad del pueblo alrededor de la clase obrera contra el enemigo principal, la burguesía reaccionaria, que no tiene otro recurso, para sobrevivir, que ahogar su propia legalidad. Pero sería un absurdo enderezar la misma reivindicación en la Unión Soviética. ¿Por qué? Porque si la república democrática burguesa es un progreso sobre el fascismo, la república socialista soviética (que asegura a los trabajadores la propiedad sobre los medios de producción) constituye un progreso decisivo sobre la república burguesa. Lo que para nuestro pueblo es un paso hacia adelante, sería un paso hacia atrás para la Unión Soviética. El metafísico ignora soberbiamente las condiciones de tiempo y de lugar. Separa la democracia, pues, de sus condiciones; no distingue entre democracia burguesa y democracia soviética. Y como no conoce otra democracia que la democracia burguesa, la identifica con la democracia; reprocha a la Unión Soviética que no sea «una democracia». Y es cierto que no es una democracia burguesa puesto que, liquidando la explotación capitalista, ha creado una democracia nueva, que da todo el poder a los trabajadores.

En suma, el metafísico separa, *abstrae* la forma política del conjunto de las condiciones históricas que la originan y que la explican; el dialéctico vuelve a encontrar estas condiciones.

V. *Conclusión*

Ni la naturaleza ni la sociedad son un caos incomprensible: *todos los aspectos de la realidad se relacionan mediante vínculos necesarios y recíprocos.*

Esta ley tiene una importancia *práctica*.

Es necesario, pues, apreciar siempre una situación, un acontecimiento, una tarea desde el punto de vista de las condiciones que lo engendran, que lo explican.

Es necesario tomar en cuenta siempre lo que es posible, y lo que no es posible.

> No se deben tomar los deseos por realidades... Así, para un revolucionario, se trata en primer lugar de comprobar los hechos en toda su realidad, en toda su verdad... Estimo que, en una situación determinada, se toma una decisión determinada y que, al modificarse la situación, se toma una decisión diferente de la que se había tomado antes. Batirse en retirada si las condiciones de éxito ya no parecen suficientes; atacar inmediatamente, si se espera, por el contrario, lograr mayores

posibilidades de éxito violentando el movimiento. De todos modos, no se puede estar atado a una fórmula, a una resolución: no se puede comprometer nuestro movimiento por este punto[23].

Olvidar las condiciones de la acción, constituye el *dogmatismo*. Recuérdese que mientras el proletariado revolucionario tiene el mayor interés en respetar esta primera ley de la dialéctica, la burguesía quisiera hacerla olvidar, porque se opone a su interés. A los que denuncian la injusticia social, les responde: «¡Es una imperfección pasajera!». Del mismo modo presenta las crisis económicas como fenómenos superficiales y momentáneos. La ciencia dialéctica responde: la injusticia social y las crisis son los efectos *necesarios* del capitalismo.

Los filósofos burgueses idolatran la metafísica, que permite fragmentar la realidad, y de allí desnaturalizarlas para mayor beneficio de la clase explotadora. Tan pronto como la reflexión logra lo real en su totalidad, ellos protestan: esto no es juego, esto no es ya «filosofía». La filosofía es para ellos un clasificador donde cada noción conserva su lugar prudentemente: aquí, el pensamiento, allá la materia; aquí «el hombre», en otra parte la sociedad, etcétera, etcétera.

Por el contrario, la dialéctica enseña que todo se relaciona y, en consecuencia, ningún esfuerzo es inútil para la realización de un objetivo. El combatiente en la lucha por la paz sabe que la guerra no es fatal porque cada acción contra la guerra es una acción que cuenta, que prepara la victoria de la paz.

Por eso, armado de la dialéctica, el militante revolucionario tiene un elevado sentido de sus responsabilidades: no confía nada al azar, estima que cada esfuerzo tiene su precio.

Esta inteligencia de la realidad total permite ver lejos. Confiere una valentía indomable, hasta el punto que el filósofo

---

[23] Maurice Thorez: «Discurso al III Congreso de la Federación Universitaria de los trabajadores del subsuelo» (1924), citado en *Fils du Peuple,* París, Éd. Sociales, 1949, p. 43.

dialéctico V. Feldmann, fusilado por los soldados alemanes pudo gritarles antes de caer: «Imbéciles, por ustedes muero».

Y tenía razón. Luchaba tanto por el pueblo alemán como por el pueblo francés, porque *todo se relaciona*.

3. El segundo rasgo de la dialéctica: Todo se transforma (Ley del cambio universal y del desarrollo incesante)

I. Un ejemplo

El filósofo Fontenelle relata la historia de una rosa, que creía que el jardinero era eterno. ¿Por qué? Porque, hasta donde ella recordaba, jamás había visto otro en el jardín. Así razona el metafísico: niega el cambio.

Sin embargo, la experiencia nos enseña que los jardineros son perecederos, y también las rosas. Es cierto que hay cosas que cambian mucho más lentamente que una rosa, por lo que el metafísico saca la conclusión de que son inmutables; lleva a lo absoluto su inmovilidad aparente, Solo retiene de las cosas el aspecto mediante el cual parecen no cambiar: una rosa es una rosa, un jardinero es un jardinero. La dialéctica no se basa en la apariencia, examina las cosas en su movimiento: la rosa era un botón antes de convertirse en rosa; abierta ya, cambia de hora en hora, aun cuando la vista no alcance a percibirlo. Inevitablemente se deshojará. Pero nacerán otras rosas, que florecerán a su vez.

En la vida cotidiana podríamos encontrar mil ejemplos que aclaren que todo es movimiento, que todo se transforma.

Esta manzana que está sobre la mesa está inmóvil. Pero la dialéctica dirá: esta manzana inmóvil es movimiento, sin embargo; dentro de diez días ya no será lo que es hoy. Antes de ser una manzana verde fue una flor: con el tiempo se descompondrá, soltará sus semillas. Confiadas al jardinero, estas semillas darán un árbol de donde caerán numerosas manzanas. Al principio teníamos una manzana *y* ahora tenemos un gran número de ellas. Es muy cierto, pues, que el universo, a pesar de las apariencias, no se repite.

Sin embargo, muchas gentes hablan como la rosa de Fontenelle: «Nada hay nuevo bajo el sol», «siempre habrá ricos y pobres», «siempre habrá explotadores y explotados», «la guerra es eterna», etc. Nada es más engañoso, ni más peligroso, que esta pretendida sabiduría. Ella conduce a la pasividad, a la impotencia resignada. Por el contrario, el dialéctico sabe que el cambio es una propiedad inherente a toda cosa. He aquí el segundo rasgo de la dialéctica: el cambio es universal, el desarrollo es incesante.

II. El segundo rasgo de la dialéctica

Por oposición a la metafísica, la dialéctica no considera la naturaleza como algo quieto e inmóvil, estancado e inmutable, sino como algo sujeto a perenne movimiento y a cambio constante, como algo que se renueva y se desarrolla incesantemente y donde hay siempre algo que nace y se desarrolla y algo que muere y caduca.

Por eso el método dialéctico exige que los fenómenos se examinen no Solo desde el punto de vista de sus relaciones mutuas y de su muto condicionamiento, sino también desde el punto de vista de su movimiento, de sus cambios y de su desarrollo, desde el punto de vista de su nacimiento y de su muerte.

Hemos visto que todo se relaciona (primer rasgo de la dialéctica).

Pero lo real, que es unidad, es también movimiento. El movimiento no es un aspecto secundario de la realidad. No existe: la naturaleza, *más* el movimiento; la sociedad, *más* el movimiento. No, la realidad es movimiento, proceso. Y así tanto en la naturaleza como en la sociedad.

III. En la naturaleza

> El movimiento, en el sentido más general de la palabra, concebido como una modalidad o un atributo de la materia, abarca todos y cada uno de los cambios y procesos que se operan en el universo, desde el simple desplazamiento de lugar hasta el pensamiento[24].

Descartes comprobaba ya que el reposo es relativo al movimiento. Si estoy sentado en la popa de un barco que se aleja de la orilla, estoy inmóvil en relación con el barco, pero estoy en movimiento en relación con la tierra; de este modo, la tierra está en movimiento en relación con el sol. El mismo sol es una estrella en movimiento, y así hasta lo infinito.

Pero, para Descartes, el movimiento se reducía al *cambio de lugar:* un barco que se desplaza, una manzana que rueda sobre la mesa. Este es el movimiento mecánico, pero no se limita a eso la realidad del movimiento. Un automóvil corre a setenta kilómetros por hora: movimiento mecánico. Pero esto no es todo: el automóvil que se desplaza se transforma lentamente; su motor, sus llantas, etc., se gastan. Por otra parte está sometido a la acción de la lluvia, del sol, etc. Otra tantas formas del movimiento. Un vehículo que ha recorrido mil kilómetros no es el mismo que cuando partió, aunque digamos: «Es el mismo». Llegará un momento en que habrá que renovar las piezas, rehacer la carrocería etc., hasta el día en que el coche quede inservible.

Pues igualmente sucede en la naturaleza. El movimiento tiene aspectos muy variados: *cambio de lugar,* pero también *transformaciones* de la naturaleza y de las propiedades de las cosas (por ejemplo, la electrización de un cuerpo, el crecimiento de las plantas, el cambio del agua en vapor, la vejez, etc.).

---

[24] F. Engels: *Dialéctica de la naturaleza,* trad. de W. Roces, México, D. F., Grijalbo, 1961, p. 47.

Para el gran sabio inglés Newton (1642-1727), el movimiento se reducía al movimiento mecánico, el cambio de lugar. El universo era así comparable a un inmenso reloj que reproduce sin cesar el mismo proceso: por eso consideraba los planetas como eternos.

Pero el progreso de las ciencias, desde el siglo xviii, ha enriquecido considerablemente la noción del movimiento. En primer lugar se conoció la *transformación de la energía,* a principios del siglo xix.

Repasemos el ejemplo del automóvil que rueda: lanzado a gran velocidad, choca contra un árbol y se incendia. ¿Hay «disipación de la materia»? No, el automóvil en llamas es una realidad tan material como el automóvil que corre a gran velocidad; pero es un aspecto nuevo, una cualidad nueva de la materia. La materia es indestructible, pero cambia de forma. Sus transformaciones no son otra cosa que las transformaciones del movimiento, que es uno con la materia: la materia *es* movimiento; el movimiento *es* materia. La física moderna enseña que hay una *transformación de la energía;* la energía, o cantidad de movimiento, se conserva, aunque tomando una forma nueva; las formas que puede adoptar son muy variadas.

En el caso del automóvil, cuya gasolina se ha inflamado por el choque, la energía química que, en el motor de explosión se transformaba en energía cinética (es decir, en movimiento mecánico), se transforma ahora completamente en *calor* (energía calorífica). Por su parte, la energía calorífica (el calor), puede transformarse en energía cinética: el calor que se mantiene en una locomotora se transforma en movimiento mecánico, puesto que la locomotora se desplaza.

La energía mecánica puede transformarse en energía eléctrica: el torrente que «hace girar» la central, produce energía eléctrica. En cambio la energía eléctrica (la corriente) se transforma en energía mecánica, es decir, acciona los motores. O de nuevo: la energía eléctrica se transforma en energía calorífica; en efecto, esta proporciona el calor (calefacción eléctrica).

Igualmente, la energía eléctrica puede dar energía química: en determinadas condiciones, una corriente eléctrica descompone el agua en oxígeno e hidrógeno. Pero la energía química, a su vez, puede transformarse en energía eléctrica (pila hidroeléctrica), o en energía mecánica (motor de explosión), o en energía calorífica (combustión del carbón en la estufa), etcétera.

La enumeración podría llenar muchas páginas.

Todas estas transformaciones no son cosa que la materia en movimiento. Se ve que son mucho más numerosas que el simple desplazamiento, o cambio de lugar, aunque también incluyen este[25].

Además del descubrimiento de la transformación de la energía, el de la *evolución* ha enriquecido profundamente la noción del movimiento.

Evolución del universo físico en primer lugar. Desde fines del siglo XVIII, Kant y Laplace descubrieron que el *universo tiene una historia.* Lejos de repetirse, como creía Newton, el universo es cambio: las estrellas (incluso el sol), los planetas (incluso la Tierra) constituyen el producto de una prodigiosa evolución, que continúa. No basta decir, con Newton, que las partes del universo se desplazan; es necesario decir además *que se transforman.*

De este modo, esta pequeña porción del universo que es la tierra tiene una larga historia (5.000 millones de años, según parece), que estudia la geología.

Del mismo modo las estrellas se forman, se desarrollan mueren. Y el astrofísico soviético Ambartsumian ha descubierto que constantemente nacen nuevas estrellas.

---

[25] «Todo movimiento va unido, de un modo o de otro, a cierto desplazamiento de lugar», dice Engels en *Dialéctica de la naturaleza,* ed. cast. cit., p. 47. En efecto, una reacción química, por ejemplo, pone en juego los átomos que constituyen las moléculas materiales. Pero estos átomos se desplazan. Y en el interior del átomo se producen, en el núcleo, desplazamientos muy rápidos que estudia la física nuclear. Igualmente, la energía eléctrica es inseparable del desplazamiento de pequeños corpúsculos, los electrones.

Justamente porque el universo cambia sin cesar, no es necesario un «primer motor», como todavía pensaba Newton. El universo lleva en sí mismo su posibilidad de movimiento, de transformación. *Constituye* su propio cambio.

En cuanto a la *materia viva,* igualmente está sometida a un proceso incesante de evolución. Desde las etapas más pobres de la vida se han formado especies vegetales y animales. Hoy, ya no es posible dar crédito al mito extendido por la religión desde hace siglos: Dios creó, de una vez por todas, las especies, que no varían. Gracias a Darwin (en el siglo xix) la ciencia ha comprobado que la prodigiosa diversidad de especies vivas ha salido de un pequeño número de seres muy simples, de gérmenes unicelulares (la célula constituye la unidad «de donde se desarrolla mediante la multiplicación y la diferenciación, todo organismo vegetal y animal») dice Engels en *«Ludwig Feuerbach»;* estos propios gérmenes surgen de una albúmina informe. Las especies se han transformado y continúan transformándose, a consecuencia de la interacción entre ellas y el medio[26]. La especie humana no escapa a esta gran ley de la evolución.

> [...] Partiendo de los animales primarios, se desarrollaron, principalmente por un proceso de ulterior diferenciación, las innumerables clases, órdenes, familias, géneros y especies animales y, por último, la forma en que el sistema nervioso alcanza su grado más alto de desarrollo, la de los animales vertebrados y, entre estos, finalmente, el animal vertebrado en el que la naturaleza cobra conciencia de sí misma: el hombre[27].

Así, pues, la naturaleza entera –universo físico, naturaleza viva– es movimiento.

---

[26] Los trabajos de Michurin y sus discípulos demuestran incluso experimentalmente que puede ocurrir, en determinadas condiciones, la transformación de una especie en otra.

[27] Engels: *Dialéctica de la naturaleza,* ed. cit., p. 15.

El movimiento es el modo de existencia de la materia. Jamás ni en parte alguna ha existido ni puede existir, materia sin movimiento. Movimiento en el espacio absoluto, movimiento mecánico de pequeñas masas en cualquiera de los mundos existentes, vibraciones moleculares en forma de calor o de corrientes eléctricas o magnéticas, análisis o síntesis química, y vida orgánica: en una u otra de estas formas de movimiento, o en varias a la vez, aparece cada átomo concreto de materia del mundo en cada momento dado... Materia sin movimiento es tan inconcebible como movimiento sin materia[28].

El objeto que estudia la ciencia, siempre es movimiento ya sea astronomía o física, química o biología.

Pero entonces, se dirá, ¿por qué todos los sabios no admiten el materialismo dialéctico?

En su *práctica* concreta, todo buen investigador es dialéctico; no puede comprender la realidad, si no la toma en su movimiento. Pero el mismo investigador que es dialéctico en la práctica no lo es ya *cuando estudia el mundo* o cuando reflexiona en su propia acción sobre el mundo. ¿Por qué? Porque entonces cae bajo la autoridad de una *concepción metafísica* del mundo –religión o filosofía aprendida en la escuela–, concepción que lleva el peso de la tradición, amalgama de prejuicios difusos que el sabio respira de algún modo sin darse cuenta, y aún en el momento en que se considera «espíritu libre». Tal físico que prescinde muy bien de Dios cuando estudia experimentalmente los átomos encuentra a Dios a la salida de su laboratorio; para él esta creencia «se impone por sí sola». Tal biólogo experto en el estudio de los microorganismos se encuentra desamparado como un niño ante el menor problema político. Este físico, este biólogo, son presa de una contradicción, contradicción entre su práctica científica y su concep-

---

[28] Engels: *Anti-Dühring,* Colección Nueva Cultura, México, Ed. Frente Cultural, p. 59.

ción del mundo. Su práctica es dialéctica (Solo puede funcionar en la medida en que sea dialéctica). Pero su concepción del mundo en su conjunto ha continuado siendo metafísica. Solo el materialismo dialéctico supera esta contradicción: porque da al científico una concepción objetiva del universo (naturaleza, sociedad) como totalidad en movimiento, y por eso mismo le permite situar su práctica (su especialidad) en un conjunto en el cual todo se relaciona.

IV. En la sociedad

Si el mundo se halla en incesante movimiento y desarrollo y si la ley de este desarrollo es la extinción de lo viejo y el fortalecimiento de lo nuevo, es evidente que ya no puede haber ningún régimen social «inconmovible», ni pueden existir los «principios eternos» de la propiedad privada y la explotación, ni las «ideas eternas» de sumisión de los campesinos a los terratenientes y de los obreros a los capitalistas.

Esto quiere decir que el régimen capitalista puede ser sustituido por el régimen socialista, del mismo modo que, en su día, el régimen capitalista sustituyó al régimen feudal.

Esta es una consecuencia esencial de la segunda característica de la dialéctica. No existe sociedad inconmovible, a la inversa de lo que enseña la metafísica. Para el metafísico, en efecto, la sociedad no cambia ni puede cambiar, porque refleja un plan divino eterno: «el orden social ha sido dispuesto por Dios». La propiedad privada de los medios de producción es, pues, sagrada; los que ponen en duda esta santa verdad pueden ser condenados en nombre de la «moral». ¡Que expíen su culpa! Dios es la providencia de los propietarios, el fiador de la «libre empresa». Sin embargo, si ocurre algún cambio, entonces es un accidente desdichado, pero no serio, sino superficial; se puede y se debe volver a la «normalidad» del estado de cosas. Y así se justifica la cruzada contra la Unión Soviética: es necesario que los recalcitrantes, los extraviados «retornen» a la ley común, puesto que el capitalismo es «eterno».

Expulsado cada día más de las ciencias naturales, el metafísico se refugia en las ciencias del hombre y de la sociedad.

Admitamos que se pueda transformar la naturaleza; el hombre, por su parte, es lo que fue y lo que siempre será. Tiene «naturaleza humana», inmutable, con sus imperfecciones irremediables. ¿De qué sirve pretender mejorar la sociedad? Eso es una utopía nefasta... En suma, es la doctrina del pecado original, que François Mauriac predica de cien modos distintos a los lectores de *Le Figaro*.

Pero este punto de vista está lejos de ser reservado a la ideología cristiana: se encuentra muy extendido en ciertos medios pequeño-burgueses que tienen a gloria no creer ni en Dios ni en el diablo y que estiman que por eso mismo se encuentran vacunados contra todo prejuicio. Es cierto que ellos no van a la iglesia, pero cultivan celosamente la concepción metafísica, fijista, del hombre, que la religión milenaria les ha legado. Tal redactor anticlerical de un periódico destinado a los maestros jóvenes diserta gravemente sobre la imperfección fundamental de nuestra especie y habla del «saco de piel» que nos aprisiona para siempre. Pobre «naturaleza humana», expuesta a todos los extravíos...

Lamentaciones muy provechosas para los explotadores del «género humano». ¿Se quejan de que haya gente que medre? Eso es ingenuo... ¡Es necesario que sepan de una vez y para siempre que «el hombre está hecho así», que no podrá cambiar jamás!

Todo esto quiere justificar por los siglos de los siglos la opresión de la mayoría, la miseria de los humildes, la guerra. La sociedad se repite indefinidamente, puesto que «el hombre sigue siendo el mismo. (Nótese que tal concepción califica al hombre como un-ser-en-sí, cuando el hombre es, *por esencia,* un ser social.) Y como este hombre es vicioso hay que admitir que la sociedad está maldita. Sin duda, la religión enseña que se puede y se debe salvar el alma de los individuos. Pero, en cuanto a la sociedad, es otra cosa; se le niega todo verdadero mejoramiento, puesto que aquí abajo no hay salvación.

Observemos de paso que es esta metafísica cargada de años la que, en último análisis, justifica las gestiones de los jefes de la social-democracia cuando realizan campañas contra la Unión Soviética.

Esto mismo es lo que un Blum, agente de la burguesía en el movimiento obrero, no podía admitir. Considerado como ideología, el antisovietismo encarnizado de los jefes socialistas se arraiga en una filosofía de desesperación: «Lenin y el pueblo soviético son *culpables* de haber querido suprimir, de haber suprimido la explotación del hombre por el hombre. Léon Blum, Guy Mollet, etc., multiplican los discursos sobre el socialismo liberador». Pero *no creen en ello.* Domesticados por la burguesía reaccionaria y belicista, tienen mentalidad de eternos vencidos. En su libro *A la medida humana,* Blum, al mismo tiempo que proclama su solidaridad espiritual con el Vaticano, lanza un anatema contra los comunistas; pretende excluirlos de la comunidad nacional. ¿Por qué? Porque los comunistas demuestran, con sus actos, su confianza en una transformación de la sociedad, porque reconocen en la *Unión Soviética el ejemplo* a seguir por todos los trabajadores.

Eso es lo que no toleran aquellos que sirven a la burguesía. Es necesario, cueste lo que cueste, desviar a los trabajadores de la Unión Soviética, que les muestra la vía de los cambios posibles. Ninguna calumnia será superflua para tratar de *demostrar* que en el país de los Sóviets nada ha cambiado fundamentalmente. Por eso la calumnia, necesariamente, debe acompañarse de la censura, de la prohibición de toda literatura que provenga de la Unión Soviética, que demuestra la realidad del *cambio,* de la *Revolución.*

De este modo, la ideología socialdemócrata aparece como típicamente metafísica. Su uso es el del extinguidor: sofocar el entusiasmo, oscurecer las perspectivas, desmovilizar a los combatientes. Nada es más significativo a este respecto que el diario *Franc-Tireur* o *Le Canard Enchaîné*. Pataleo o embuste, adulación o injuria, inevitablemente vuelve la idea nociva de que siempre habrá «lampareros», como dicen ellos (expresión clave, que dispensa de hacer un análisis científico de las clases), y que, en consecuencia, no vale la pena luchar contra el capitalismo, puesto que «después será lo mismo». Estos «comecuras», a quienes «no se les engaña», son en verdad gentes formadas en una mentalidad religiosa; están convencidos; fundamentalmente, de la impotencia humana. Fallidos, ponen la historia en quiebra. Por eso sus risas suenan falsas; son desesperados.

De hecho, no solamente el cambio es inherente a la realidad social como a la naturaleza, sino que las sociedades evolucionan mucho más rápidamente que el universo físico. Desde la disolución de la comuna primitiva, se han sucedido cuatro formas de sociedad: sociedad esclavista, sociedad feudal, sociedad capitalista, sociedad socialista. Sin embargo, la sociedad feudal se creyó intocable, y los teólogos veían en ella una obra de Dios, igual que hoy el cardenal Spellman identifica los *trust* norteamericanos con la voluntad del todopoderoso. Lo que no impide que la sociedad feudal le haya dejado lugar a la sociedad capitalista y esta al socialismo. Y ya, en la Unión Soviética, se crean las condiciones para el paso a la etapa superior: el comunismo.

Por eso, porque el hombre es un ser social, no existe el hombre eterno. ¿Acaso no ha muerto el hombre feudal al alborear los tiempos modernos, vencido por el ridículo en la persona de don Quijote? En cuanto al egoísmo pretendidamente original apareció con la división de las sociedades en clases. El famoso «culto del yo» –yo por encima de todo– es un producto de la burguesía reinante, que hace de la sociedad una selva: llegar, cueste lo que cueste, mediante la astucia o la violencia; edificar su dicha sobre la desdicha de los débiles. Pero en el propio seno de la sociedad capitalista se forja un tipo de *hombre nuevo,* que no concibe su felicidad fuera de la felicidad colectiva, que encuentra sus alegrías más altas en el combate por toda la humanidad, que acepta a este fin los más duros sacrificios. Así, esa madre obrera de la fábrica Renault que, al participar resueltamente en una huelga por el aumento de salarios, sabe que habrá hambre en su casa mientras dure la huelga. Así, esos estibadores de Ruan que, poniendo por encima de todo la solidaridad internacional de los trabajadores, diecisiete veces se negaron a cargar las armas destinadas a la cruzada antisoviética; prefieren que les falte el pan[29].

Lo mismo que no existe el pecado original, no existe el hombre eterno. Todos los que hoy luchan contra el capitalismo *transforman por eso mismo su propia conciencia.* Se humanizan en la propia medida en que combaten contra un régimen inhumano. Como toda realidad, la realidad humana es *dialéctica.* Surgido de la animalidad, el hombre ha podido elevarse mediante una lucha milenaria contra la naturaleza. No solamente esta historia grandiosa no ha terminado, sino que *no hace más que empezar,* como le gustaba repetir a Paul Langevin. Esta historia es inseparable de la de las sociedades; y nos encontramos aquí, más allá de la segunda ley (todo se transforma) la primera ley (todo se relaciona: la conciencia del individuo es ininteligible fuera de la sociedad). Además, es por eso que en ciertas condiciones el hombre puede retroceder. Para conservar sus privilegios, la burguesía reaccionaria se esfuerza en hacer retroceder la rueda de la historia; de allí el fascismo, el de Eisenhower y el de McCarthy, como el de Adolf Hitler. Pero, por eso mismo, degrada al hombre: el SS que persigue a los deportados persigue de hecho a la humanidad que podía todavía dormitar ensimismada; pisoteando a la humanidad en otros, la pisotea en sí mismo. Lo que hay de mejor en el hombre no es un don de los dioses, es una conquista de la historia humana. Conquis-

---

[29] Sobre este tema, deben leerse las bellas novelas de André Stil: *Le premier choc* (1952), *Le coup du canon* (1952), *Paris avec nous* (1953), Éditeurs français réunis (EFR).

ta que la burguesía degenerada pone en peligro todos los días. La bomba atómica ocupa el lugar de la razón: el dólar ocupa el lugar de la ciencia. Y al abogado Emmanuel Bloch no le faltó razón al exclamar el día de la ejecución de los Rosenberg: «¡Los *animales* nos gobiernan!».

A la inhumanidad de una clase podrida, cómo no oponer las magníficas floraciones de la humanidad socialista? Aquí se despliegan la potencia y la verdad del materialismo dialéctico, que aclara el camino del comunismo. La práctica de los hombres soviéticos, liberados de la explotación, hace justicia a las lamentaciones sobre la eternidad de la desgracia. Así es como el código penal soviético no tiene por objeto la represión, sino la transformación cualitativa del culpable mediante el trabajo socialista. El criminal, en el régimen capitalista, queda marcado con una mancha imborrable, aun cuando su tiempo de presidio haya terminado. En la Unión Soviética, igual que los jóvenes descarriados educados por Makárenko han vuelto a encontrar el «camino de la vida»[30], los criminales y los ladrones se convierten en ciudadanos honestos y honrados, librados para siempre de un pasado que se olvida. Y no es obra de la casualidad si allá la delincuencia juvenil ha desaparecido, mientras que en la sociedad capitalista en descomposición extiende sus estragos.

Para la sociedad socialista la fatalidad ha muerto.

Una prueba magnífica es presentada actualmente por los médicos soviéticos, discípulos de Pávlov. «Parirás con dolor» –el implacable veredicto golpeaba a generaciones sucesivas–. Pero he aquí que en la URSS, y hasta en nuestro país desde entonces, gracias al estudio dialéctico del funcionamiento de los centros nerviosos y a la dilucidación del problema del dolor, ya el parto no constituye un martirio. Así se encuentra quebran-

---

[30] Es conveniente leer a Makárenko: *El camino de la vida, Poema pedagógico,* Moscú, Ediciones en Lenguas Extranjeras, 1952; México, D. F., Fondo de Cultura Popular A. C., 1957. (Véase la ed. de *Poema pedagógico,* Madrid, Akal, 2017. *[N. del E.].*)

tada esta vieja idea de que el dolor es una ley del alumbramiento, un rescate del «pecado original» y del «placer de la carne». La idea nueva que acaba de nacer crecerá, se transmitirá de generación en generación, mientras que la vieja creencia del alumbramiento-suplicio desaparecerá para siempre. Que el mérito de tan bello descubrimiento corresponda a los médicos soviéticos no es una casualidad: es la obra de sabios profundamente dialécticos, para quienes el ser humano no tiene taras eternas.

V. Conclusión

Reducir la realidad a uno de sus aspectos y el proceso a un momento del proceso y creer que el pasado es bastante fuerte para anular todo porvenir es desconocer la dialéctica de lo real.

Aquel que juzgando a los Estados Unidos por el senador McCarthy creyera que el porvenir de este país se conforma a la imagen del 19 de junio de 1953 (fecha de la ejecución de los Rosenberg) sufriría una grave equivocación. El porvenir de los Estados Unidos pertenece más bien a las fuerzas nuevas, que los defensores sangrientos de un pasado condenado quieren destruir. Por débil que sea el germen, no deja de llevar en sí la vida, y esta es a la que hay que proteger por todos los medios: ningún esfuerzo por ella se ha perdido. La lucha de Ethel y Julius Rosenberg contra el crimen, incluso aun cuando el crimen los abatió, no será menos victoriosa. Tan seguramente como los primeros resplandores de la mañana anuncian el pleno día, el ejemplo de los Rosenberg anuncia unos Estados Unidos justicieros y pacíficos.

Alegre y verde, hijos míos, alegre y verde
será el mundo por encima de nuestras tumbas[31].

---

[31] «Poema de Ethel Rosenberg a sus hijos.»

En cuanto a los que los asesinaron, con la loca esperanza de detener la historia, están ya más muertos que los muertos.

El sentido del cambio, el sentido de lo *nuevo,* es precisamente lo que le falta al metafísico. Es eso, por el contrario, lo que constituye, en todas las circunstancias, la superioridad del *dialéctico.* Es eso lo que le da al marxismo su *fuerza creadora:* el marxismo no es un montón de recetas para todo, aplicables mecánicamente a todas las situaciones; como es una ciencia que se basa en los cambios, se enriquece mediante la experiencia. En oposición, el metafísico es indiferente a lo que cambia; «ha habido dos guerras mundiales –piensa–; tendrá, pues, que haber una tercera». A su alrededor todo cambia, pero él cierra los ojos. La burguesía se basa en apreciaciones semejantes: como sueña en su supervivencia, teme a la dialéctica, que le muestra su reino en declinación, aun cuando le parezca muy sólido al observador superficial, que toma por signos de fuerza el compás de los garrotazos.

La actitud científica no es conformarse con lo que se tiene «ante las narices», sino comprender lo que muere y *lo que nace.* Colocarlo todo sobre un mismo plano significa no respetar la realidad, falsearla, porque la realidad es movimiento. Los marxistas saben ver lejos porque consideran toda realidad en su movimiento, en su cambio: así, los comunistas, como verdaderos dialécticos, desde el principio han «revelado.., todo lo que contenía en germen el plan Marshall»[32] en los mismos momentos en que los jefes socialistas lo acogían como un plan de prosperidad.

Es una indicación inestimable para todos, y particularmente para los militares obreros. La unidad de acción, que al principio se practica aquí y allá, entre obreros comunistas y obreros socialistas, cuando se ha ampliado hasta el punto de hacer nacer en el corazón de las masas la certidumbre de la victoria

---

[32] Maurice Thorez, reunión del Comité Central en Issy-les-Moulineaux, junio de 1953.

próxima, es «lo que nace y se desarrolla», esa es la fuerza «invencible» que, como la brisa al convertirse en tempestad, barrerá todos los obstáculos. La lucha diaria por la unidad de acción entre trabajadores cuyas opiniones son diferentes, pero cuyos intereses son los mismos, se conforma a la segunda ley de la dialéctica.

Por el contrario, el sectario es *metafísico*. Bajo el pretexto de que su compañero de trabajo es socialista o cristiano, se niega a invitarlo a la acción común. Desconoce así la gran ley del cambio; no quiere ver que en la acción unida por un objetivo común, al principio limitado, después más vasto, la conciencia de este trabajador se transformará: la acción codo con codo destruye las aprensiones y los prejuicios. El sectario razona como si todo lo hubiera aprendido de un solo golpe. Olvida que no se nace revolucionario, que este se hace. Olvida que todavía hay mucho que aprender, y así, ¿no debiera más bien renegar contra sí mismo que contra «los otros»? El verdadero revolucionario es aquel que, *como dialéctico, crea las condiciones favorables para el ascenso de lo nuevo*. Mientras más se afirma la voluntad de los jefes socialistas de impedir la unidad, más afirma él, por su actitud hacia los trabajadores socialistas, su propia voluntad de unidad.

4. El tercer rasgo de la dialéctica: El cambio cualitativo

I. Un ejemplo

Si caliento agua, su temperatura se eleva de grado en grado. Cuando alcanza 100 °C, el agua entra en ebullición, *se transforma* (se cambia) en vapor.

Estas son dos clases de cambios: el aumento progresivo de la temperatura *constituye* un cambio de cantidad. Es decir, aumenta la *cantidad* de calor que encierra el agua. Pero en determinado momento el agua cambia de estado: su *cualidad* de líquido desaparece; se *convierte* en gas (sin cambiar, sin embargo, su naturaleza química).

Llamamos *cambio cuantitativo* al simple aumento (o la simple disminución) de la cantidad. Llamamos *cambio cualitativo* al paso de una *cualidad* a otra, al paso de un estado a otro (en este caso: paso del estado líquido al estado gaseoso).

El estudio del segundo rasgo de la dialéctica nos ha demostrado que la realidad es cambiante. El estudio del tercer rasgo de la dialéctica nos va a demostrar que existe un vínculo entre los cambios cuantitativos y los cambios cualitativos.

En efecto, y es esencial recordar esto, el cambio cualitativo (el agua líquida se convierte en vapor de agua) no es producto de la casualidad: resulta *necesariamente* del cambio cuantitativo, del aumento progresivo del calor. Cuando la temperatura alcanza un grado determinado (100 °C), el agua hierve, en las condiciones de la presión atmosférica normal. Si la presión atmosférica cambia, entonces, como todo se relaciona (primer rasgo de la dialéctica) cambia también el punto de ebullición; pero para un cuerpo determinado para una presión atmosférica determinada, el punto de ebullición siempre será el mismo. Eso demuestra claramente que el *cambio de cualidad* no es una ilusión; es un hecho objetivo, material, conforme a una ley natural. En consecuencia, es un hecho previsible: la ciencia investiga cuáles son los cambios de cantidad necesarios para que se produzca un cambio de cualidad.

En el caso del agua en ebullición, el vínculo entre las dos clases de cambios es indudable y claro.

La dialéctica considera que ese vínculo entre cambio cuantitativo y cambio cualitativo es una ley universal de la naturaleza y de la sociedad.

En la lección precedente hemos visto que la metafísica niega el cambio. O bien, que si lo admite, lo reduce a la repetición; hemos dado el ejemplo del mecanismo. El universo, entonces, es semejante a un péndulo cuyo balancín recorre sin cesar el mismo trayecto. Aplicada a la sociedad, tal concepción hace de la historia humana un ciclo que recomienza siempre, una repetición eterna. En otros términos, la metafísica es impotente para explicar lo *nuevo*. Y cuando lo nuevo se impone la metafísica lo interpreta como un capricho de la naturaleza o como el efecto de un decreto divino, de un milagro. Por el contrario, la dialéctica ni se asombra ni se escandaliza ante la aparición de lo nuevo. Lo nuevo resulta necesariamente de la acumulación gradual de pequeños cambios en apariencia insignificantes, cuantitativos: así es, mediante su propio movimiento, como la materia crea lo nuevo.

II. El tercer rasgo de la dialéctica

Por oposición a la metafísica, la dialéctica no examina el proceso de desarrollo de los fenómenos como un simple proceso de crecimiento, en que los cambios cuantitativos no se traducen en cambios cualitativos, sino como un proceso en que se pasa de los cambios cuantitativos insignificantes y ocultos a los cambios manifiestos, a los cambios radicales, a los cambios cualitativos; en que estos se producen, no de modo gradual, sino repentina y súbitamente, en forma de saltos de un estado de cosas a otro, y no de modo casual, sino con arreglo a leyes, como resultado de la acumulación de una serie de cambios cuantitativos inadvertidos y graduales.

El *cambio cualitativo*, decíamos en el párrafo precedente, es un cambio *de estado*: el agua líquida se convierte en vapor de agua; o todavía, el agua líquida se convierte en agua sólida (hielo). El huevo se convierte en polluelo. El botón se convierte en flor. El ser vivo muere, se convierte en cadáver.

El *desarrollo*: lo que aparece un día se ha desarrollado poco a poco, sin que lo parezca. No existe el milagro, sino una lenta preparación que solamente la dialéctica sabe descubrir. Maurice Thorez dice en *Hijo del pueblo* (p. 248): «El socialismo se desprenderá del capitalismo como la mariposa se desprende de la crisálida».

El *salto:* si un candidato necesita 60.223 votos para ser elegido, es precisamente el voto 60.223 el que realiza el salto cualitativo mediante el cual el candidato *se convierte* en diputado. Este salto, este cambio rápido, repentino, ha sido preparado, sin embargo, mediante una acumulación gradual e intensible de sufragios: 1 + 1 + 1... Este es un ejemplo muy sencillo del salto cualitativo, del cambio radical.

Del mismo modo, la flor abre de repente después de una lenta maduración. Igualmente la revolución que estalla públicamente es un cambio en forma de salto que ha preparado una lenta evolución.

Pero esto no quiere decir que todos los cambios cualitativos tomen la forma de *crisis,* de *explosiones.* Hay casos en que el paso a la nueva cualidad se realiza mediante cambios cualitativos graduales. Stalin demuestra en «El marxismo y la lingüística» que las transformaciones en el lenguaje se hacen mediante cambios cualitativos graduales.

Igualmente, mientras que el paso cualitativo de la sociedad dividida en clases hostiles a la sociedad socialista se realiza mediante explosiones, el desarrollo de la sociedad socialista se efectúa mediante cambios cualitativos graduales, sin crisis.

En un periodo de ocho a diez años realizamos en la agricultura de nuestro país la transición del sistema burgués, basado en las haciendas campesinas individuales al sistema socialista, al sistema koljosiano. Fue una revolución que liquidó el viejo sistema económico burgués en el campo y creó un nuevo sistema, el sistema socialista. Sin embargo, esta revolución no se efectuó por explosión, es decir, derrocando el Poder existente e instaurando un nuevo Poder, sino por transición gradual del viejo sistema burgués en el campo a un nuevo sistema. Y ello fue posible porque se trataba de una revolución desde arriba, porque la revolución se llevó a cabo por iniciativa del Poder existente con el apoyo de las masas fundamentales del campesinado.

De la misma manera, aún el paso del socialismo al comunismo es un cambio cualitativo, pero que se efectúa sin *crisis,* porque en el régimen socialista los hombres, armados de la ciencia marxista, son los amos de su historia y porque la sociedad socialista no está formada por clases hostiles, antagónicas.

Así, se ve que es necesario estudiar en cada caso el *carácter específico* que toma el cambio cualitativo. No hay que identificar mecánicamente todo cambio cualitativo con una explosión. Pero, sea cual fuere la forma que reviste el cambio cualitativo, jamás hay cambio cualitativo sin preparación previa. Lo que es *universal* es el vínculo *necesario* entre el cambio cuantitativo y el cambio cualitativo.

III. *En la naturaleza*

Tomemos un litro de agua. Dividamos este volumen en dos partes iguales; la división no cambia en absoluto la naturaleza del cuerpo; medio litro de agua sigue siendo agua. Podemos continuar la división obteniendo cada vez fracciones más pequeñas: del tamaño de un dedal, una cabeza de alfiler..., siempre es agua. No hay ningún cambio cualitativo. Pero llega un momento en que alcanzamos la molécula[33] de agua: esta contiene dos átomos de hidrógeno y un átomo de oxígeno. ¿Podemos proseguir la división, disociar la molécula? Sí, mediante un método apropiado... ¡pero entonces ya no es agua! Es hidrógeno y oxígeno. El hidrógeno y el oxígeno obtenidos mediante la división de una molécula de agua no tienen las propiedades del agua. Todos saben que el oxígeno mantiene la llama, pero que el agua apaga los incendios.

---

[33] Un cuerpo, sea el que fuere, está compuesto de moléculas. La molécula es la cantidad más pequeña de una combinación química dada. Está constituida por átomos: un átomo es la parte más pequeña de un elemento que puede entrar en combinación. Las moléculas de un cuerpo simple (oxígeno, hidrógeno, nitrógeno...). Las moléculas de un cuerpo compuesto (agua, sal de cocina, bencina) contienen átomos de diversos cuerpos compuestos.

Este ejemplo es una ilustración de la tercera ley de la dialéctica: el cambio cuantitativo (aquí: la división gradual del volumen del agua) acarrea necesariamente un cambio cualitativo (liberación repentina de dos cuerpos *cualitativamente diferentes* del agua).

La naturaleza es pródiga en tales procesos.

> [...] En la naturaleza, y de un modo claramente establecido para cada caso singular, los cambios cualitativos Solo pueden producirse mediante la adición o sustracción cuantitativas de materia o de movimiento (de lo que se llama energía)[34].

Engels mismo da varios ejemplos:

> [...] Basta fijarse en el oxígeno: si se combinan tres átomos para formar una molécula, en vez de los dos de la combinación usual, tenemos el ozono, un cuerpo que se distingue claramente del oxígeno corriente, tanto por el olor como por los efectos. Y no hablemos ya de las diferentes proporciones en que el oxígeno se combina con el nitrógeno o el azufre y cada una de las cuales forma un cuerpo cualitativamente distinto de los otros. El gas hilarante (monóxido de dinitrógeno, N_2O) es muy distinto del anhídrido nítrico (pentóxido de dinitrógeno, N_2O_5). El primero es un gas; el segundo, bajo temperatura corriente, un cuerpo sólido cristalino. Y, sin embargo, toda la diferencia de composición entre ambos cuerpos se reduce a que el segundo contiene cinco veces más oxígeno que el primero, y entre uno y otro se hallan, además, otros tres óxidos del nitrógeno (NO, N_2O_3, NO_2), todos ellos cualitativamente distintos de aquellos dos y entre sí[35].

Este vínculo necesario entre cantidad y cualidad es lo que ha permitido a Mendeléiev hacer una clasificación de los ele-

---

[34] F. Engels: *Dialéctica de la naturaleza,* cit., p. 42.
[35] Engels: *Dialéctica de la naturaleza,* cit., pp. 44-45.

mentos químicos[36]: los elementos se ordenan o clasifican por pesos atómicos crecientes[37]. Esta clasificación *cuantitativa* de los elementos, desde el más ligero (el hidrógeno) al más pesado (el uranio) hace aparecer sus diferencias *cualitativas,* sus diferencias de propiedades. La clasificación así establecida, sin embargo, presuponía huecos: Mendeléiev sacó la conclusión de que había elementos cualitativamente nuevos por descubrir en la naturaleza; describió por anticipado las propiedades químicas de uno de esos elementos que, como consecuencia, había de ser descubierto efectivamente. Gracias a la clasificación metódica de Mendeléiev, se ha podido prever *y* obtener artificialmente más de diez elementos químicos que no existían en la naturaleza.

La química nuclear (que estudia el *núcleo* del átomo), al mismo tiempo que ampliaba considerablemente el campo de nuestros conocimientos, ha permitido comprender mejor toda la importancia del vínculo necesario entre cantidad y cualidad. Así fue con Rutherford, bombardeando átomos de nitrógeno con átomos de helio (corpúsculos atómicos producidos por la desintegración del átomo del radio) realizó la transmutación de los átomos de nitrógeno en átomos de oxígeno. Notable *cambio cualitativo.* Pero el estudio de este cambio ha demostrado que está condicionado por un *cambio cuantitativo:* bajo el efecto del helio, el núcleo de nitrógeno –que tiene 7 protones[38]– pierde un protón; pero «fija» los dos protones del nú-

---

[36] El elemento es la parte común a todas las variedades de un cuerpo simple y a los compuestos que se derivan. Ejemplo: el azufre se conserva en todas las variedades de azufre y en los compuestos de azufre. Hay 92 elementos naturales, que se conservan al efectuarse reacciones químicas entre los cuerpos. Pero, en ciertas condiciones, existe transmutación de elementos (radioactividad).

[37] El peso atómico de un elemento representa la relación del peso del átomo de este elemento con el peso del átomo de un elemento tipo (hidrógeno u oxígeno).

[38] El protón y el neutrón constituyen el núcleo del átomo.

cleo de helio. Esto da un núcleo de 8 protones, es decir, un núcleo de oxígeno.

Las ciencias de la vida podrían presentarnos igualmente abundancia de ejemplos. El desarrollo de la naturaleza viva, en efecto, no es asimilable a una repetición pura y simple de los mismos procesos: tal punto de vista hace ininteligible la evolución; en suma, es el de la genética clásica (especialmente de Weissman) para quien el proceso del ser vivo está contenido íntegramente y por adelantado en una sustancia hereditaria (los genes), sustraída a todo cambio e indiferente a la acción del medio. Entonces sería imposible comprender la aparición de lo nuevo. De hecho el desarrollo de la naturaleza viva se explica por una acumulación de cambios cuantitativos que se transforman en cambios cualitativos. Por eso Engels escribía:

> [...] es locura querer explicar el nacimiento, aunque sea de una sola célula, partiendo directamente de la materia inerte y no de la albúmina viva no diferenciada, creer que con un poco de agua hedionda se puede obligar a la naturaleza a hacer, en veinticuatro horas, lo que ha costado millones de años[39].

Se observará que este desarrollo a la vez cuantitativo y cualitativo de la naturaleza viva es propio para hacer comprender lo que se entiende, en dialéctica, por paso de lo simple a lo complejo, de lo *inferior a lo superior.* Las especies que engendra la evolución son, en efecto, cada vez más complejas; la estructura de los seres vivos se diferencia cada vez más. De igual modo, a partir del huevo se forma un gran número de órganos, cualitativamente distintos, cada uno de los cuales tiene su función particular: el crecimiento de un ser vivo no es, pues, una

---

[39] F. Engels: *Dialéctica de la naturaleza,* cit., p. 168.

simple multiplicación de células, sino un proceso que pasa por numerosos cambios cualitativos.

Si abordamos el estudio del sistema nervioso y la psicología encontraremos la ley del tránsito de la cantidad a la cualidad bajo las formas más diversas.

Por ejemplo: la *sensación* (sensación de luz, de calor, sensación auditiva, táctil, etc.), que es un fenómeno propio del sistema nervioso, Solo aparece cuando la excitación, es decir, la acción física del estímulo sobre el sistema nervioso, alcanza cierto nivel cuantitativo que se llama umbral de la sensación. Así, una excitación luminosa Solo puede transformarse en sensación si tiene una duración y una intensidad mínimas. El umbral de la sensación es el punto en que se opera el salto de la *cantidad* del estímulo a la *cualidad* de la reacción: por debajo del umbral todavía no hay sensación, si el estímulo es demasiado débil.

Igualmente, el concepto se constituye mediante la práctica repetida a partir de las sensaciones.

La continuación de la práctica social da lugar a que, en la práctica de los hombres, se produzcan reiteradas repeticiones de sensaciones e imágenes de cosas, debido a lo cual, en el cerebro del hombre se verifica un salto en el proceso del conocimiento, formándose los conceptos.

La sensación, en efecto, es un reflejo parcial de la realidad: Solo nos entrega los aspectos exteriores. Pero los hombres, mediante la práctica social repetida, mediante el trabajo, profundizan esta realidad, llegan a la comprensión de los procesos internos, que se les escapaban al principio; tienen acceso a las leyes que, por encima de la apariencia, explican lo real. Esta conquista es el *concepto,* cualitativamente nuevo, en relación a las sensaciones, aunque estas sean –en gran número– *necesarias* para la elaboración del concepto. Por ejemplo, el concepto del calor no hubiera podido constituirse jamás si los hombres no hubieran tenido la sensación de calor en circunstancias infinitamente numerosas y variadas. Pero para pasar de las sensaciones al concepto real del calor, como *forma de energía,* se necesitó una práctica social milenaria, que ha hecho posible la asimilación de las propiedades fundamentales del calor: los hombres han aprendido a «hacer fuego», a utilizar sus efectos caloríficos de cien modos para la satisfacción de sus necesidades; después, mucho más tarde, aprendieron a medir una cantidad de calor, a transformar el calor en trabajo, el trabajo en calor, etcetera.

Igualmente el paso del deslinde, nacido de las necesidades sociales (medir las tierras) a la geometría (ciencia de figuras abstractas) es una transformación de las sensaciones, progresivamente acumuladas en la práctica, en conceptos.

Del mismo modo en cuanto a los principios de la lógica que, a los ojos de los metafísicos, son ideas innatas. Por ejemplo, este axioma universalmente difundido *«el todo es mayor que la parte, la parte es menor que el todo»,* es, como figura lógica, un producto cualitativamente nuevo de una práctica que se impuso a las sociedades más antiguas bajo diversas formas: se necesita menos alimento para mantener a un hombre que para mantener a veinte.

Lenin escribió en sus *Cuadernos filosóficos:*

> La actividad práctica del hombre ha tenido que llevar millares de veces a la conciencia del hombre a repetir diferentes figuras lógicas para que las mismas puedan adquirir el valor de axiomas[40].

Y todavía:

> La práctica del hombre, al repetirse millares de veces, se fija en la conciencia del hombre, en las figuras de lógica.

---

[40] Los «axiomas» son las verdades más generales y más fundamentales de la ciencia matemática. El idealismo los interpreta como una revelación del espíritu. Pero, como toda verdad, los axiomas son el fruto de una laboriosa conquista.

La tercera característica de la dialéctica nos encamina hacia una interpretación racional de la *invención;* el metafísico considera la aparición de nuevas ideas, la invención, como una especie de revelación divina; o bien la atribuye al azar. La invención (en las técnicas, las ciencias, las artes, etcétera) ¿no es más bien un cambio cualitativo que se opera en el reflejo mental de la realidad, y que se prepara mediante la acumulación de pequeños cambios insignificantes de la práctica humana? Por eso los grandes descubrimientos se hacen solamente cuando se dan las condiciones objetivas que los hacen posibles.

Los últimos ejemplos que hemos elegido (paso de la sensación al concepto; invención provocada por una larga práctica) nos permiten subrayar un aspecto importante del paso cantidad a la de la cualidad. El tránsito del viejo estado cualitativo a otro nuevo es, en efecto, y con frecuencia, *un progreso.* Es un paso, pues, de *lo inferior a lo superior.* Así es cuando el hombre supera la sensación (forma inferior de conocimiento) para llegar al concepto (forma superior de conocimiento). Pero así es igualmente en el paso cualitativo de lo no vivo a lo vivo; tal cambio de estado constituye un progreso decisivo. El movimiento que logró tales transformaciones cualitativas es, pues, «un movimiento progresivo, ascendente».

Veremos que esto sucede igualmente en el desarrollo de las sociedades.

IV. En la sociedad

En la lección precedente hemos comprobado que, como la naturaleza, la sociedad es movimiento.

Este movimiento procede del tránsito de los cambios cuantitativos a cualitativos.

Es lo que Lenin había comprendido cuando era todavía estudiante en la Universidad de Kazán, en 1897, y ya incorporado a la acción revolucionaria contra el zarismo. El comisario de policía le dijo: «Se lanza usted contra un muro» —«¿Un

muro? –contestó Lenin– Sí, ¡pero está podrido! De un empu-
jón se derrumba». El zarismo, en realidad, como el muro bajo
el efecto inexorable de la lluvia, se había podrido de año en
año; Lenin comprendía que el cambio cualitativo (el desplome
del régimen) estaba próximo.

Las transformaciones cualitativas de la sociedad van prepa-
rándose, así, mediante lentos procesos cuantitativos.

La *revolución* (cambio cualitativo) es, pues, el producto histórico necesario de una *evolución* (cambio cuantitativo). Se ha
definido así el aspecto cuantitativo y el aspecto cualitativo del
movimiento social:

El método dialéctico afirma que el movimiento tiene doble
forma: evolutiva y revolucionaria.

El movimiento es evolutivo cuando los elementos progresivos continúan espontáneamente su labor cotidiana e introdu-
cen en el viejo régimen pequeños cambios, modificaciones
cuantitativas.

El movimiento es revolucionario cuando esos mismos elementos se penetran de una misma idea y se precipitan contra el
campo enemigo, para destruir de raíz el viejo régimen e introducir
en la vida cambios *cualitativos,* instaurando un nuevo régimen.

La evolución prepara la revolución y crea el terreno para
ella, y la revolución corona la evolución y contribuye a su obra
ulterior[41].

Durante las jornadas de 1905, el proletariado, «enderezan-
do sus espaldas, asaltó los depósitos de armas y se lanzó al
ataque contra la reacción». Movimiento revolucionario preparado por la larga evolución de los años anteriores «cuando el
proletariado, en condiciones de desarrollo pacífico, se limitaba
a declarar huelgas parciales y a fundar pequeños sindicatos».

---

[41] Recordemos los versos de Paul Éluard:

> *No eran más que unos pocos*
> *y de pronto fueron multitud.*

Del mismo modo, la Revolución francesa de 1789 fue preparada mediante una lucha de clases secular. En algunos años (1789, 1790...) se produjeron en Francia cambios cualitativos considerables que no hubieran sido posibles sin la acumulación gradual de cambios cuantitativos, es decir, sin las innumerables luchas parciales con que la burguesía atacó al feudalismo hasta el asalto decisivo y la instalación de los capitalistas en el poder.

En cuanto a la Revolución socialista de Octubre de 1917, se leerá en la *Historia del Partido Comunista de la Unión Soviética* cómo ese prodigioso cambio cualitativo, la fecha más grande de la historia, fue preparado mediante una serie de cambios cuantitativos. Si se quiere limitar al periodo 1914-1917, estúdiense los capítulos V, VI y VII: ellos muestran la vía mediante la cual el movimiento de masas se amplió durante estos años cruciales hasta la toma del poder por los Sóviets.

Conviene observar aquí (como lo hemos hecho al final del punto III de esta lección), que el paso del viejo estado cualitativo al nuevo constituye un *progreso*. El Estado capitalista es superior al Estado feudal; el Estado socialista es superior al capitalista. La revolución asegura el paso de lo inferior a lo superior. ¿Por qué? Porque pone en concordancia el régimen económico de la sociedad con las exigencias del desarrollo de las fuerzas productivas.

Es muy importante no separar jamás el aspecto cualitativo y el aspecto cuantitativo del movimiento social y considerarlos en su vínculo necesario. Constituye un error fundamental dejar de ver uno u otro.

Ver solamente la evolución es caer en el *reformismo,* para el cual las transformaciones de la sociedad son realizables sin revolución. De hecho, el reformismo es una concepción burguesa; desarma a la clase obrera, haciéndole creer que el capitalismo desaparecerá sin lucha. El reformismo es el adversario de la revolución, puesto que preconiza

[...] remiendos parciales del régimen que sucumbe a fin de dividir y debilitar a la clase obrera, a fin de mantener el poder de la burguesía contra el derrocamiento revolucionario de este poder[42].

El reformismo es difundido por los jefes socialistas, como Jules Moch, como Blum, quien se proclama «gerente leal del capitalismo». Esa era la posición de Kautsky, para quien el capitalismo imperialista debía transformarse por sí mismo en socialismo. Estos falsificadores del marxismo invocan, menospreciando la dialéctica, una pretendida «ley general de la evolución armónica». Así justifican ellos su traición a la clase obrera. Su programa es

[...] la guerra a la idea de la revolución, a la «esperanza» en la revolución (al reformista estas «esperanzas» le parecen vagas, puesto que no comprende la profundidad de las contradicciones económicas y políticas contemporáneas), guerra a toda actividad consistente en la organización de las fuerzas y preparación de los espíritus para la revolución[43].

El extremo opuesto es otra concepción igualmente antidialéctica y, en consecuencia, contrarrevolucionaria: es *el aventurerismo,* que caracteriza especialmente a anarquistas y blanquistas. El aventurerismo consiste en negar la necesidad de preparar el cambio cualitativo (la revolución) mediante la evolución cuantitativa. Concepción tan metafísica como la precedente, puesto que Solo ve un aspecto del movimiento social.

Querer la revolución sin crear las condiciones necesarias para ella es, evidentemente, hacerla imposible. El aventurerismo

---

[42] Lenin: «El reformismo en la socialdemocracia rusa», en *Marx, Engels y el marxismo,* Moscú, Ed. en Lenguas Extranjeras, 1948, p. 273.
[43] *Ibid.,* p. 285.

(revolucionarismo) y el reformismo son, pues, idénticos en cuanto al fondo.

Pero los aventureristas procuran ilusionar mediante las «frases» izquierdistas. Hablan de acción en todo caso, pero es para impedir mejor la verdadera acción. En efecto, desprecian las acciones modestas, los pequeños cambios cuantitativos, necesarios, sin embargo, para las transformaciones sucesivas.

En el tomo IV de sus *Obras completas,* p. 129, Maurice Thorez hace la crítica de cierto número de carteros comunistas que, en 1932, en diversos departamentos, se habían manifestado contra una petición reivindicativa dirigida por el conjunto de sus colegas de los transportes, a los parlamentarios. Dijeron a los solicitantes: «*Primero* afíliense al sindicato unitario (CGTU), de lo contrario su petición no sirve de nada». Maurice Thorez explica:

> No se debe menospreciar la petición, ni siquiera oponiéndole una frase sobre «la acción de masas». La petición es una forma –sin duda elemental– de la acción de masas. Es, al mismo tiempo, un medio de presión sobre el destinatario y un elemento de reunión y de organización para los firmantes.
>
> En el caso que nos interesa, la petición es una forma organizada de la protesta de los asalariados contra su Estadopatrón y contra aquellos –los parlamentarios– que se consideran depositarios de una parte del poder del Estado.
>
> La petición puede tener y tendrá un alcance real sobre los poderes públicos, si en lugar de condenarla, los elementos revolucionarios la comparten, si les explican paciente y fraternalmente a sus compañeros de trabajo que la petición no es más que uno de los numerosos medios de lucha, que hay otros medios que completan y apoyan la petición y que, por ejemplo, una manifestación realizada oportunamente en el departamento, en la región, incluso en el país, por toda la corporación, dará más peso a las firmas.

Maurice Thorez observa que la petición

> ayuda a la realización del frente único en la base. Se imagina fácilmente las conversaciones que se entablan, a propósito de cada firma, entre compañeros de trabajo unitarios, confederados, autónomos o no organizados. Cada uno expresa su opinión, dice sus preferencias. Sin embargo, cada uno estima que la manifestación consciente de la inmensa mayoría, tal vez incluso de la totalidad de los empleados de correos, tendrá un efecto seguro. Es evidente que el sindicalizado unitario, tanto al firmar como al hacer firmar, ha formulado su opinión sobre la acción que se debe desarrollar. Propuso, por ejemplo, la elección de comités para las reclamaciones. Firmó la petición eventual de los reglamentos. ¡Habló de la posibilidad de una huelga! Su camarada confederado o no organizado, lo ha escuchado, le ha presentado objeciones, ha solicitado explicaciones más completas. Es un primer acercamiento por la base, en vista de una acción común que rendirá sus frutos.

No se debe

> discursear sobre «la acción de masas» sino enseñar a suscitar, a organizar, a sostener las formas más modestas de la protesta de las masas a fin de poder llegar con los proletarios, y a su cabeza, a las formas más elevadas de la lucha de clases[44].

En efecto, es en estas luchas parciales donde los trabajadores se educan, acumulando una experiencia irremplazable. La acción diaria por una reivindicación modesta, pero común, abre el camino para una acción de más vasto alcance. La constitución de comités de base, donde los trabajadores discuten y

---

[44] Maurice Thorez: *Œuvres complètes,* L. II, t. IV, París, Éditions Sociales, 1951, pp. 129-131.

deciden fraternalmente los objetivos y los medios, he ahí la condición del frente único. ¿Cómo obtener cambios decisivos si no se realiza este paciente trabajo? Del mismo modo, mediante la acumulación de sus millones de firmas, las gentes honestas acabaron por «arrancar» la firma presidencial que hizo salir a Henri Martin del presidio.

Así es como la tercera ley de la dialéctica demuestra su alcance práctico, su fecundidad. Ella aclara las perspectivas reales, dándonos la certidumbre científica de que la realización del frente único y la unión de la nación francesa alrededor de la clase obrera serán las consecuencias *necesarias* de los cambios cuantitativos que se realizan en las luchas diarias, al precio de oscuros y pacientes esfuerzos que los trabajadores más conscientes prosiguen en sus empresas y en sus oficinas. La amplitud formidable de las huelgas de agosto de 1953 fue la consecuencia, precisamente, de las innumerables acciones locales que se habían desarrollado por todas partes durante los meses que las precedieron. En los momentos más álgidos del movimiento de agosto un responsable sindical expresaba cómo los trabajadores que diez días antes parecían indiferentes a toda argumentación, después se encontraban entre los más resueltos: «Decididamente, jamás se pierde nada...», concluía. Y es cierto: no se pierde nada de los esfuerzos que se prosiguen en el sentido de la historia, de las explicaciones dadas, de las aclaraciones hechas. La acumulación cuantitativa prepara la transformación cualitativa, aun cuando no lo parezca.

Por eso es erróneo pensar que la política reaccionaria de los políticos burgueses durará «todavía mucho tiempo», bajo el pretexto de que la mayoría de la Asamblea «está con ellos». Es falso decir que Francia es «un país acabado», condenado a vegetar bajo la tutela norteamericana. Desde todas partes se acumulan las fuerzas que pondrán fin a la política de deshonor, y a las empresas de los corrompidos. Desde todas partes, día tras día, se acumulan las fuerzas que torcerán un día el curso de los acontecimientos y volverán a colocar a Francia en el verdadero día de su grandeza. El pueblo es quien tendrá la última palabra. Decir que en Francia «es posible otra política» que la de la burguesía reaccionaria y antinacional no es ceder a las ilusiones, es enunciar una verdad científica.

V. *Conclusión*

El tercer rasgo de la dialéctica permite concluir que en política, para no equivocarse, hay que ser revolucionario y no reformista. La actitud revolucionaria es la única actitud dialéctica, puesto que reconoce la necesidad objetiva de los cambios cualitativos, producidos por una evolución cuantitativa.

El metafísico, o bien niega los cambios cualitativos o bien, si los admite, no se los explica y los atribuye al azar o al milagro. La burguesía tiene gran interés en estos errores y los divulga profusamente. Por ejemplo, la llamada prensa de información presenta al gran público los acontecimientos políticos y sociales sin las ligazones internas que los preparan y los hacen inteligibles. De donde procede la idea de que «no se trata de entenderlos».

El dialéctico, por lo contrario, comprende el movimiento de la realidad como unión necesaria de los cambios cuantitativos y los cambios cualitativos y los une en su práctica. El izquierdista que Solo tiene en la boca frases «revolucionarias» no hace nada, en la espera perpetua de que llegue el momento decisivo de «La Revolución». El reformista, precisamente porque cree que la evolución «natural» transforma la sociedad, no lucha ni siquiera por las reformas que desea. Solo el dialéctico comprende que hay que luchar para obtener reformas y que es bueno hacerlo, porque sabe que la revolución está ligada a la evolución. Únicamente los revolucionarios pueden, mediante su participación en la acción, dar un contenido realmente progresista a las reformas. Son los únicos, porque, como dialécticos, pueden unir a su alrededor –primero en las acciones pequeñas, después en las más grandes– a los trabajadores engañados por el reformismo como aquellos a quienes seduce «la fraseología izquierdista». Solo un dialéctico puede comprender el valor de los cambios cuantitativos graduales, la diversidad de las vías de la lucha por el socialismo según las condiciones, en resumen, esta verdad de que la revolución es un proceso. Únicamente los maestros de la dialéctica pudieron guiar a las masas laboriosas en las conquistas del Frente Popular y de Liberación. Al emprender la más mínima acción como revolucionario y no como reformista, el dialéctico expresa en todo su sentido las justas palabras de *La Internacional:*

> Agrupémonos todos en la lucha final, y se alcen los pueblos con valor por la Internacional.

La victoria universal del proletariado no es una utopía, es una certeza fundada objetivamente.

Observaciones

a) Hemos dicho: los cambios cuantitativos insignificantes conducen a los cambios cualitativos radicales.

Eso significa que no se puede separar la cantidad de la cualidad, y esta de la cantidad, y que es arbitrario aislarlas (como lo hace, por ejemplo, el metafísico Bergson, para quien la materia es cantidad pura y el espíritu cualidad pura). La realidad es a la vez cuantitativa y cualitativa. Y es necesario comprender bien que el cambio cualitativo es *el paso de una cualidad a otra.* La cualidad «líquida» se convierte en cualidad «gas» cuando el líquido alcanza, por acumulación cuantitativa, cierta temperatura.

Incluso en matemáticas (de la cual los metafísicos quisieran hacer una ciencia exclusiva de la cantidad, la cantidad y la cualidad son inseparables. Sumar números enteros ($5 + 7 + 3...$) es un proceso cuantitativo; pero tiene un aspecto cualitativo porque los números enteros son números de *cierta especie,* que tienen una calidad diferente de los números fraccionarios, de los números algebraicos, etc. La diversidad *cualitativa* de los números es considerable: cada especie tiene sus propiedades. Sumar números enteros, o números quebrados, o números algebraicos, se dirá, es siempre sumar; sí, pero la suma contiene cada vez cualidades diferentes. Igualmente: sumar 5 sombreros o sumar 5 locomotoras es siempre sumar, pero los objetos son cualitativamente muy diferentes. La cantidad siempre es cantidad de *alguna cosa,* es cantidad de una cualidad.

b) La cantidad se transforma en cualidad. Pero, *recíprocamente, la cualidad se transforma en cantidad,* puesto que son inseparables.

Ejemplo: las relaciones de producción capitalistas, a partir de cierto momento, frenan el desarrollo cuantitativo de las fuerzas productivas o incluso acarrean su regresión. La transformación cualitativa de las relaciones de producción se traduce por *la socialización de las fuerzas productivas,* que así toman un nuevo impulso. Consecuencia: las fuerzas productivas tendrán un gran desarrollo *cuantitativo.*

5. El cuarto rasgo de la dialéctica: La lucha de los contrarios (I)

I. La lucha de los contrarios es el motor de todo cambio. Un ejemplo

Hemos visto que toda realidad es movimiento y que este movimiento, que es universal, reviste dos formas; cuantitativa y cualitativa, necesariamente ligadas entre ellas. Pero *¿por qué* hay movimiento? ¿Cuál es la fuerza motriz del cambio y, en particular, de la transformación de la cantidad en cualidad, del paso de una cualidad a otra nueva?

Contestar a esta pregunta es enunciar la cuarta característica de la dialéctica, *la ley fundamental de la dialéctica,* la que nos da la razón del movimiento.

Un ejemplo muy concreto nos mostrará esta ley.

Yo estudio la filosofía marxista, el materialismo dialéctico. Esto Solo es posible si, *a la vez* que tengo conciencia de mi ignorancia, tengo la voluntad de superarla, la voluntad de conquistar el saber. La fuerza motriz de mi estudio, la *condición absoluta* del progreso en el estudio, es la lucha entre mi ignorancia y mi deseo de superarla, es la *contradicción* entre la conciencia que tengo de mi ignorancia y la voluntad que tengo de salir de ella. Esta lucha de los contrarios, esta contradicción no es exterior al estudio. Si progreso es en la medida en que se plantea esta contradicción, *sin cesar.* Ciertamente, cada una de las adquisiciones que orientan mi estudio es una *solución* de esta contradicción (hoy sé lo que ignoraba ayer); pero luego surge una nueva contradicción entre lo que sé... y lo que tengo conciencia de ignorar; por ello, tengo que hacer un nuevo esfuerzo en el estudio, encontrar una nueva solución, hacer un nuevo progreso. El que cree que todo lo sabe no progresará jamás, puesto que no tratará de superar su ignorancia. El principio de este movimiento, que es el estudio, el motor de un paso gradual de un saber menor a un mayor saber es, pues, la lucha de los contrarios, la lucha entre *mi ignorancia* (por una parte) y (por otra parte) *la conciencia de que debo superar mi ignorancia.*

II. *El cuarto rasgo de la dialéctica*

Por oposición a la metafísica, la dialéctica parte del criterio de que los objetos y los fenómenos de la naturaleza llevan siempre implícitas contradicciones internas, pues todos ellos tienen su lado positivo y su lado negativo, su pasado y su futuro, su lado de caducidad y su lado de desarrollo; del criterio de que la lucha entre estos lados contrapuestos, la lucha entre lo viejo y lo nuevo, entre lo que caduca y lo que se desarrolla, forma el contenido interno de la transformación de los cambios cuantitativos en cambios cualitativos.

El estudio de la contradicción como principio del desarrollo nos permitirá reconocer sus principales características: la contradicción es *interna: es innovadora; hay una unidad de los contrarios.*

III. Caracteres de la contradicción

a) La contradicción es interna.

Toda realidad es movimiento, como hemos visto. Pero no existe movimiento que no sea producto de una contradicción, de una lucha de contrarios. Esta contradicción, esta lucha es *interna,* es decir, no es exterior al movimiento que se considera, sino que es su verdadera esencia.

¿Es esta una afirmación arbitraria? No. Si se reflexiona un poco quedará demostrado, en efecto, que si no hubiera ninguna contradicción en el mundo, este no cambiaría. Si la semilla no fuera más *que* la semilla, seguiría siendo semilla, indefinidamente; pero lleva en *ella misma* el poder de cambiar, puesto que se convertirá en planta. La planta sale de la semilla y su nacimiento implica la desaparición de la semilla. Así es toda realidad; puesto que cambia es porque, *en su esencia,* es a la vez ella misma y otra cosa que ella misma. ¿Por qué la vida, después de haber dado sus flores y sus frutos, declina hasta la muerte? Porque no es más que la vida. La vida se transforma en la muerte *porque* la vida contiene una contradicción interna, porque es la lucha cotidiana contra la muerte (a cada instante mueren las células, las reemplazan otras, hasta el día en que la muerte prevalezca). El metafísico opone la vida a la muerte como dos absolutos, sin ver su unidad profunda, unidad de fuerzas contrarias. Un universo absolutamente carente de toda contradicción estaría condenado a repetirse: jamás podría suceder nada nuevo. La contradicción es, pues, *interna* en todo cambio.

La causa fundamental del desarrollo de las cosas no se encuentra en el exterior, sino *en el interior de las cosas,* en la naturaleza contradictoria inherente a las cosas mismas. Toda cosa, todo fenómeno, tiene sus contradicciones internas inherentes. Son ellas las que nutren el movimiento y el desarrollo de las cosas. Las contradicciones inherentes a las cosas y a los fenómenos son la causa fundamental de su desarrollo...

Lenin ya decía: «El desarrollo es la lucha de los contrarios».

¿No es verdad –para volver a utilizar el ejemplo del hombre que estudia– que este hombre es a la vez ignorancia y necesidad de aprender? Mientras estudia, es la lucha de estas dos fuerzas contrarias. Ahí está bien expresada la esencia del hombre que estudia (la esencia: la naturaleza profunda).

Si volvemos al proceso examinado en la lección precedente: la transformación del agua, ya sea en hielo o en vapor de agua, comprobamos que tal transformación se explica por la presencia de una contradicción interna: contradicción entre las fuerzas de cohesión de las moléculas del agua, por una parte, y por la otra, el movimiento propio de cada molécula (energía cinética que impulsa a la dispersión de las moléculas); contradicción entre las fuerzas de cohesión y las fuerzas de dispersión. Es claro que cuando uno se limita a examinar el agua en estado líquido, entre 0 y 100 °C, esta lucha no se manifiesta, todo parece en calma, inerte. Lo que aparece, es la estabilidad del estado líquido. El aspecto aparente (el fenómeno) disimula la realidad profunda, la esencia, es decir, la lucha entre fuerzas es precisamente el contenido real del estado líquido. Y esta contradicción es la que explica la transformación súbita del agua líquida o del agua en vapor de agua. El paso cualitativo a un nuevo estado Solo es posible mediante la victoria de una de las fuerzas contrarias sobre la otra. Victoria de las fuerzas de cohesión en el paso del estado líquido al gaseoso. Victoria que no destruye las fuerzas contrarias, sino que cambia, en alguna forma, su «signo»: en el estado sólido, es el movimiento de las moléculas lo que constituye el aspecto *negativo* (o secundario); en el estado gaseoso, la tendencia a la cohesión es la que constituye el aspecto *negativo* (o secundario).

El agua, sea cual fuere su estado del momento, es, pues, lucha de fuerzas contrarias, que son las fuerzas *internas,* y por eso se explican sus transformaciones.

¿Quiere decir que las condiciones *externas,* circundantes, no desempeñan ningún papel? No. El estudio de la primera ley de la dialéctica (todo se relaciona) nos ha demostrado que jamás se debe aislar una realidad de sus condiciones circundantes. En el caso del agua, existe una condición externa, necesaria para el cambio de estado: es la disminución o la elevación de la temperatura. La elevación de la temperatura hace posible el aumento de la energía cinética de las moléculas, o sea de su velocidad. El enfriamiento tiene el efecto inverso. Pero no hay que perder de vista que, si no hubiera contradicciones internas en el objeto que se examina (en este caso: el agua) –como lo hemos señalado antes– la acción de las condiciones externas no se efectuaría. La dialéctica considera como esencial, pues, el descubrimiento de las contradicciones internas, inherentes al proceso que se estudie, y que son las únicas que hacen comprender este proceso específico.

Eso es lo que el espíritu metafísico no puede admitir. Como ignora las contradicciones internas, que constituyen la realidad y el motor de todo cambio cualitativo, se ve obligado a explicar todos los cambios mediante intervenciones externas. Es decir, ya sea mediante «causas» sobrenaturales (Dios crea la vida, los pensamientos, los reinos), o mediante causas artificiales: hay hombres privilegiados que poseen el misterioso poder de hacer cambiar las cosas; esos son algunos «conductores» que «hacen» la revolución, que «siembran sublevaciones», etc., etc. Así es como algunos ideólogos reaccionarios llevan la Revolución (francesa) de 1879 a la acción catastrófica de algunos malos pastores. Igualmente en cuanto a la Revolución socialista de Octubre de 1917. La dialéctica, por el contrario, demuestra específicamente que la salida revolucionaria como solución de los problemas que se plantean al desarrollo social es inevitable si existe una contradicción interna, que constituye esta sociedad: contradicción entre clases antagónicas. La revolución es el producto de esta contradicción, que pasa por diversas etapas; la revolución no viene ni de Dios ni del diablo.

Debe recordarse el papel respectivo de las contradicciones internas (causas fundamentales) y de las condiciones externas (causas de segundo orden). Ello permite, en efecto, comprender, especialmente que «la revolución no se exporta». Ninguna transformación cualitativa puede ser producto directo de una intervención exterior. Así es como la existencia y los progresos de la Unión Soviética han transformado las condiciones generales de la lucha del proletariado en los países capitalistas. Pero ni la existencia ni los progresos de la Unión Soviética tienen el poder de engendrar el socialismo en los otros países: Solo el desarrollo propio de la lucha de clases en cada país capitalista, el desarrollo de las contradicciones *internas* que caracterizan a los países capitalistas, puede acarrear los cambios revolucionarios en estos países. De ahí la frase a menudo repetida por Stalin: «Cada país, si así lo quiere, hará por sí mismo su propia revolución; y si no lo quiere, no habrá revolución». Así sucede con el niño: todos los medios que se empleen para hacerlo caminar serán inútiles, mientras su desarrollo interno, orgánico, no le permita caminar.

b) La contradicción es innovadora.

Si observamos el enunciado estaliniano de la ley, observaremos que la lucha de los contrarios se aprecia como «lucha entre lo viejo y lo nuevo, entre lo que agoniza y lo que nace, entre lo que caduca y lo que se desarrolla».

La lucha de los contrarios, en efecto, se desarrolla en el tiempo. Y hemos visto (3.ª lección) que, lo mismo que las sociedades, lo mismo que la naturaleza viva, el universo físico tiene una historia. Los cambios cualitativos ponen así en evidencia, en un momento determinado del proceso histórico, nuevos aspectos que son el producto de la victoria sobre lo viejo. Pero esto Solo es posible porque las fuerzas de lo nuevo se han desarrollado contra lo viejo en el propio seno de lo viejo. En el seno de la vieja sociedad feudal y contra ella, fue donde crecieron las nuevas fuerzas productivas y las relaciones de producción correspondientes, de donde debía de surgir la sociedad capitalista. De igual modo, es en el niño *y contra* él mismo, que crece el adolescente; y es *contra* el adolescente que madura el adulto.

No basta comprobar el carácter interno de la contradicción. También es necesario ver que esta contradicción es *lucha entre lo viejo y lo nuevo.* En el seno de lo viejo es donde nace lo nuevo; este crece contra lo viejo. Entonces comprendemos el carácter innovador, la *fecundidad* de las contradicciones internas. El porvenir se prepara en la lucha contra el pasado. No hay victoria sin lucha.

El metafísico desconoce el poder innovador de la contradicción. Para él, la contradicción no puede engendrar nada bueno. Del mismo modo que tiene una concepción estática, inmovilista del universo, quiere que el ser (naturaleza o sociedad) sea idéntico siempre, la contradicción es para él sinónimo de absurdo. Se empeña en descartarla. Así, las crisis económicas, que para los dialécticos son el signo aparente de las contradicciones internas fundamentales del capitalismo, para el metafísico son males pasajeros. Igualmente, la lucha de clases es un accidente molesto debido a la malevolencia de los «agitadores».

El dialéctico sabe que, allí donde se desarrolla una contradicción, allí está la fecundidad, la presencia de lo nuevo, la promesa de su victoria. La lucha de clases anuncia una sociedad nueva. En toda circunstancia, el dialéctico crea las condiciones favorables para el desarrollo de esta lucha fecunda; la resistencia de las fuerzas del pasado no le asustan en absoluto, porque sabe que las fuerzas del porvenir se templan en la lucha, como lo demuestra toda la historia del movimiento obrero. La tarea de la socialdemocracia, por el contrario, es desviar de la lucha a las fuerzas revolucionarias; por eso trabaja para corromperlas, para esterilizarlas.

La historia de las ciencias y de las artes es pródiga en ejemplos que demuestran claramente la fecundidad de la contradicción. Los grandes descubrimientos constituyen el producto de una contradicción resuelta entre las viejas teorías y los nuevos hechos experimentales. Ejemplo: la experiencia de Torricelli ha provocado una contradicción fecunda entre el hecho comprobado (el mercurio contenido en el tubo derramado sobre la cubeta, desciende hasta cierto nivel que varía según la altitud; por encima es el vacío) y la vieja idea enseñada en todas partes: («la naturaleza tiene horror al vacío»). La idea vieja es importante, en efecto, para explicar por qué el nivel del mercurio en el tubo varía con la altitud. Lo que resolvió esta contradicción fue el descubrimiento de la presión atmosférica.

Todo cambio cualitativo es la solución fecunda de una contradicción.

La fecundidad de la contradicción aparece claramente en los libros de Gorki. *La madre,* de Gorki, se transforma en revolucionaria luchando contra sus prejuicios de anciana resignada a la opresión. (Contradicción interna que se desarrolla gracias a las condiciones externas: el ejemplo de su hijo, combatiente revolucionario.) Igualmente Piotr Zalómov, el iniciador de la manifestación obrera del 1.º de mayo de 1902 en Sórmovo, el héroe del libro de Gorki, declara altivamente ante el tribunal zarista:

Torturados por el desacuerdo entre la vida a la cual aspiran y la que tienen que sufrir en la sociedad actual, los obreros se ven obligados a buscar los medios que deben utilizar para salir de la situación abominable a la cual son condenados por la imperfección del presente régimen[45].

---

[45] *La familia Zalómov.*

Y Piotr Zalómov explica como, mediante una lucha pertinaz para superar esta contradicción, el trabajador desesperado que era él antes, se convirtió en un *hombre nuevo,* en un revolucionario.

Al principio de esta lección, dijimos que el hombre que estudia la ciencia progresa resolviendo incesantemente las contradicciones que plantea el propio estudio. Del mismo modo el militante revolucionario, cuando conoce el fecundo poder de la contradicción, hace suya la máxima de Maurice Thorez: «la crítica y la autocrítica es el pan nuestro de cada día», crítica del trabajo realizado por los camaradas y crítica también, hecha por cada uno, de su propio trabajo (autocrítica). El trabajador que está bajo la influencia de la ideología social-demócrata cree que la autocrítica es deshonor y humillación. Por el contrario, la autocrítica procede de una concepción científica de la acción revolucionaria. Mediante la autocrítica, el trabajador crea las condiciones propicias para la lucha victoriosa de lo nuevo contra lo viejo *en su propia conciencia, en su actitud diaria.* Negarse a la autocrítica no es defender la dignidad, sino desperdiciar las posibilidades de progreso, es condenarse a retroceder, es degradar lo mejor de sí mismo. La práctica incesante, científica de la crítica y la autocrítica es lo que ha forjado al Partido Comunista (bolchevique) de Lenin[46]. Mediante la práctica de la crítica y de autocrítica fue como Maurice Thorez, en la década de los años treinta, salvó al Partido Comunista francés del hundimiento a que lo conducía el grupo Barbé-Celor[47].

c) La unidad de los contrarios.

La contradicción no existe si no hay lucha entre dos fuerzas, por lo menos. La contradicción, pues, contiene necesariamente dos términos que se oponen; esto constituye *la unidad*

---

[46] Véase *Historia del PCUS,* Moscú, Ed. en Lenguas Extranjeras, 1962, pp. 417 y ss.

[47] Véase Maurice Thorez: *Hijo del pueblo* [*Fils du Peuple,* 1949], cit., cap. II.

de los contrarios. Existe una tercera característica de la contradicción. Estudiémosla más detenidamente.

Para el metafísico, constituye un absurdo hablar de la unidad de los contrarios. Por ejemplo: considera la ciencia *por un lado, por otro,* la ignorancia. Lenin hacía observar que «el objeto del conocimiento es inagotable». *No hay ciencia absoluta, pues;* siempre queda algo por aprender. Por esto, toda ciencia comporta algo de ignorancia. Pero, igualmente, *no hay ignorancia absoluta:* el individuo más ignorante tiene sensaciones, cierta costumbre o experiencia adquirida en la vida, una experiencia rudimentaria (si así no fuera, cómo podría sobrevivir?) esto es un germen de la ciencia.

Los contrarios se combaten, pero son inseparables. La burguesía en sí, no existe. Al principio existió, en el seno de la sociedad feudal, la burguesía contra la clase feudal. Después, en la sociedad capitalista (y ya en el seno de la sociedad feudal), la burguesía contra el proletariado. No se pueden suponer los contrarios uno sin el otro, uno aparte del otro. Cuando el proletariado desaparezca como clase explotada, será cuando la burguesía desaparezca como clase explotadora[48].

Esta condición de inseparables de los contrarios es un hecho objetivo, que niega la metafísica. Por eso la burguesía favo-

---

[48] La economía política marxista es en extremo importante para el estudio de la unidad de los contrarios, porque esta se encuentra en todos los niveles de la economía. Ejemplo: La mercancía es unidad de los contrarios. Por una parte es un valor de uso (un producto de consumo), por otra parte es un valor de cambio (un producto que se cambia). Estos valores son verdaderamente contrarios, puesto que un producto Solo puede ser cambiado si no es consumido y puesto que tal producto no puede ser consumido si no es cambiado. Marx ha desarrollado genialmente todas las consecuencias de esta contradicción interna en *El capital,* obra maestra de dialéctica. Observación: en las crisis que periódicamente sacuden al capitalismo, esta unidad de los contrarios se manifiesta con toda plenitud: las masas no pueden consumir sus propios productos porque estos productos son necesariamente, en el régimen capitalista, mercancías, y para poder consumir es necesario comprar, es decir, cambiar el producto contra el dinero.

rece los conceptos metafísicos que pretenden, por ejemplo, «suprimir la contradicción proletaria» (especialmente mediante la «asociación capital-trabajo»), ¡aunque conservando la burguesía! ¡Cómo si pudiera haber una burguesía capitalista sin un proletariado que trabaja para ella!

La dialéctica jamás separa los contrarios: los presenta en su unidad inseparable.

> [...] Sin la vida, no existiría la muerte, sin la muerte, tampoco existiría la vida. Sin lo «superior», no existiría lo «inferior»; sin lo «inferior», tampoco existiría lo «superior». Sin la desgracia, no existiría la dicha; sin la dicha, no existiría tampoco la desgracia. Sin la facilidad, no habría la dificultad; sin la dificultad, tampoco habría la facilidad. Sin los latifundios no habría campesinos arrendatarios; sin los campesinos arrendatarios no habría tampoco latifundistas. Sin la burguesía no existiría el proletariado; sin el proletariado no existiría tampoco la burguesía. Sin la opresión imperialista sobre las naciones, no habría colonias, ni semicolonias; sin las colonias y las semicolonias, tampoco existiría la opresión imperialista sobre las naciones. Todos los elementos opuestos son de esta naturaleza: debido a ciertas condiciones se oponen, por una parte, entre sí, y, por otro lado, se encuentran interconectados, interpenetrados, conjugados y son interdependientes[49].

Esta ligazón recíproca significa que el contrario A actúa sobre el contrario B en la propia medida en que el contrario B actúa sobre el contrario A; y que B actúa sobre A en la propia medida en que A actúa sobre B. Así, los contrarios no se yuxtaponen uno al otro de tal manera que uno pueda cambiar y el otro permanezca inmóvil. Por eso todo reforzamiento de la burguesía es debilitamiento de su contrario, el proletariado;

---

[49] Mao Tse-Tung: *La contradicción dialéctica,* México, Sociedad Mexicana de Amistad con China Popular, 1958, p. 82.

todo reforzamiento del proletariado es debilitamiento de su contrario, la burguesía. Igualmente, todo debilitamiento de la ideología socialista es un progreso de la ideología burguesa, y recíprocamente. Es perfectamente ilusorio, pues, creer que la burguesía se debilita si el proletariado no lucha contra ella sin cesar; en ese caso es más bien la burguesía la que se refuerza y el proletariado el que se debilita. También Marx explicaba que si la clase obrera no aprovechara las ocasiones para mejorar su situación,

> veríase degradada en una masa informe de hombres desgraciados y quebrantados, sin salvación posible[50].

Esta unidad de los contrarios, esta ligazón recíproca de los contrarios, adquiere una significación particularmente importante cuando, en un momento determinado del proceso, *los contrarios se convierten el uno en el otro.* En efecto, en tales condiciones determinadas, los contrarios se convierten el uno en el otro. La ligazón recíproca se convierte entonces en *transformación recíproca,* se produce un cambio cualitativo y es precisamente esta misma contradicción la que permite definir científicamente la noción de «cualidad».

Ejemplo: en un momento determinado de la lucha de los contrarios burguesía-proletariado, cada uno de los contrarios se convierte en el otro: la burguesía, clase dominante, se convierte en clase dominada; el proletariado, clase dominada, se convierte en clase dominante. Del mismo modo, el hombre ignorante que estudia se cambia en su contrario, el hombre que sabe; pero a su vez el hombre sabio, al descubrir que no lo sabe todo, se cambia en su contrario, en hombre ignorante, que desea aprender de nuevo.

---

[50] K. Marx: *Salario, precio y ganancia,* Moscú, Ed. en Lenguas Extranjeras, 1954, p. 68.

[…] La unidad o la identidad de los aspectos contradictorios en las cosas objetivas jamás es algo muerto, rígido, sino que es algo vivo, condicionado, cambiante, temporal, relativo; todos los aspectos contradictorios se transforman, bajo ciertas condiciones en sus opuestos. Esta manera de existir, reflejada en el pensamiento humano, se convierte en la concepción materialista dialéctica marxista del mundo. Únicamente las clases dominantes reaccionarias de la actualidad y del pasado, lo mismo que la metafísica a su servicio, no consideran a los opuestos como cosas vivas, condicionadas, cambiantes, que se transforman unas en otras, sino como cosas muertas, rígidas; y propagan esta errónea concepción por doquier, para engañar a las masas del pueblo y servir, así, al propósito de perpetuar su dominio[51].

Así es como la burguesía capitalista hoy, como antes la clase feudal, enseña que su supremacía es eterna; persigue a los marxistas-leninistas que enseñan, conforme a la ciencia dialéctica, la transformación recíproca de los contrarios, es decir, la victoria inevitable del proletariado oprimido sobre aquellos que lo explotan.

Sin embargo, es importante no dar una interpretación mecánica de esta conversión de los contrarios. Cuando decimos que los contrarios se transforman el uno en el otro, no interpretamos con eso una simple inversión, de tal modo que una vez realizado el paso del uno al otro no haya cambiado nada. La burguesía, clase dominante, se convierte en clase dominada; el proletariado, clase dominada, se convierte en clase dominante. Pero el proletariado no deja de ser clase enteramente diferente de la burguesía, porque esta es explotadora, mientras que el proletariado, al ejercer su dictadura de clase, no explota a nadie, sino crea las condiciones de la edificación socialista. En otros términos, la transformación recíproca de los contrarios crea un estado *cualitativo nuevo;* constituye un paso de lo anterior a lo superior, un progreso.

---

[51] *Ibid.,* p. 85.

En este caso, la transformación de los contrarios conduce a su destrucción, puesto que el socialismo liquida a la burguesía como clase explotadora y también al proletariado como clase explotada. Aparecen entonces nuevas contradicciones, características de la sociedad socialista, pero se supera la contradicción burguesía-proletariado.

Por otra parte, y sobre todo, la unidad de los contrarios (y su transformación recíproca) Solo se refiere relativamente a la *lucha de los contrarios,* que es la esencia de esta unidad. No hay que querer, pues, realizar arbitrariamente la transformación recíproca de los contrarios, si no se han realizado las condiciones de esta transformación. Mao Tse-Tung dice muy bien, en el texto antes citado, que los contrarios se cambian uno en el otro, «en condiciones determinadas». Determinadas ¿por qué? Por la *lucha y* sus características concretas. La unidad de los contrarios, su transformación recíproca están, pues, subordinados a la lucha. Una unidad se rompe, aparece una unidad cualitativamente nueva, pero *todos* los momentos de este proceso se explican mediante la lucha.

> La identidad de los contrarios es el reconocimiento (descubrimiento) de las tendencias contradictorias, mutuamente excluyentes, opuestas, de todos los fenómenos y procesos de la naturaleza... La condición para el conocimiento de todos los procesos del mundo en su «automovimiento», en su desarrollo espontáneo, en su vida real, es el conocimiento de los mismos como unidad de contrarios... [52].

En resumen, quien olvida que la unidad de los contrarios se hace, se mantiene y se resuelve mediante *la lucha,* caerá en la metafísica.

---

[52] V. I. Lenin: *Cuadernos filosóficos,* en *Obras completas,* t. XXXVIII, Buenos Aires, Cartago, 1960, pp. 351-352.

6. El cuarto rasgo de la dialéctica: La lucha de los contrarios (II)

I. Universalidad de la contradicción

Motor de todo cambio, la contradicción es universal. Cuando se habla de «contradicción», los filósofos idealistas interpretan simplemente «lucha de ideas». Para ellos, la contradicción Solo es concebible entre ideas que se oponen. Se limitan al sentido corriente de la palabra («decir lo contrario»). Pero la contradicción entre ideas no es más que una forma de la contradicción: así, porque la contradicción es una realidad objetiva, presente en todas partes en el mundo, se encuentra también en el «sujeto», en el hombre (que forma parte del mundo).

Todo proceso (natural o social) se explica mediante la contradicción. Y esta contradicción existe mientras dura el proceso: existe incluso aún cuando no es aparente. En la lección anterior hemos visto el ejemplo (pp. 240-241) a propósito del agua. En el plano de las sociedades, Mao Tse-Tung comenta el error de algunos teóricos, criticados por los filósofos soviéticos. Estos teóricos,

> al analizar la Revolución francesa, llegan a la conclusión de que, antes de la revolución, solamente existían diferencias, pero no contradicciones en el seno del Tercer Estado, compuesto por los obreros, los campesinos y la burguesía. Estos puntos de vista... son antimarxistas[53].

Olvidan que

> [...] toda diferencia existente en el mundo ya contiene una contradicción, que la diferencia misma ya es una contradic-

---

[53] Mao Tse-Tung: *A propósito de la práctica,* cit., pp. 54-55.

ción. Ha existido contradicción entre el trabajo y el capital, desde el momento en que ambos surgieron Solo que, al principio, tal contradicción no se había intensificado[54].

Si, en efecto, la contradicción no existiera *desde el principio* del proceso, entonces habría que explicar el proceso mediante la misteriosa intervención de una fuerza exterior; pero en la lección precedente hemos visto (III, a) que las condiciones exteriores, aunque necesarias para el proceso, no pueden reemplazar las contradicciones internas. La contradicción interna es *permanente,* ya sea más o menos desarrollada. Por otra parte, el estudio de un proceso natural o social solamente es posible si su o sus contradicciones se han desarrollado suficientemente. Así, en 1820 no era posible estudiar científicamente el capitalismo, porque todavía este no había desarrollado su esencia; entonces solamente se podían tomar aspectos parciales, lo que hicieron los predecesores de Marx. Igualmente, Solo se puede estudiar científicamente la planta cuando su crecimiento está bastante avanzado. Generalizar prematuramente el conocimiento que se tiene de un proceso que apenas comienza, es una actitud metafísica, puesto que significa descuidar aspectos importantes del proceso.

Una vez precisado el carácter universal (siempre y en todas partes) de la lucha de los contrarios, veamos algunos ejemplos concretos:

a) *En la naturaleza.*

En la lección anterior hemos expuesto el ejemplo del agua: es la lucha de los contrarios lo que explica su transformación cualitativa de estado líquido en estado gaseoso, de estado líquido en estado sólido. De hecho, todos los procesos naturales significan la lucha de los contrarios. Ya la forma más simple del

---

[54] *Ibid.,* p. 55.

movimiento (véase la lección tercera, punto III, pp. 210 y ss.), el desplazamiento, el cambio de lugar, se explica mediante la contradicción. Consideremos un vehículo que rueda (o un hombre que camina). No puede pasar de A a B, de B a C, etc., más que a condición de «luchar» sin cesar contra la posición que ocupa. Cuando esta lucha cesa, la marcha cesa. Los lógicos dirán para *afirmar* B, hay que negar A; para *afirmar* C, hay que negar B. B sale de la lucha contra A; C de la lucha contra B... y así sucesivamente.

> [...] el simple desplazamiento mecánico de lugar Solo puede realizarse gracias al hecho de que un cuerpo esté al mismo tiempo en el mismo instante, en un lugar y en otro, gracias al hecho de estar y no estar al mismo tiempo en el mismo sitio. La serie continua de contradicciones de este género, producidas a la par que resueltas, es precisamente lo que constituye el movimiento[55].

En el mundo físico la lucha de las fuerzas contrarias es universal. Un fenómeno tan banal como un tenedor mohoso es el productor de una lucha entre el hierro y el oxígeno.

La forma fundamental del movimiento en la naturaleza es la lucha entre la atracción y la repulsión. La unidad y la lucha de estos dos contrarios: atracción y repulsión, determinan la formación y la evolución, la estabilidad, la transformación y la destrucción de todos los agregados materiales, ya se trate de lejanas galaxias, de las estrellas o del sistema solar –de las masas sólidas, de las gotas líquidas o de las aglomeraciones gaseosas–, de las moléculas, de los átomos o de su núcleo.

Tomemos el sistema solar: el movimiento de los planetas alrededor del sol no se puede comprender sin la lucha de estos dos contrarios: la gravitación, que tiende a hacer caer el planeta sobre el sol; la inercia, que tiende a separarlo del sol.

---

[55] Engels: *Anti-Dühring,* cit., p. 115.

Tomemos un cuerpo sólido que se dilata o se contrae, un sólido que se funde y un líquido que se solidifica, un líquido que se evapora y un gas que se licúa: estos procesos no pueden existir sin la lucha de dos contrarios: las fuerzas de cohesión moleculares, que son atractivas, y la energía térmica, que es repulsiva.

Examinemos los fenómenos químicos en los cuales los cuerpos simples se combinan entre ellos y los cuerpos compuestos se resuelven en elementos simples: todos consisten en la unidad de procesos contrarios: la conexión y la disociación de los átomos; de ahí las contradicciones propias de la química: entre ácido y base, entre oxidante y reductor, entre esterificación[56] e hidrolisis.

Examinemos un átomo: encontraremos que el equilibrio relativo que mantienen los electrones alrededor del núcleo resulta de la lucha de estos dos contrarios: la energía electrostática, que aquí es atractiva, y la energía cinética, que es repulsiva. Y en el propio núcleo atómico, la ciencia contemporánea conjetura formas específicas de atracción y de repulsión entre protón y neutrón.

Por todos es bien conocido que existen dos modos contrarios de electricidad: positivo y negativo, los dos polos –norte y sur– del imán, así como los fenómenos de atracción o de repulsión entre cuerpos electrizados de modo diferente o idéntico, entre los polos diferentes o idénticos de dos imanes.

En fin, la física moderna ha revelado que las partículas que constituyen todos los agregados materiales, los electrones del átomo, por ejemplo, están lejos de ser metafísicamente idénticos a ellos mismos. Por el contrario, son profundamente contradictorios, porque tienen una doble naturaleza a la vez corpuscular y ondulatoria y son comparables, igualmente, a granos y a olas. Así se demuestra el carácter material de las ondas, co-

---

[56] Antes se decía eterificación.

mo las ondas de radio, y se aclara el viejo misterio de la naturaleza y de la luz[57].

En cuanto a la naturaleza viva, se desarrolla según la ley de los contrarios. Ya hemos observado en la lección anterior que la vida es una lucha incesante contra la muerte. Consideremos una especie determinada –animal o vegetal–. Cada uno de los individuos que la constituyen sucumbe, a su vez, inexorablemente. ¡Sin embargo, la especie se perpetúa y se multiplica! En la escala del individuo, existe la victoria de la muerte sobre la vida; pero en el nivel de la especie, la vida es la que gana. Como la vida es una conquista sobre lo no-vivo, podemos decir que la muerte y la descomposición de un individuo es un retroceso, un retorno de lo superior a lo inferior, de lo nuevo a lo viejo. Por el contrario, el desarrollo general de la especie es un triunfo de lo nuevo sobre lo viejo, un progreso de lo inferior a lo superior. Vida y muerte son, pues, los dos aspectos de una contradicción que se plantea y se resuelve indefinidamente. La naturaleza se transforma así, siempre la misma y sin embargo siempre nueva[58].

----

[57] Por eso Paul Langevin escribió: «La historia de todas nuestras ciencias está orientada por procesos dialécticos parecidos... Estoy convencido de no haber comprendido bien la (historia) de la física, más que a partir del momento en que tuve conocimiento de las ideas fundamentales del materialismo dialéctico». (*La Pensée*, n.º 12, 1947, p. 12).

[58] Los lectores que deseen hacer un estudio más profundo de la lucha de los contrarios en la naturaleza, tendrán interés en consultar la bella obra de F. Engels: *Dialéctica de la naturaleza*.

Observación: El poder dialéctico que se manifiesta en la naturaleza ha conmovido a diversos grandes espíritus de la Antigüedad (por ejemplo, el gran Heráclito). Y se encuentra, más tarde, en Leonardo de Vinci, el presentimiento de un análisis de esta dialéctica natural; júzguese por este interesante fragmento:

> El cuerpo de toda cosa se nutre, muere sin cesar y renace sin cesar...
> Pero si se reemplaza tanto como se destruye en un día, renacerá tanta
> vida como la que ha gastado, del mismo modo que la luz de la vela,

Las matemáticas no escapan más a la ley de los contrarios, ni siquiera en el nivel más simple. En álgebra elemental, la sustracción (a - b) *es* una suma (-b + a). ¿No parece paradójica esa unidad de los contrarios, al sentido común, que dice: «una suma es una suma; una sustracción es una sustracción»? El sentido común tiene razón, pero *parcialmente:* la operación algebraica es ella misma y su contrario. El pensamiento matemático no puede escapar a las leyes del universo, y solamente progresa en la medida en que es dialéctico, como el universo. Engels ha consagrado páginas notables a las matemáticas, examinadas desde el punto de vista dialéctico[59].

b) *En la sociedad.*

Igualmente se explican mediante la contradicción todos los procesos que constituyen la realidad social. Y, en primer lugar, la propia formación de la sociedad. La sociedad humana, como aspecto cualitativamente nuevo de la realidad, es en efecto el producto de una lucha entre la naturaleza y nuestros lejanos antecesores, que estaban mucho más cerca de los monos superiores que de los hombres de hoy. El contenido concreto de esta lucha fue y sigue siendo el *trabajo,* que transforma a la vez la naturaleza así como a los hombres. El trabajo es lo que, agrupando a nuestros antepasados en la lucha por su existencia, constituye el origen de las sociedades. El trabajo es lo que ha realizado el paso cualitativo del animal al hombre. Marx, al descubrir el papel decisivo del trabajo, como lucha de

---

nutrida de la humedad de la misma, gracias a un aflujo muy rápido de abajo, reconstruye sin cesar lo que, arriba, al morir, se destruye y, cuando muere, de luz deslumbradora se transforma en humo sombrío; esta muerte es continua como es continuo este humo y la continuidad de este humo es la misma que la del aliento y en un instante la luz está muerta enteramente y nace enteramente de nuevo, con el movimiento de su alimento.

[59] Véase Engels: *Anti-Dühring* y *Dialéctica de la naturaleza,* cits.

los contrarios, generadora de la sociedad, hizo un descubrimiento de inmenso alcance: fundó la ciencia de las sociedades, que tiene por teoría general el *materialismo histórico.* Sobre esta contradicción-origen de las sociedades que es el trabajo (unidad de la naturaleza y del hombre, pero unidad de contrarios) se leerá con el mayor provecho, en *Dialéctica de la naturaleza,* el magnífico capítulo titulado: «El papel del trabajo en la transformación del mono en hombre»[60].

Pero la contradicción no se detiene aquí. Desde la comuna primitiva hasta la sociedad socialista y comunista, la contradicción constituye el motor de la historia, y las lecciones consagradas al materialismo histórico analizarán este movimiento con mayor profundidad: contradicción fundamental entre las fuerzas productivas nuevas y las relaciones de producción que ya han caducado; a partir de un momento determinado, contradicción entre las clases, es decir, *lucha de clases.* La lucha entre las clases explotadoras y las clases explotadas es un aspecto esencial de la gran ley de los contrarios. Y precisamente a fin de poder negar el papel e incluso la existencia misma de la lucha de clases, es que Blum, falsificador del marxismo, ha rechazado el materialismo dialéctico (es decir, especialmente la lucha de los contrarios).

Si tomamos un régimen social determinado, comprobamos que se explica, igualmente, mediante una contradicción fundamental y las contradicciones secundarias, todas en evolución. No hay capitalismo sin contradicción entre la burguesía capitalista, que posee los medios de producción, y el proletariado. Este capitalismo no es estático, se transforma: así es como el capitalismo del primer periodo, capitalismo de concurrencia, se transforma en un segundo periodo en capitalismo de monopolio: la concurrencia, en efecto, asegura la victoria de los capitalistas más poderosos, y es entonces el capitalismo

---

[60] F. Engels: *Dialéctica de la naturaleza,* México, Pavlov, 1939, p. 124.

monopolista el que sale de la concurrencia, pero para sobrepasarla. La concurrencia se transforma en su contrario.

En *El capital,* de Marx, se encontrará el análisis profundizado de las contradicciones constitutivas del capitalismo.

II. *Antagonismo y contradicción*

Frecuentemente se formula una pregunta. «No hay capitalismo sin contradicción interna», puesto que este es un régimen de explotación, en el que los intereses de la burguesía y del proletariado se oponen irreductiblemente. ¿Pero no es el socialismo el fin de toda contradicción? A lo que se debe responder: «El socialismo no escapa a la gran ley de la contradicción. Mientras haya sociedad, habrá contradicciones constitutivas de esta sociedad».

La ilusión de que el fin del capitalismo es el fin de la contradicción procede de una confusión entre *antagonismo y contradicción.* Pero el antagonismo no es más que un caso particular, un momento de la contradicción: todo antagonismo es contradicción, pero toda contradicción no es antagonismo.

Ciertamente, existe contradicción entre una dosis en extremo débil de arsénico y nuestro organismo; pero si la dosis que se absorbe es muy débil, la contradicción no evoluciona en oposición violenta, mortal para el organismo. Igualmente en el seno de la sociedad capitalista se encuentra *siempre* la lucha de los contrarios que coexisten: burguesía-proletariado.

> [...] y no es sino hasta que la contradicción entre las dos clases se ha desarrollado y llega a cierta etapa, cuando los dos bandos adoptan la forma de un antagonismo abierto, el cuál se desenvuelve en una revolución[61].

---

[61] Mao Tse-Tung: *La contradicción dialéctica,* cit., p. 90.

El antagonismo no es más que un momento de la contradicción: el momento más agudo. La guerra entre Estados imperialistas es el momento más agudo de la lucha que los opone permanentemente. Es necesario, pues, saber considerar la contradicción en todo su desarrollo. Por ejemplo, la contradicción entre clases ha surgido de la división del trabajo, en el seno de la comunidad primitiva; en esta etapa existía *diferencia* entre las actividades sociales (caza, pesca, pastoreo); pero esta diferencia evolucionó en lucha al acarrear el nacimiento de las clases, lucha que se convierte en *antagonismo* en periodos revolucionarios.

¿Qué sucede, pues, en el caso del socialismo? El antagonismo de las clases desaparece, gracias a la liquidación de la burguesía explotadora. Sin embargo, durante todo un periodo subsisten diferencias entre clase obrera y campesinado, entre ciudad y campo, e igualmente entre trabajo manual y trabajo intelectual. Estas diferencias no son antagonismos, sino otras tantas *contradicciones* que es necesario superar puesto que el hombre, en la sociedad comunista, será capaz de las actividades más diversas (que hoy se comparten entre individuos diferentes) y puesto que, especialmente, la contradicción trabajo manual-trabajo intelectual se resolverá en una unidad superior. La educación politécnica crea las condiciones de esta unidad, que hará de cada individuo a la vez un práctico y un sabio.

Se ve, pues, que el fin del antagonismo entre burguesía y proletariado no significa el fin de las contradicciones. Por eso Lenin escribía, criticando a Bujarin:

> Antagonismo y contradicciones no son en absoluto una sola y misma cosa. El primero desaparecerá. Las segundas subsistirán, en el régimen socialista.

¿Cómo, en efecto, se podría obtener progreso sin la contradicción, que es motor del progreso? Por eso es por lo que, en *Los problemas económicos del socialismo en la URSS,* Stalin explica que el paso gradual del socialismo al comunismo solamente es posible mediante la solución de la contradicción que existe (en la sociedad socialista) entre dos formas de propiedad socialista: la propiedad koljoziana, propiedad socialista de un grupo más o menos extenso, y la propiedad nacional (por ejemplo, las fábricas) que es propiedad socialista de toda la colectividad[62].

Sin embargo, en la sociedad socialista, las contradicciones no evolucionan en conflictos, en antagonismos, porque los intereses de los miembros de esta sociedad son solidarios y porque la misma está dirigida por un partido armado de la ciencia marxista, ciencia de las contradicciones: así, la solución de las contradicciones se efectúa sin crisis. Pero estas contradicciones no son menos fecundas, puesto que permiten que la sociedad avance.

De igual modo, la práctica general de la crítica y la autocrítica en la vida de los hombres soviéticos constituye uno de los ejemplos más puros de un desarrollo de las contradicciones sin antagonismos. Gueorgui Malenkov declaró en el XIX Congreso del Partido Comunista de la Unión Soviética:

> Para impulsar con éxito nuestra obra, hay que librar una lucha resuelta contra los fenómenos negativos, orientar la atención del Partido y de todos los ciudadanos soviéticos a la eliminación de las deficiencias en el trabajo.

Crítica que es cuestión de millones de trabajadores, dueños del país.

> Cuanto más amplio sea el desarrollo de la autocrítica y de la crítica desde abajo, con tanta mayor plenitud se revelarán las fuerzas creadoras y la energía de nuestro pueblo, con tanto

---

[62] Véase Stalin: *Problemas económicos del socialismo en la URSS,* Moscú, Ed. en Lenguas Extranjeras, 1953.

mayor vigor se elevará y robustecerá en las masas la conciencia de que son dueñas del país[63].

Malenkov presenta ejemplos de defectos que deben corre-
girse mediante tal crítica: desperdicio de materias primas en
ciertas empresas; pérdida de tiempo en ciertos koljoses, incluso
aún, subestimación de la realidad del cerco capitalista, o todavía insuficiente control de las tareas confiadas a ciertas organizaciones o a ciertos militantes.

> Todos los dirigentes, y en particular los trabajadores del
> Partido, están obligados a crear condiciones en las que todos
> los honrados hombres soviéticos puedan criticar con audacia
> y sin temor las deficiencias en la actividad de las organizacio-
> nes y de las instituciones. Las asambleas, las reuniones de ac-
> tivistas, los plenos y las conferencias de todas las organizacio-
> nes deben ser, en la práctica, una amplia tribuna de crítica
> profunda y audaz en las deficiencias[64].

Esta crítica de masas es evidentemente un aspecto de la
lucha de los contrarios, puesto que permite eliminar los defectos y las supervivencias que dificultan el progreso de la sociedad socialista, pero es una crítica fraternal, porque es obra de
hombres que tienen los mismos intereses.

En el propio seno del Partido, la lucha de ideas es la expresión específica de la lucha de los contrarios. Lucha que permite al partido marxista-leninista mejorar sin tregua en su trabajo, pero lucha que no degenera en antagonismo. Si se convierte
en antagonismo, entonces es que existe lucha del Partido contra los enemigos que están dentro y que actúan como agentes

---

[63] G. Malenkov: *Informe ante el XIX Congreso del Partido acerca de la actividad del C.C. del P.C. de la URSS,* Moscú, Ed. en Lenguas Extranjeras,
1952, p. 113.
[64] *Ibid.*

de la burguesía: lucha del Partido Comunista (bolchevique) contra Trotski, Bujarin o Beria.

III. La lucha de los contrarios, motor del pensamiento

Puesto que la ley de las contradicciones desempeña tan importante papel en la naturaleza y en la sociedad, es fácil prever que, como el hombre es un ser a la vez natural y social, su pensamiento se encuentra igualmente sometido a la ley de los contrarios. Por otra parte hemos observado ya el carácter dialéctico del pensamiento en la lección 4. No podría sorprendernos. Puesto que somos materialistas, consideramos el pensamiento como un momento del movimiento universal; las leyes de la dialéctica reinan, pues, sobre el pensamiento como sobre el conjunto de la realidad. La dialéctica del pensamiento es, en su esencia, de igual naturaleza que la dialéctica del mundo; su ley fundamental es, pues, la contradicción. Por eso Lenin escribió:

> El conocimiento es el proceso mediante el cual, el pensamiento se aproxima infinita y eternamente al objeto. El reflejo de la naturaleza en el pensamiento humano debe ser comprendido no de una manera «muerta», «abstracta», *sin movimiento,* sin CONTRADICCIONES, sino en el PROCESO ETERNO del movimiento, del nacimiento y resolución de las contradicciones[65].

Así es como el paso cualitativo de la sensación al concepto es un movimiento que se hace por contradicción: la sensación refleja, en efecto, un aspecto singular, limitado de lo real; el concepto *niega* este aspecto *singular* para afirmar *lo universal*[66];

---

[65] Lenin: *Cuadernos filosóficos,* cit.
[66] «Negar» no debe entenderse en el sentido de anular, sino en el sentido dialéctico: *superar todo apoyándose sobre...* El concepto (universal) supera la sensación (limitada), pero todo se apoya sobre ella.

sobrepasa las *limitaciones* de la sensación para expresar la *totalidad* del objeto. En este sentido, el concepto es la negación de la sensación (por ejemplo, el concepto científico de luz, como unidad de la onda y del corpúsculo, niega la sensación de luz, sensación que nos revela la presencia de la luz, pero no nos dice lo que ella es). Pero el concepto, que se ha elaborado así mediante la negación de la sensación (mediante la *lucha* contra este nivel inferior del conocimiento), actúa en cambio sobre la sensación. Después de haberla negado proporciona los medios de afirmarse con una fuerza nueva, porque se percibe mejor lo que se ha comprendido[67].

> Nuestra práctica testimonia que los objetos que percibimos no pueden ser comprendidos por nosotros de inmediato, y que solamente las cosas *comprendidas podemos sentirlas de manera más profunda*[68].

Así, sensación y concepto, concepto y sensación constituyen una unidad de contrarios en interacción, cada una afirmándose contra la otra, aunque se fortifican una con otra (la sensación necesita del concepto que la aclara, y el concepto necesita de la sensación, que es su punto de apoyo).

Si examinamos los diversos procesos propios del pensamiento volveremos a encontrar la ley de los contrarios. Así sucede con el análisis y la síntesis, pasos absolutamente necesarios a todo pensamiento, y que el metafísico considera como opuestos; ciertamente, son opuestos, ¡pero es la oposición de dos procesos inseparables! Análisis y síntesis se relacionan, surgen uno de otro. En efecto, analizar es encontrar las partes de un todo, pero las partes Solo son partes como partes *de un todo,* no hay «partes en sí»: la totalidad, pues, está representada

---

[67] Por eso se dice que la cultura educa la sensibilidad.
[68] Mao Tse-Tung: *A propósito de la práctica,* p. 21 (palabras subrayadas por nosotros, G. B. y M. C.).

en las partes, la síntesis y el análisis se definen, en consecuencia, una por la otra, aunque cada una sea *lo inverso* (lo contrario) de la otra.

Del mismo modo, la teoría y la práctica son dos fuerzas contrarias en interacción dialéctica: se penetran y se confunden mutuamente.

Precisamente porque el pensamiento es dialéctico puede comprender la dialéctica del mundo (naturaleza y sociedad). Las contradicciones del mundo objetivo que sostienen y alimentan al pensamiento se reflejan en él, y el movimiento de pensamiento así creado es dialéctico en sí mismo, como todos los otros aspectos de lo real.

Un pensamiento que desconoce las contradicciones deja escapar, pues, la esencia de la realidad. La simple definición del objeto más banal es ya la expresión de una contradicción. Si digo: «la rosa es una flor» hago de la rosa otra cosa que lo que es; la coloco en la calificación de las flores. Ese es un principio de pensamiento dialéctico, porque de paso en paso, a partir de esta humilde rosa, encontraremos el universo entero (sabemos que «todo se relaciona»). Un pensamiento no dialéctico se contentará con decir: «la rosa es la rosa», lo que no enseña nada sobre la naturaleza y los caracteres de la rosa.

Ello no impide que a veces sea útil recordar que una rosa es una rosa y no un carruaje. La lógica elemental, es decir, no dialéctica, que tiene por principio el principio de identidad (a es *a, a* no es *no-a*), no es *falsa*. Simplemente es parcial, expresa el aspecto inmediato, superficial de las cosas. Ella dice: «el agua es el agua»; «la burguesía es la burguesía». La lógica dialéctica por encima de la apariencia establece capta el movimiento interno, la contradicción. Descubre que el agua lleva en su propia composición las contradicciones que explican que se puede pasar del agua al hidrógeno y al oxígeno. Igualmente, la lógica dialéctica define la burguesía en oposición con el proletariado, su contrario, y también lo define en la diversidad cualitativa de los elementos que la constituyen (ella dice: la burguesía es la burguesía, como clase idéntica en sí, pero existe una burguesía antinacional y una burguesía nacional, que hasta cierto punto tienen intereses contradictorios).

Dicho eso, la lógica de la identidad, llamada lógica formal o de la no-contradicción, es *necesaria, aunque no suficiente.* Ignorarla o escarnecerla es volver la espalda a la realidad. Ejemplo: Jules Moch escribe en *Confrontaciones:*

> En el régimen actual, dos clases –capitalismo y proletariado– se encuentran en presencia.

Frase absurda. Es muy cierto que el proletariado es una clase; pero la clase antagónica del proletariado es la burguesía y no el capitalismo, que es un *régimen social.* El autor coloca en la misma categoría realidades que no son del mismo orden. Una clase es una clase; un régimen social es un régimen social. Tomar este por aquella es insultar la lógica más elemental, que exige que se definan los términos que se usan. Y, en consecuencia, es insultar la lógica dialéctica, que no autoriza en modo alguno tal mezcolanza, sino que considera la identidad como un aspecto de lo real, aspecto que no puede desconocerse sin falsificación. La contradicción dialéctica no opone sin ton ni son; para ella un gato primero es un gato, aunque esto no basta para explicar lo que es un gato.

Por otra parte, la aventura de Jules Moch es instructiva: demuestra que el rechazo de la dialéctica, de la lucha de los contrarios, conduce al rechazo de la lógica más corriente. Los falsificadores que por razones políticas se enredan con la ciencia, terminan por enredarse con el buen sentido.

7. El cuarto rasgo de la dialéctica: La lucha de los contrarios (III)

I. El carácter específico de la contradicción

La universalidad absoluta de la contradicción no debe hacernos olvidar la infinita riqueza de las contradicciones concretas. La gran ley de los contrarios es la expresión general de un hecho que, en su realidad, toma las formas más diversas. El buen dialéctico no se contenta con afirmar la universalidad de la lucha de los contrarios, como principio de todo movimiento. El demuestra cómo esta ley se particulariza según los múltiples aspectos cualitativos de la realidad, cómo esta ley *se especifica.*

> Con respecto a cada forma particular del movimiento, hay que tener en vista lo que ella tiene de común con las demás formas del movimiento. Pero es aún mis importante, y esto es lo que está en la base de nuestro conocimiento de las cosas, considerar lo que cada forma de movimiento tiene de específico, de propio, es decir, considerar aquello que la distingue cualitativamente de las demás formas del movimiento. Solo así se puede distinguir un fenómeno de otro. Toda forma del movimiento contiene sus contradicciones específicas, las cuales forman la naturaleza específica del fenómeno, lo que lo distingue de los otros fenómenos. Aquí reside la causa interna o base de la diversidad infinita de las cosas y de los fenómenos que existen en el mundo[69].

En otros términos, no basta con afirmar la universalidad de la lucha de los contrarios. La ciencia es unidad de la teoría y de la práctica y siempre es de modo concreto con las particularidades de la vida misma, que se manifiesta la ley universal de los contrarios. Si se da a un huevo el calor necesario, se asegura así, en la contradicción interna característica del huevo, la posibilidad de que se desarrolle hasta la eclosión del polluelo. La misma cantidad de calor aplicada a un litro de agua provocará efectos diferentes propios del agua. Cada aspecto de la realidad tiene su movimiento propio y, por lo mismo, sus contradicciones propias.

---

[69] Mao Tse-Tung: *En torno a la contradicción,* cit., p. 53.

No importa cuál y de qué sea el cambio. Tal guerra se cambia en tal paz; tal capitalismo, con cierta particularidad de desarrollo, dejará lugar a un régimen socialista que tenga a la vez tal particularidad: en este sentido es que lo *viejo* se conserva en lo nuevo. Así, por una parte, es falso decir que un nuevo régimen social hace tabla rasa del pasado; pero, por otra parte, no existe ninguna «síntesis», ninguna conciliación posible entre lo viejo y lo nuevo, porque lo nuevo solamente puede afirmarse contra lo viejo. La «superación» de los contrarios no significa su síntesis, sino la *victoria* del uno sobre el otro, de lo nuevo sobre lo viejo.

Lo que explica la diversidad de las ciencias, de la física a la biología a las ciencias humanas, es la naturaleza específica de cada etapa del movimiento material. Cada ciencia debe revelar y comprender las contradicciones específicas de su objeto propio. Por eso es que existen las leyes particulares a la electricidad; las leyes más generales de la energía (de la cual la electricidad es una forma) no bastan para determinar la electricidad: es necesario aún efectuar el análisis dialéctico del hecho «electricidad» como tal. Pero sucede que cierta cantidad de electricidad provoca reacciones químicas: entonces nos encontramos en presencia de un objeto nuevo, con sus leyes específicas. Igualmente cuando pasamos de la química a la biología, de la biología a la economía política, etc. Ciertamente, todos los momentos de la realidad constituyen una unidad, pero no son menos diferenciados e irreductibles los unos a los otros.

Esto no es válido solamente para el conjunto de las ciencias. En el interior de una misma ciencia encontramos la necesidad de estudiar las contradicciones específicas. Ejemplo: existen movimientos específicos del átomo; cuando el físico pasa del movimiento de los cuerpos visibles (una bola que cae) a los movimientos atómicos aparecen nuevas leyes que constituyen el objeto de la mecánica ondulatoria.

La dialéctica se amolda estrechamente sobre su objeto para comprender el movimiento. Así es, para dar otro ejemplo, que el arte es una forma de actividad irreductible a las otras, y especialmente a la ciencia (aunque el arte sea también un medio de conocimiento, puesto que refleja el mundo). Existen, pues, contradicciones específicas en este campo como en los demás, y el artista es dialéctico en la medida en que las resuelve; si no las resuelve, no es un artista. El gran crítico Bielinski escribió:

> Si una poesía no contiene poesía, aunque esté colmada de bellos pensamientos, aunque responda poderosamente a los problemas de la época, no puede contener ni bellos pensamientos ni problema alguno, y todo lo que se puede observar en ella no es más que una bella intención mal servida[70].

Mientras que la ciencia expresa la realidad por medio de conceptos, el arte la expresa en imágenes típicas dotadas de un gran poder emocional. Ciertamente, el arte Solo puede lograr su objetivo si el artista (poeta, pintor, músico...) es capaz de dominar sus primeras sensaciones, de generalizar sus impresiones; pero la obra de arte se frustra, si el artista no sabe encontrar las imágenes apropiadas a la idea.

El mérito de Lenin consiste, particularmente, en haber descubierto, apoyándose en el análisis marxista del capitalismo, las contradicciones *específicas* del capitalismo en la etapa imperialista (en particular: el desarrollo desigual de los diferentes países capitalistas, origen de la furiosa lucha por una nueva repartición del mundo entre los mejor provistos y los otros). Él demostró que estas contradicciones hacían la guerra inevitable y que el movimiento revolucionario del proletariado mundial, apoyado por el movimiento nacional de los pueblos sojuzgados, podría en esas condiciones romper la cadena del capitalismo en su punto más débil. Lenin supo prever así que la revolución socialista triunfaría primero en uno o en algunos países.

---

[70] Bielinski: *Obras escogidas,* t. III de la edición rusa de 1948.

En *Problemas económicos del socialismo en la URSS,* Stalin, al mismo tiempo que muestra el carácter objetivo de las leyes de la economía, insiste en uno de sus caracteres específicos, que no son duraderas:

> Una de las peculiaridades de la economía política consiste en que sus leyes no son duraderas, como las leyes de las ciencias naturales, pues las leyes de la economía política, por lo menos la mayoría de ellas, actúan en el transcurso de un periodo histórico determinado, y después ceden lugar a nuevas leyes. Pero las leyes económicas no son destruidas, sino que cesan de actuar debido a nuevas condiciones económicas y se retiran de la escena para dejar sitio a leyes nuevas, que no son creadas por la voluntad de los hombres, sino que nacen sobre la base de nuevas condiciones económicas[71].

Así es como la ley del valor apareció con la producción mercantil: es la ley específica de la producción mercantil y desaparecerá con ella. La ley específica del capitalismo es la ley de la plusvalía, porque determina las características esenciales de la producción capitalista. Pero esta ley no sería suficiente para caracterizar la etapa actual del capitalismo, en el curso de la cual el capitalismo de monopolio ha desarrollado todas sus consecuencias: queda demasiado general, y ya se ha descubierto la ley específica del capitalismo actual, la ley de los beneficios máximos.

Solo el estudio minucioso de los caracteres específicos de un aspecto determinado de la realidad puede preservarnos del *dogmatismo,* es decir, de la aplicación mecánica de un cuadro uniforme a situaciones diferentes. Por eso Lenin recomendaba a los revolucionarios que hicieran trabajar su cerebro en todas las circunstancias. El marxista verdadero no es aquel que, porque se sabe de memoria sus clásicos, cree poder resolver todos

---

[71] Stalin: *Problemas económicos del socialismo en la URSS,* cit., p. 5.

los problemas mediante algunas soluciones tipo, sino un analista capaz de plantear concretamente cada problema, sin descuidar ninguno de los datos necesarios para su solución.

El dogmatismo se satisface de generalidades. Por ejemplo, si un sindicato da una palabra de orden, el dogmatismo no se preocupa de aplicarla exactamente a su empresa, a cada taller de su empresa. Igualmente no sabe tomar en cuenta las reivindicaciones propias de cada categoría de trabajadores.

Este esquematismo tiene siempre graves consecuencias, porque corta a los militantes de la masa de los trabajadores. Por eso, reducir la Resistencia a la lucha armada de los guerrilleros y los francotiradores es falsearla, descuidar su carácter específico: la Resistencia fue el combate patriótico del pueblo francés bajo la dirección de la clase obrera y de su partido, el Partido Comunista. Quien desconozca este carácter específico de la Resistencia no puede apreciar correctamente sus diversos aspectos (incluso el importante aspecto que fue la lucha de los FTP, los Francotiradores y Partisanos).

Del mismo modo, el movimiento mundial por la Paz no persigue en absoluto el objetivo de la instauración del comunismo. Su esencia, su ley propia, es la conjunción de millones de gentes sencillas, amigos o adversarios del comunismo, para la salvaguardia de la paz; su objetivo no es la revolución proletaria, es el paso de una política de guerra a una política de negociaciones. Una cosa es la contradicción «política de guerra-política de paz» y otra cosa es la contradicción «capitalismo-socialismo» (aunque el capitalismo imperialista sea responsable de la política de guerra).

En su estudio *En torno a la contradicción,* Mao Tse-Tung insiste sobre la necesidad de resolver «las contradicciones cualitativamente diferentes» mediante «métodos cualitativamente diferentes». Lo explica así:

> Por ejemplo, la contradicción entre el proletariado y la burguesía se resuelve por el método de la revolución socialis-

ta. La contradicción entre las masas populares y el régimen feudal se resuelve por el método de la revolución democrática. La contradicción entre las colonias y el imperialismo se resuelve por el método de la gran nacional-revolucionaria. La contradicción entre la clase obrera y el campesinado en la sociedad socialista se resuelve por el método de la colectivización y de la mecanización de la agricultura. Las contradicciones dentro del Partido Comunista se resuelven por el método de la crítica y la autocrítica. Las contradicciones entre la sociedad y la naturaleza se resuelven por el método del desarrollo de las fuerzas productivas. El proceso cambia, las viejas contradicciones y los viejos procesos son liquidados, un nuevo proceso y nuevas contradicciones nacen y ,por esto, los métodos a emplear para resolver estas contradicciones cambian igualmente. Las contradicciones resueltas por la revolución de febrero y por la revolución de octubre en Rusia, al igual que los métodos empleados en estas dos revoluciones, fueron totalmente diferentes[72]. Resolver las diferentes contradicciones por métodos diferentes es un principio que los marxistas-leninistas deben observar rigurosamente[73].

---

[72] El objetivo de la revolución de febrero de 1917 era abatir el zarismo. Era una revolución democrática-burguesa. Lenin y los bolcheviques aplicaron el método apropiado a este problema: destrozaron el zarismo mediante la alianza del proletariado con el campesinado, aislando a la burguesía monárquica liberal que se esforzaba por ganar al campesinado y por liquidar la revolución mediante un acuerdo con el zarismo.

El objetivo de la Revolución de Octubre era abatir la burguesía imperialista, salir de la guerra imperialista, fundar la dictadura del proletariado. Era una revolución socialista. Lenin y los bolcheviques aplicaron el método apropiado a este problema: destrozaron la burguesía imperialista mediante la alianza del proletariado con el campesinado pobre, paralizando la inestabilidad de la pequeña burguesía (menchevique, social revolucionaria), que se esforzaba por ganar la masa de los campesinos trabajadores y por liquidar la revolución mediante un acuerdo con el imperialismo. (Sobre este asunto véase Stalin: *Sobre los fundamentos del leninismo,* «Estrategia y táctica»).

[73] Mao Tse-Tung: *En torno a la contradicción,* cit., p. 56.

Esas observaciones tienen, entre otras consecuencias prácticas, las siguientes, que conciernen a la actividad del Partido revolucionario:

a) El Partido revolucionario, el Partido marxista-leninista Solo puede cumplir su función científica de dirección del movimiento si cada militante se dedica, en lo que le concierne, a plantear y resolver las tareas que son propiamente las suyas: solamente si cada organización del Partido, cada célula, se dedica, en lo que le concierne, a plantear y resolver las tareas que son *específicamente* sus tareas (en su empresa, su localidad, su barrio). Cada militante es un cerebro; cada célula es un colectivo que reflexiona antes de actuar.

b) El Partido solamente puede cumplir su función científica de dirección si cada militante, cada célula, le proporciona parte de su experiencia, de su experiencia específica; la síntesis la hace el conjunto del Partido en sus organismos regulares. Por eso los estatutos del Partido Comunista de la Unión Soviética imponen la obligación a cada comunista de siempre *decir la verdad* a su Partido[74]. La experiencia de cada militante, de cada célula, es irremplazable, en efecto, porque ¿quién hará conocer al Partido, por ejemplo, las reivindicaciones de los jóvenes de una aldea si el joven comunista del país los ignora?

c) El Partido solamente puede cumplir su función científica de dirección si sus miembros guardan el más estrecho contacto con las masas de trabajadores, Solo si sus miembros son verdaderamente hombres que todos conocen y estiman. ¿Cómo, sin este contacto permanente, pueden conocer los problemas propios de cada capa de la población y resolver estas contradicciones específicas para un periodo determinado?

---

[74] Estatutos del Partido Comunista de la Unión Soviética, punto 3. I.

Un partido que descuida estas exigencias compromete su porvenir y pierde la dirección del movimiento.

II. Universal y específico son inseparables

Hemos insistido en la necesidad de estudiar el carácter específico de las contradicciones concretas. Pero es evidente que este estudio perdería todo carácter dialéctico si hiciera olvidar que lo específico no es absoluto, sino relativo. que no tiene sentido si se le separa de lo universal.

Un ejemplo: hemos dicho en la primera parte de esta lección que existe una ley específica del capitalismo (la ley de la plusvalía) y una ley específica del capitalismo actual (la ley de la ganancia máxima). Pero esto no suprime la acción de la ley mucho más general, la ley que prevalece desde que existen las sociedades humanas y subsiste a través de los diversos regímenes sociales: la ley de correspondencia necesaria entre las relaciones de producción y las fuerzas productoras. (El estudio de esta ley será el objeto de la lección 16.)

Un buen análisis dialéctico se apodera, pues, del carácter específico de tal proceso, pero esto solamente es posible si aísla ese proceso del movimiento de conjunto que condiciona su existencia (véase la primera característica de la dialéctica). Lo específico solamente adquiere su valor en relación con lo universal. Lo específico y lo universal son inseparables[75].

---

[75] Se puede observar, por otra parte, que el mismo proceso es universal o específico, según el caso. La ley de las plusvalía es específica del capitalismo, mientras que la ley de correspondencia necesaria entre fuerzas productoras y relaciones de producción es universal (es válida tanto para la sociedad esclavista, por ejemplo, como para la sociedad capitalista). Pero la ley de la plusvalía es universal en relación con los aspectos concretos, específicos, que toma en las diversas etapas del capitalismo; tiene también una universalidad más extendida que la ley de la ganancia máxima. En cuanto a la ley universal de correspondencia necesaria entre las relaciones de producción y el carácter de las fuerzas productivas, es específica de las sociedades.

Debido a que lo particular está ligado a lo universal, debido a que no Solo lo que es particular en la contradicción, sino también lo que es universal, son inherentes a cada fenómeno, lo universal existe en lo particular. Es por esto que, cuando se estudia un fenómeno determinado, es preciso descubrir estos dos aspectos y su relación mutua, descubrir lo que es particular y lo que es universal, lo que es inherente a un fenómeno dado, y la relación mutua entre ellos, descubrir la relación mutua entre un fenómeno dado y otros muchos fenómenos que le son exteriores. En su notable obra «Fundamentos del leninismo», al mismo tiempo que explica las raíces históricas del leninismo, Stalin analiza la situación internacional en la cual aquel nació; él analiza las contradicciones del capitalismo llegadas a su límite extremo bajo el imperialismo; él señala de qué modo estas contradicciones han hecho que la revolución proletaria se haya convertido en una cuestión de práctica inmediata; y de qué modo ellas han creado las condiciones favorables para el asalto directo contra el capitalismo; analiza además las causas por las cuales Rusia llegó a ser la cuna del leninismo, por qué Rusia zarista fue entonces el punto nodal de todas las contradicciones del imperialismo y por qué fue justamente el proletariado ruso el que pudo convertirse en la vanguardia del proletariado revolucionario internacional.

Así pues después de haber analizado aquello que es general en las contradicciones propias del imperialismo, Stalin ha señalado que el leninismo es el marxismo de la época del imperialismo y de la revolución proletaria; después de haber analizado aquello que es específico en estas contradicciones generales, aquello que era propio del imperialismo de la Rusia zarista, él ha explicado por qué es justamente Rusia la que ha sido patria de la teoría y de la táctica de la revolución proletaria y que, además, estos hechos específicos contenían en sí mismos aquello que es general en las contradicciones de que se trata. Este análisis estaliniano es para nosotros un mo-

delo de conocimiento de lo específico y de lo general en las contradicciones y de la relación recíproca entre lo uno y lo otro[76].

El metafísico no sabe mantener esta unidad de lo específico
y de lo universal. Sacrifica lo específico a lo universal (lo que
hace el racionalismo abstracto de un Platón, por ejemplo, para
quien la experiencia concreta es despreciable), o bien sacrifica
lo universal a lo específico (es entonces el empirismo, que se
niega a toda idea general y se condena al practicismo limitado). La teoría marxista del conocimiento considera tal actitud
como dialéctica, unilateral. El conocimiento, en efecto, parte
de lo sensible, que está estrechamente circunscrito y refleja una
situación específica; pero mediante la práctica accede a lo universal, para volver a lo sensible con una fuerza nueva. El físico,
por ejemplo, no dispone al principio más que de un número
limitado de hechos experimentales; apoyándose en ellos accede a la ley cuyo descubrimiento le permite transformar profundamente la realidad mediante nuevas experiencias. Las dos
etapas del conocimiento son indispensables: de lo específico a
lo general y de lo general a lo específico, movimiento que no
se detiene jamás. Lenin comparaba este paso a un movimiento
en espiral: partimos de la experiencia inmediata, sensible (por
ejemplo, la compra de una mercancía): analizamos la operación para descubrir la ley del valor, de ahí *volvemos* a la experiencia concreta (movimiento *en espiral*); pero, armados de la
ley del valor, *comprendemos* esta experiencia, cuya significación
profunda se nos escapaba en el primer tiempo: podemos, pues,
prever el desarrollo del proceso, suscitar las condiciones propias para limitarlo o extenderlo, etc. No se podría alcanzar lo
universal si no se partiera de lo específico; pero en cambio; la
inteligencia de lo universal permite profundizar lo específico.
El movimiento en espiral no es, pues, un vaivén estéril, es un
profundizamiento de la realidad. Al estudiar las contradiccio-

---

[76] Mao Tse-Tung: *En torno a la contradicción,* cit., pp. 67-68.

nes específicas del capitalismo de su época, Marx descubrió la ley universal de correspondencia entre las relaciones de producción y las fuerzas productivas. Eso le permitió comprender las contradicciones específicas de los regímenes sociales anteriores al capitalismo, siempre que estas contradicciones surjan de la ley universal de correspondencia, y él también ha hecho posible un estudio cada vez más profundo, cada vez más específico, del propio capitalismo, en su movimiento ulterior (capitalismo de monopolio, imperialismo).

El artista es grande en la medida en que, esforzándose por alcanzar lo típico (véase punto I de esta lección) sabe expresar lo universal en lo singular. Éluard expresa toda la angustia de París ocupado por los nazis, en dos versos, utilizando un «pequeño hecho» cotidiano:

> *París tiene frío, París tiene hambre,*
> *París ya no come castañas en la calle*[77].

En la vida de los personajes mejor logrados de Balzac y de Tolstói se reflejan los rasgos esenciales de la sociedad de su tiempo. La novela de Galina Nikoláieva, *La siega,* liga notablemente la historia personal y familiar de sus héroes a la historia de un koljós y de la sociedad soviética: las contradicciones personales que experimentaban los héroes del libro se resuelven en el mismo movimiento mediante el cual se resuelven las contradicciones más vastas que frenaban el desarrollo del koljós, y fue en su lucha por asegurar en el koljós la victoria del porvenir sobre el pasado, como Vassili y Advotia lograron en ellos mismos la victoria del porvenir sobre el pasado.

No es esta profunda unidad de lo universal y de lo singular lo que caracteriza a los héroes amados por los pueblos? En junio de 1917, los soldados de un regimiento escribieron a Lenin:

---

[77] Extracto de «Courage» (1942), en *Au rendez-vous allemand.*

Camarada y amigo Lenin, recuerda que nosotros, los soldados de este regimiento, estamos dispuestos, todos como un solo hombre, a seguirle a todas partes porque tus ideas son verdaderamente la expresión de la voluntad de los campesinos y de los obreros.

Ethel y Julius Rosenberg conquistaron el amor de las gentes sencillas del mundo entero, porque la amplitud de los sacrificios que ellos aceptaron (sus jóvenes vidas, sus hijos, su dicha) era la expresión más conmovedora del invencible amor que los hombres profesan a la paz.

III. *Contradicción principal, contradicciones secundarias*

Puesto que ya tenemos plena conciencia de la fuerza del vínculo que une lo específico a lo universal, veremos más claramente las relaciones entre contradicción principal y contradicciones secundarias. En efecto, un proceso determinado jamás es sencillo, precisamente porque debe su existencia específica a un gran número de condiciones objetivas, *que lo atan al conjunto*. Resulta que todo proceso es el centro de una *serie de contradicciones*. Pero entre estas contradicciones, una es la contradicción principal, la que existe desde el principio hasta el fin del proceso y cuya existencia y desarrollo determinan la naturaleza y la marcha del proceso. Las otras son contradicciones secundarias, subordinadas a la contradicción principal.

¿Cuál es, por ejemplo, la contradicción principal de la sociedad capitalista? Evidentemente, la contradicción entre proletariado y burguesía. Mientras exista el capitalismo subsistirá esta contradicción, y es ella la que en último análisis decide sobre la suerte del capitalismo, puesto que la victoria del proletariado anuncia la muerte del capitalismo. Pero la sociedad capitalista, considerada en su proceso histórico, contiene otras contradicciones, secundarias en relación a la principal. Por ejemplo: contradicción entre la burguesía reinante y los restos del feudalismo vencido; contradicción entre el campesinado trabajador (pequeños propietarios, aparceros, jornaleros...) y la burguesía; contradicción entre la burguesía y la pequeña burguesía; contradicción entre la burguesía monopolista y la burguesía no monopolista, etc. Todas las contradicciones que aparecen y se desarrollan en la propia historia del capitalismo. Y como este desarrollo se efectúa en escala mundial, es necesario considerar aún la contradicción entre los diversos países capitalistas, la contradicción entre la burguesía imperialista y los pueblos colonizados.

Todas estas contradicciones no son yuxtapuestas. Se embrollan y, conforme a la primera ley de la dialéctica, están en acción recíproca. ¿Y cuál es el efecto de esta interacción? Este: en ciertas condiciones, una contradicción secundaria toma tal importancia que se convierte, durante un periodo determinado en contradicción principal, mientras que la contradicción principal pasa a segundo plano (lo que no significa en absoluto que su acción cese). En resumen, las contradicciones no son estáticas, cambian de lugar.

Así es como la contradicción entre la burguesía y el proletariado en los países coloniales, aunque sea determinante un último análisis –puesto que se resolverá mediante la victoria del socialismo en esos países– pasa, sin embargo, durante un tiempo, al segundo plano. Lo que pasa al primer plano es la contradicción entre el imperialismo colonizador y la nación colonizada (clase obrera, campesinado, burguesía nacional uniéndose en un frente nacional de lucha por la independencia). Esto no suprime en modo alguno las luchas de clases en el seno del país colonial. (Tanto más, cuando que una fracción de la burguesía del país colonial es cómplice del imperialismo colonizador.) Pero la contradicción a resolver con más urgencia es la que plantea el emperialismo y que resuelve la lucha nacional por la independencia.

El capitalismo contiene contradicciones específicas internas, contradicciones objetivas que duran tanto como él. Contradicciones que impulsan a la burguesía a buscar en la guerra imperialista una solución a sus dificultades. Resulta que de manera inevitable (es decir, necesaria) los diversos países capitalistas son rivales encarnizados. Es una ilusión creer que la supremacía del capitalismo norteamericano sobre los otros países capitalistas pone un término a las contradicciones que son inherentes al capitalismo como tal. Ningún pacto atlántico, ninguna alianza agresiva contra la URSS, tiene el poder de anular esas contradicciones. La burguesía inglesa y la burguesía francesa no pueden soportar indefinidamente la dominación del capitalismo norteamericano en la economía de sus respectivos países. Lo mismo es en los países vencidos, Alemania y Japón.

Las contradicciones entre países capitalistas (especialmente entre los Estados Unidos y Gran Bretaña) se han agravado considerablemente hasta el punto que toda una parte de la burguesía inglesa y francesa prefiere el entendimiento con la URSS que su propia liquidación en una guerra antisoviética bajo el mando norteamericano.

> Se dice que las contradicciones entre el capitalismo y el socialismo son más fuertes que las contradicciones entre los países capitalistas. Teóricamente, eso es acertado, claro está. Y no Solo lo es ahora, hoy día, sino que lo era también antes de la segunda guerra mundial. Y, más o menos, eso lo comprendían los dirigentes de los países capitalistas. Sin embargo, la segunda guerra mundial no empezó por una guerra contra la URSS, sino por una guerra entre países capitalistas. ¿Por qué? En primer término, porque la guerra contra la URSS, como el país del socialismo, es más peligrosa para el capitalismo que la guerra entre países capitalistas, pues si la guerra entre países capitalistas Solo plantea la cuestión del predominio de unos países capitalistas sobre otros países capitalistas, la guerra contra la URSS debe plantear inevitablemente la cuestión de la existencia del propio capitalismo. En segundo término,

porque los capitalistas, aunque con fines de «propaganda», alborotan acerca de la agresividad de la Unión Soviética, no creen ellos mismos lo que dicen, pues tienen en cuenta la política pacífica de la Unión Soviética y saben que este país no agredirá a los países capitalistas[78].

Sea cual fuere la hostilidad común de los países capitalistas respecto al país socialista, sin embargo, la Alemania imperialista (¡restaurada por las burguesías inglesas y francesas, que soñaban con lanzar las hordas hitlerianas contra la Unión Soviética!) dirigió sus primeros golpes... contra el bloque capitalista anglo-franco-norteamericano.

Y cuando la Alemania hitleriana declaró la guerra a la Unión Soviética, el bloque anglo-franco-norteamericano, no Solo no se unió a la Alemania hitleriana, sino que, por el contrario, se vio constreñido a formar una coalición con la URSS, contra la Alemania hitleriana[79].

Conclusión:

La lucha de los países capitalistas por la posesión de los mercados y el deseo de hundir a sus competidores *resultaron prácticamente más fuertes* que las contradicciones entre el campo del capitalismo y el campo del socialismo[80].

Este desplazamiento de las contradicciones –una contradicción secundaria que se convierte, durante un tiempo, en la contradicción principal– debe considerarse en todas sus consecuencias prácticas. De esta clase señalamos dos:

---

[78] Stalin: *Problemas económicos del socialismo en la URSS,* cit., p. 27.
[79] *Ibid.,* p. 28.
[80] *Ibid.*

a) El rearme de la Wehrmacht, encuadrado por los generales criminales de guerra, con la complicidad de la burguesía francesa, se propone la agresión contra la Unión Soviética. Pero, lo mismo que en 1940 Hitler se apoderó de París antes de marchar sobre Moscú, igualmente hay ocasión de comprobar que los asesinos de Oradour están dispuestos a ocupar y a saquear a Francia, una vez más, para tratar de resolver sus propias dificultades económicas. La política de Adenauer, protector y cómplice de los nazis, no deja ninguna duda a este respecto. Y tan así es, que es necesario comprender a Eisenhower cuando declara:

> Entra en nuestros intereses, en nuestra tarea, hacer las cosas de modo que el ejército alemán pueda atacar en todas las direcciones que nosotros, los norteamericanos, juzguemos necesarias.

Una Francia debilitada por la sangría de Indochina y saqueada por el imperialismo norteamericano es para la burguesía alemana (¡restablecida con la ayuda de la burguesía francesa!) una presa mucho más fácil de cascar que la poderosa Unión Soviética.

b) Las contradicciones entre los países capitalistas adquieren tal importancia que cada día se hace más difícil al imperialismo norteamericano imponer su ley en esta selva: el retraso que se ha puesto a la ratificación de los acuerdos de Bonn y del tratado de París, a pesar de las presiones norteamericanas, es un ejemplo entre muchos otros. La diplomacia soviética, porque domina perfectamente la dialéctica de los contrarios, aprovecha al máximo las contradicciones entre los capitalistas (de este modo, la URSS desarrolla su comercio con la Inglaterra capitalista). La coexistencia pacífica entre regímenes diferentes será, por tanto, el producto de una lucha en que las contradicciones internas del capitalismo, aunque secundarias en relación con la contradicción capitalismo-socialismo, desempeñarán un papel importante.

Se ve, pues, hasta qué punto es necesario cuando se estudia un proceso, seguido en todo su desarrollo y no atenerse a un conocimiento momentáneo. Cualquier contradicción secundaria que surge hoy, mañana será, en efecto, la contradicción principal.

Este método de análisis aplicado a la Francia de hoy hace aparecer un conjunto muy complejo de contradicciones: contradicción entre proletariado y burguesía; contradicción entre la pequeña burguesía (de las ciudades y de los campos) y la burguesía; contradicción entre las fracciones rivales de la burguesía, etc. Pero también existe, en el aspecto exterior, contradicción entre el imperialismo francés y los pueblos colonizados que el mismo explota; contradicción entre el imperialismo francés y los otros imperialismos (principalmente el imperialismo norteamericano y el imperialismo alemán renaciente), etc. Y existe, naturalmente, contradicción entre el capitalismo francés y el socialismo. ¿Podemos poner en el mismo plano todas estas contradicciones? No. Si consideramos la sociedad francesa contemporánea en su conjunto, descubrimos que la contradicción principal es la lucha entre el proletariado y la burguesía, lucha que, desde el triunfo de la revolución burguesa[81], atraviesa la historia de Francia como un hilo rojo y cuya solución decidirá el porvenir del país asegurando la victoria del socialismo. Pero la burguesía capitalista, para sobrevivir, apela a la protección del imperialismo norteamericano. Traiciona así los intereses de la nación. Opone su política de clase no solamente al proletariado revolucionario, sino a las otras clases, incluso a la fracción de la burguesía que no saca beneficios de la dominación yanqui. Consecuencia: nacida de la contradic-

---

[81] Bajo el Antiguo Régimen feudal, ya existía la lucha entre el proletariado y la burguesía, pero entonces esa lucha no representaba más que una contradicción secundaria.

ción principal antes indicada, se *desarrolla una contradicción secundaria* (imperialismo norteamericano y burguesía antinacional por una parte contra –por la otra– la nación francesa dirigida por la clase obrera). Esta contradicción secundaria ha adquirido tal importancia *que se convierte durante algún tiempo en la contradicción principal.* La tarea actual de los comunistas franceses, vanguardia de la clase obrera y de la nación, es resolver esta contradicción llevando en alto, hacia adelante, a la cabeza de un irresistible frente nacional unido, la bandera de la independencia nacional que pisotea la burguesía en quiebra.

Es claro que un partido revolucionario mal armado teóricamente no podrá comprender ni prever el movimiento recíproco de las contradicciones. En ese caso iría a remolque de los acontecimientos.

IV. Aspecto principal y aspecto secundario de la contradicción

El estudio del carácter específico de las contradicciones en movimiento, no solamente significa diferenciar cada vez la contradicción principal de las contradicciones secundarias, sino también desprender la importancia relativa de los dos aspectos de cada contradicción.

Toda contradicción, en efecto, contiene necesariamente dos aspectos, cuya oposición caracteriza el proceso que se examina. Pero no hay que poner en el mismo plano estos dos aspectos –o, si se quiere, estos dos polos–. Consideremos una contradicción (A contra B, B contra A). Si A y B fueran dos fuerzas rigurosas y constantemente equivalentes, no pasaría nada; al equilibrarse indefinidamente las dos fuerzas, todo movimiento quedaría detenido. Existe siempre una fuerza que prevalece sobre la otra, aunque sea muy ligeramente, y es así como la contradicción se desarrolla. Llamamos *aspecto principal* de la contradicción a aquel que, en un momento determinado, desempeña el papel principal, es decir, determina el movimiento de los contrarios en presencia. El otro aspecto es el *aspecto secundario.*

Pero, del mismo modo que la contradicción principal y las contradicciones secundarias pueden cambiar de lugar –al pasar al primer plano tal contradicción secundaria–, exactamente igual la situación recíproca del aspecto principal y del aspecto secundario de una contradicción puede variar. En ciertas condiciones, el aspecto principal se cambia en aspecto secundario y el aspecto secundario en aspecto principal.

El agua, de la cual hemos hablado en la lección cuarta, es el centro de una contradicción entre la fuerza de cohesión, que tiende a unir las moléculas, y la fuerza de dispersión, que tiende a separarlas. En estado sólido, el aspecto principal de la contradicción es la fuerza de cohesión; en el estado gaseoso, el aspecto principal es la fuerza de dispersión. En cuanto al estado líquido, es un estado de equilibrio inestable entre las dos fuerzas.

En Francia, bajo el Antiguo Régimen, el aspecto principal de la contradicción entre feudalismo y capitalismo era el aspecto «feudalismo». Pero la burguesía capitalista se ha desarrollado de tal manera en su lucha contra las viejas relaciones de producción, que ha impuesto la supremacía de las nuevas relaciones capitalistas. De este modo, las últimas, aspecto secundario de la contradicción, se han convertido en el aspecto principal.

Observación muy importante: vemos que hay *cambio cualitativo* (véase la lección 4) *cuando la posición respectiva de los dos aspectos de la contradicción se modifica radicalmente, convirtiéndose el principal en secundario y el secundario en principal.* A la vez se produce el desmembramiento de la antigua unidad de los contrarios y aparece una nueva unidad de contrarios.

Es esencial determinar cada vez el aspecto principal, puesto que este aspecto es el que determina el movimiento de la contradicción. *El aspecto principal de la contradicción principal* es el punto de la aplicación decisiva del análisis dialéctico. Eso no significa que el aspecto secundario carezca de interés. Examinemos la lucha entre lo viejo y lo nuevo: en el momento de su nacimiento, lo nuevo es todavía muy débil, no es más que el aspecto secundario de la contradicción. Pero, puesto que es nuevo, posee el porvenir; se convertirá en el aspecto principal y su victoria acarreará un cambio cualitativo.

Al estudiar el materialismo histórico veremos cómo la producción se desarrolla sobre la base de una contradicción fundamental, entre las relaciones de producción y el carácter de las fuerzas productivas, y cómo el aspecto principal de esta contradicción lo constituyen unas veces las fuerzas productivas y otras veces las relaciones de producción. (Véase la lección 16.)

Otro ejemplo: la práctica social y la teoría revolucionaria constituye una unidad de contrarios, cada una actúa sobre la otra. El aspecto determinante, si se considera el proceso durante un largo periodo, es la práctica: el marxismo no se habría constituido ni habría progresado sin las luchas objetivas del proletariado. Pero en determinados momentos, el aspecto secundario se convierte en principal, la teoría toma una importancia decisiva. De este modo, si en 1917 el Partido bolchevique no hubiera tenido una apreciación teórica justa sobre la situación objetiva, no hubiera podido lanzar las palabras de orden apropiadas a esta situación, no hubiera podido movilizar las masas y organizarlas para el asalto victorioso. El futuro del movimiento revolucionario en Rusia se hubiera visto comprometido durante largo tiempo. Por tanto, el aspecto teórico no sola. mente no es desdeñable, sino que, en ciertas condiciones, se convierte en el aspecto principal, es decir, determinante.

> Cuando decimos con Lenin: «Sin teoría revolucionaria no hay movimiento revolucionario», la creación y la difusión de la teoría revolucionaria comienzan entonces a jugar el papel principal, decisivo. Cuando hay que ejecutar algo, y no hay para ello ni orientación, ni método, ni plan, ni directivas determinadas, la elaboración del método, del plan o de las directivas es entonces lo esencial, lo decisivo[82].

---

[82] Mao Tse-Tung: *En torno a la contradicción,* cit., p. 77.

El factor objetivo y el factor subjetivo actúan en interacción y a cada momento es necesario evaluar lo mejor posible su importancia relativa.

> ¿Acaso pecan estas tesis contra el materialismo? No, porque reconocemos que, *en el curso general del desarrollo histórico,* el principio material determina al principio espiritual, el ser social determina la conciencia social; pero reconocemos, debemos reconocer al mismo tiempo, la *acción recíproca* del principio espiritual sobre el principio material, la acción recíproca de la conciencia social sobre el ser social...[83].

Y Mao Tse-Tung hace observar que esto asegura la superioridad definitiva del materialismo *dialéctico* sobre el materialismo mecanicista (que es *metafísico,* puesto que, para él, el elemento principal *sigue siendo* principal y el elemento secundario *sigue siendo* secundario, sean cuales fueren las circunstancias).

V. *Conclusión general sobre la contradicción.*
Marxismo contra proudhonismo

> La dialéctica propiamente dicha es el estudio de la contradicción en la propia esencia de las cosas[84].

Lenin insiste sobre la mayor importancia de esta cuarta ley, que él considera como el núcleo de la dialéctica.

Su impotencia para comprender esta ley golpea al socialismo en el corazón. El ejemplo más notable es Proudhon. En el *Manifiesto del Partido Comunista,* Marx clasifica a Proudhon en la categoría del socialismo conservador o burgués:

---

[83] *Ibid.*
[84] Lenin: *Cuadernos filosóficos,* cit.

Los burgueses socialistas quieren perpetuar las condiciones de vida de la sociedad moderna, pero sin las luchas y los peligros que surgen fatalmente de ellas. Quieren perpetuar la sociedad actual, pero sin los elementos que la revolucionan y descomponen. Quieren la burguesía sin el proletariado[85].

Proudhon considera, en efecto, la unidad de los contrarios como unidad de lado bueno y un lado malo. Quiere eliminar el lado malo y conservar el bueno. Eso es negar el carácter interno de la contradicción: la contradicción burguesía-proletariado es verdaderamente constitutiva de la sociedad capitalista, y la explotación capitalista Solo puede desaparecer con esta contradicción. La *conciliación* de los intereses de clases fundamentalmente opuestos es utópica.

Marx caracteriza así a Proudhon:

Quiere figurar como hombre de ciencia por encima de los burgueses y de los proletarios; no es más que el pequeño burgués que se bambolea constantemente entre el capital y el trabajo[86].

Este desconocimiento de la dialéctica conduce a Proudhon al reformismo, a la negación, cien veces repetida, de la acción revolucionaria, es decir, de la lucha de clases. No hay que asombrarse, pues, de que escriba al emperador Napoleón III (carta del 18 de mayo de 1850):

He predicado la conciliación de las clases, símbolo de la síntesis de las doctrinas

ni de que escriba en su cuaderno de notas, en 1847:

---

[85] K. Marx y F. Engels: *Manifiesto del Partido Comunista,* Moscú, Ed. en Lenguas Extranjeras, 1953, p. 75.
[86] Marx: *Miseria de la filosofía.*

Tratar de entenderme con *Le Moniteur Industriel* [El Monitor Industrial], diario de los amos, mientras que *Le Peuple* [El Pueblo] será el periódico de los obreros

para declarar, después del golpe de Estado de Badinguet:

Luis-Napoleón es, lo mismo que su tío, un dictador revolucionario; pero con esta diferencia, que el primer cónsul acababa de cerrar la primera fase de la Revolución, mientras que el presidente abre la segunda.

Los jefes socialistas, como Blum (el autor de *A la medida humana*), como Jules Moch (en *Confrontaciones,* de la cual hablamos en una lección anterior), se dedican a enmendar el proudhonismo, bajo pretexto de respetar las leyes universales del equilibrio y de la estabilidad». De este modo justifican la *capitulación* ante la burguesía. Así se conducen, según la expresión de Blum, como «gerentes leales del capitalismo». Capitular, entregar el proletariado a la burguesía, ese es el verdadero sentido de su pretendida «lucha en dos frente», de su pretendida «tercera fuerza». La socialdemocracia es el oportunismo en toda la línea; el proletariado debe combatirla sin misericordia si quiere vencer al enemigo de clase.

El socialismo científico de Marx, Engels y Lenin es el único revolucionario porque lleva al primer plano la lucha de los contrarios, como ley fundamental de la realidad. Así, mantiene un combate despiadado y de todos los instantes contra el «contrario» del proletariado revolucionario, la burguesía reaccionaria, y contra los jefes de la socialdemocracia que se dedican, negando la dialéctica, a enmascarar las contradicciones, para desmovilizar al proletariado en pleno combate.

El ejemplo del militante dialéctico que conoce la virtud innovadora de la lucha de los contrarios es, en Francia, Maurice Thorez. Al evocar su «aprendizaje» de jefe revolucionario escribe en *Hijo del pueblo:*

Un pensamiento principal de Marx se imprimió en mi espíritu: el movimiento dialéctico mantiene la revolución y la contrarrevolución en un combate incesante; la revolución hace a la contrarrevolución más encarnizada y más osada cada día; a su vez, la contrarrevolución hace progresar a la revolución y la obliga a darse un Partido verdaderamente revolucionario[87].

Pero la dialéctica no solamente permite comprender e impulsar hasta el fin la contradicción principal que constituye la lucha de clases (el proletariado contra la burguesía), lucha que engendrará el socialismo. También proporciona al proletariado el medio de reconocer las inmensas fuerzas con las cuales puede conquistar la alianza contra la burguesía. El propio desarrollo de la política reaccionaria de la burguesía suscita la oposición creciente del campesinado laborioso, de las clases medias, de los intelectuales, etc. Otras tantas contradicciones que el dialéctico saca a la luz del día, como sabe hacerlo Maurice Thorez, teórico del Frente Popular contra la burguesía reaccionaria y del Frente Nacional por la independencia del país.

Todas las contradicciones no aparecen a la primera mirada, y por eso el dialéctico va siempre de la apariencia a la realidad y se guarda de impaciencias que detienen el movimiento, queriendo acelerarlo. Tal empleado de baja categoría vota RPF (Rassemblement du peuple français), lee *L'Aurore,* es «comecomunistas»... Es un reaccionario? Razonar así no es llegar hasta el fondo de las cosas. Si este empleado vota por el RPF y en *L'Aurore* es porque está descontento y cree encontrar aliados en RPF y en *L'Aurore.* Su comportamiento es, pues, el reflejo subjetivo de las contradicciones objetivas de las cuales es víctima. La tarea del militante que domina la teoría es ayudar a este pequeño burgués descontento a ver claro en sí mismo, a adquirir conciencia de las contradicciones objetivas que son inherentes

---

[87] Maurice Thorez: *Hijo del pueblo,* cit.

al capitalismo y de las cuales es víctima, a adquirir conciencia de que la solución de estas contradicciones Solo puede venir de la lucha librada por el proletariado en alianza con todos los trabajadores, y no del RPF y de *L'Aurore,* que defienden ferozmente la libertad de los grandes capitalistas en nombre de la «libertad de los pequeños».

Una observación: la búsqueda necesaria de las contradicciones no tiene nada que ver con la confusión de ideas. No hay que mezclarlo todo con el pretexto de buscar la unidad de los contrarios. Un pensamiento que se contradice no es un pensamiento dialéctico. ¿Por qué? Porque un pensamiento dialéctico comprende la contradicción, mientras que un pensamiento que se contradice es víctima: es un pensamiento confuso.

Ejemplo: algunos dirigentes burgueses y socialdemócratas han dicho durante años: «Deseamos mucho negociar con el Vietnam y hacer la paz, pero no queremos negociar con Ho Chi Minh». Razonamiento antidialéctico, porque le vuelve la espalda a la realidad: en efecto, hacer la paz es negociar con el adversario, y el adversario de la burguesía colonialista en el Vietnam es Ho Chi Minh y ningún otro.

Así, el razonamiento es falso. Sin embargo, si nos preguntamos por qué, descubrimos que este razonamiento es falso, porque refleja una contradicción objetiva, *de la cual son víctimas los que hablan de este modo:* contradicción entre los intereses de los colonialistas, que quieren continuar la guerra, y los intereses del pueblo, que quiere la paz (lo que obliga a los colonialistas a hablar de paz). Un razonamiento falso y confuso puede traducirse, pues, en una realidad perfectamente objetiva y dialéctica. El análisis dialéctico va del razonamiento falso a la realidad que él disimula o ignora.

Índice